河路由佳
Kawaji Yuka

日本語教育と戦争

「国際文化事業」の理想と変容

新曜社

日本語教育と戦争――目次

装幀――難波園子

凡例

一、引用文中の漢字の書体は、読みやすさを考えて、新字体に置き換えた。ただし、固有名詞についてはその限りではない。

一、引用文中の仮名遣いについては、読みやすさを考えて、原文にない濁点や句読点を補ったり、原文が片仮名文の場合は平仮名におきかえたところがある。

一、引用文中の、引用者の注記は、〔 〕で括って示した。

一、引用文中の読みにくい漢字には、適宜、ルビを振った。

一、読みやすさを考えて、引用原文の漢字をかなに書き換えたところもある。

はじめに

――なぜ、あなたは日本語教育(1)の仕事に興味を持ったのですか。

将来この仕事に就きたいと思っている若い人にその理由を聞くと、「国際文化交流に貢献したい」という答が多く返ってくる。いわく「学んでいる外国語の力を生かして、その言語を話す人々を対象にその国との交流の促進に役立ちたい」、「文化の多様性に触れ、広い視野を持てるようになりたい」、「言語を異にする人々と出会い、日本語教育を通じて心を通わせたい」。

気持はよくわかる。思えば私自身、かつて日本語教師を志しその仕事に就いたのだ。今は、後進を育てて、未来の日本語教育の充実に貢献すべき立場にある。そして、この仕事の意味を考えている。この仕事の魅力のひとつは世界のあちらこちらで生まれ育った、普通にはそう簡単には出会えない人と出会えることにある。それまで知らなかった文化に触れ、自分が当たり前だと思っていたことがそうでなかったことに気づいて、目から鱗が落ちることもしばしばである。学習者からすれば、日本語の習得が目的で、それを助けるために教師の仕事があるには違いないのだが、学習者とのやりとりは日々新鮮で、「国際文化交流」の現場にいるという実感があることは、経験的に諾《うべな》える。学習者の方もそうであろう。言葉を学びながら、それまでの「常識」の外側のより広い世界へ一歩を踏み出し、「国際感覚」を身につけてゆく。日本語学校の一年間は、それぞれの国・地域からやってきた青年たちが、他の国・地域からきた仲間たちと出会い、交流することを通して「国際人」として大きく成長する一年間でもある。

日本語教師の仕事の第一義は日本語の指導、学習支援にあるが、国際文化交流の実践家としての役割もそれと同じくらいの重さで求められる。その意味で、冒頭の青年たちのイメージが間違っているとは言えない。

ところが、「国際文化交流事業としての日本語教育」というのは、戦後新しく始まったと思っていたという声がよく聞かれる。歴史の授業で習った戦争の知識からなのだろう、それまでの日本語教育は植民地、占領地へ向けた戦争目的の「侵略のため」のものだというイメージがあるようだ。それで、戦前・戦中の日本語教育は現在のものとは関係ない、ということになってしまう。自分たちはそれから切り離された全く新しい存在なのだという感覚が、心地よく彼らを包んでしまう。

毎年、私の担当する日本語教育関連の授業に参加する学生の二、三割は留学生である。卒業後、母国で日本語の専門家としてその教育に従事する者も少なくない。留学生の出身地は韓国、中国そして東南アジアが多い。少数であるものの、中央アジア、西アジア、北米、南米、ヨーロッパ、時にアフリカからの学生が参加することもある。戦争中の日本の日本語教育に関心をもったことのない学生もいるが、日本の植民地、占領地として日本語教育を経験した地域の学生たちにとって、この時代の日本語教育へのイメージは明るいものではない。彼らも含めて、相当な割合の学生たちが、戦前・戦中の日本語教育には否定的な先入観を持ち、一方、現代の日本語教育には国際文化交流の華やかなイメージをもち、日本語を学ぶことのメリットを評価し、その学習支援の意義を肯定的にとらえ、積極的な好奇心を示すのである。戦前・戦中の日本語教育は戦争目的に深くかかわる「悪」なるもので、現代の日本語教育はそれとは無関係の「善」なるもの、戦争の対極にある平和的な仕事であるという、ぼんやりとしたイメージがどうやら共有されているようなのである。

しかし、実際には「国際文化交流」と日本語教育の相性は昔から悪くなかった。

日本語学習、およびそれへの支援は、日本語を解さない人が何らかの必要あって日本語を学ぼうとする個々の場面で、それぞれに行なわれてきた。その個々の経験の集積が今日の日本語教育につながっている。

高見澤孟「日本語教育史1　外国人と日本語」によると、記録された最初の日本語学習者は、『日本書紀』の「天武天皇九（西暦六八一年）年十一月二十四日」の項に記された新羅《しらぎ》からの「習言者《ことならいひと》」三名ではないかという。「習言者」は「日本語を習うために来日した言語留学生」（古典文学大系六八）という説と「既に言語を習得し、通訳、翻訳に従事する役人」（古典文学全集五）という説とがあるようだが、いずれにしても日本語を母語ではない言語として学習した人々である。そこには、彼らを迎えてその学習を支援した日本語話者がいたに違いない。日本語教育という営みを、こうした学習者への支援を含めた広い意味で考えるならば、今も昔もその営みは日本語学習者のいるところに発生してきた。その目的こそ多様であるが、人々が、何らかの必要あって今日「日本語」と呼ばれるこの言語を学ぼうとする場面に現われた個々の経験の蓄積が、これを母語としない人々に学びやすい体系を日本語に求め、そのための教材や教授法が開発されてきたのである。

近代日本についていえば、明治期の在日留学生も、欧米人宣教師たちも同じであった。何らかの目的をもって日本語を学ぼうとする学習者がいて、その支援者がいて、日本語教育の現場は生まれてきた。

教育という言葉の定義をより厳密に「誰かが意図的に他者の学習を組織化すること」と考えるなら、日本語教育の歴史は、十五世紀の朝鮮の司訳院、十六世紀のキリシタン宣教師らのコレジオ(学林)あたりが記録に残された初めであろうか。[2] そうした学習する側の必要性から生まれた営みに遅れ、日本が国家的に日本語普及に取り組むのは近代以降のことになる。なかでも本書で主として扱う「国際文化事業」の枠組みのなかで展開されたのは、一九三〇年代からのことである。

本書では、この一九三〇年代半ばにその取組みの始まった日本政府の「国際文化事業」としての日本語教育について、その前史および一九五〇年代にいたるまでの時期を扱う。具体的には、外務省の国際文化事業の管轄下にあって海外への日本語普及事業、また、在日留学生への日本語教育事業の実務を担当した国際文化振興会と国際学友会をとりあげる。国際文化振興会は今日の国際交流基金の前身に当たる。国際学友会は今日の日本学生支援機構の東京日本語教育センターをその直接的な後身とするが、広くとれば今日の留学生に対する日本語予備教育の源といって過言ではない。すなわち、両者は紛れもなく、今日の日本語教育事業の始まりに位置するのである。日本社会の大きな変動の時代、それぞれはいかに始まり、いかなる発展を遂げて戦後を迎えたのか。歴史的な事実をまず明らかにして、今日、そして未来の日本語教育を考えたい。

この時期に、日本の国策としてとりくまれた国外を対象とした日本語普及事業としては、満洲事変後の「満洲」での日本語教育、日中戦争勃発後の中国の占領地における日本語教育、また当時「大東亜戦争」と呼ばれたアジア太平洋戦争時に推進された「大東亜共栄圏の共通語」としての日本語普及が、その規模が比べものにならないほど大きかったこともあってよく知られている[3]。本書で扱う「国際文化事業」としての日本語教育（普及）は、それに比べると目立たない取組みであったかもしれないが、もともと、その対象は（中国以外の）全世界の[4]独立国で、今日の日本語教育を遡ってゆくとむしろこちらに行きつく。

もちろん、この時代の日本語教育は、「国際文化事業」のそれであっても、公教育としての「国語教育」や、植民地・占領地における「国語教育」「日本語教育」と無関係ではあり得ず、それについては本文で述べてゆくことになるが、本書で特に「国際文化事業」をとりあげるのには理由がある。まず、それが構造的にも思想的にも、もっとも今日の外国語としての日本語教育に近いものと考えられるからである。それに関連して、たとえば植民地における「国語教育」についての研究は植民地教育を専門とする研究者によっても担われ研究の層が厚いのに比べ、「国際文化事業」としての日本語教育については日本語教育学を専門に掲げる者が扱うべき身近な問題であるにもかかわらずまとまった記述が少ない。それどころか、あまりにも粗雑な扱いに出会って悄然とさせられることが多い。

たとえば、日本語教師を志す人々を主たる対象として書かれた真田信治『日本語教師・分野別マスターシリーズ　よくわかる日本語史』（一九九九）の巻末に付された三頁ほどの「日本語教育史

年表」では、

一九四三年　国際文化振興会設立（一九七二年、国際交流基金に引き継がれる）

と書かれている。実際には、国際文化振興会の設立年は一九三四年が正しい。日本の国際連盟の脱退と同期しているものの、「国際文化事業」の夢が人々の間にあった時代なのである。一九四〇年の東京オリンピックや同じく東京での日本万博計画が進められていた。米英に宣戦布告をすることになろうとは、一般庶民は想像もしていなかった。やがて「大東亜戦争」が始まり、その目的遂行のために日本全体が統合されていった一九四三年とはおよそ違っていたのである。この九年間の違いは大きい。この年表は山下暁美『解説日本語教育史年表』から項目を適宜抜き出したものと推測され、これを確認すると、一九三七年、一九三八年に国際文化振興会が「日本語普及に関する協議会」を開いた、と事実に沿った記述があるにもかかわらず、一九四三年の項に「国際文化振興会設立。一九七二年国際交流基金に引き継がれる」と書かれていて、これが引用元だと知られる。明らかに記述が前後しているのであるから、こういうときは、一九四三年の項が疑われてしかるべきである。それにもかかわらず、この誤った記述が引用され続けるのはどういうわけだろう。日本語教育に関わる人々が信頼を寄せる文献であるはずの日本語教育学会編『新版　日本語教育事典』（二〇〇五）の巻末年表では、一九三四年の項に「国際文化振興会設立」と正しく書かれ、その後も国際文化振興会の事業や出版物を紹介する項目があるにもかかわらず、不思議なことに一九四三年の項に再び「国際文化振興会設立（一九七二年、国際交流基金に引き継がれる）」との文言が、矛盾をものともせず生きのびているのである。今日も国際交流基金は海外に向けての日本語教育にかかわる事業の拠点であり、その始まりは、「国際文化事業」としての日本語普及活動の取組みの原点に当たる。われわれはこのことに、もう少し濃やかな神経を使ってしかるべきではないだろうか(5)。

国際学友会の留学生教育としての日本語教育も含めて「国際文化事業」としての日本語教育は、一九三〇年代に始まった。それが戦争の時代に、どのような展開を遂げ、戦後を迎えたのか。日本語教育とは何かという問いへの探求を日本語教育学と呼ぶならば、この時期の経験から、われわれは多くを学べるに違いない。本書がこの時期の「国際文化事業としての日本語教育」をとりあげるのは、そのためである。日本語教育やそれに携わる者の未来のために、じっくり考えたいと思うのである。

序章　「国際文化事業」以前の日本語教育

一九二九（昭和四）年、第一次世界大戦を経て通信や交通に飛躍的な発展を経験した世界を襲った世界恐慌は、各国の経済ナショナリズムを強める反面、国際協調の必要性への切実な意識を喚起した。十年後には再び世界大戦の勃発を招くに至るこの時期は、各国間の緊張が高まっており、日本のみならず、欧米諸国においても「国際文化事業」の重要性に注目が集まり、国際文化協定の締結などが進められた。

日本も例外ではなく、外務省文化事業部に「国際文化事業[1]」を扱う第三課が新設されたのは一九三五（昭和一〇）年八月のことである。その管轄下において日本語教育（普及）を担当した実務機関は国際文化振興会（ＫＢＳ）と国際学友会の二つであった。

本書では、一九三〇年代半ばから一九五〇年代にかけての両機関における日本語教育（普及）事業を中心に扱う。「国際文化事業」においては、海外の不特定多数の学習者を対象とするものは「日本語普及（事業）[2]」、国内の留学生に対するものは「日本語教育（事業）」とことばの使い分けが行なわれる場合がある。本書でも適宜これに従って、これらの語を用いる。一九三〇年代からの外務省の「国際文化事業」においては、国際文化振興会（ＫＢＳ）は対外文化事業として海外日本語学習者を対象とした日本語普及事業を担当し、国際学友会は学生を通した国際文化事業として在日留学生のための日本語教育を実施した。いずれの機関も創立当初は必ずしも日本語教育（普及）を事業の中心に据えていたわけではなかったが、やがて日本語教育（普及）に重点を置くようになり、今日の日本語教育の基礎となるべき事業が展開された。

本書ではこの国際文化振興会と国際学友会の営みを中心に、「国際文化事業」としての日本語教育の展開をたどってゆく。これらの機関が、戦争中、戦争目的遂行のための国を挙げての「大東亜共栄圏の共通語」普及事業にどう関わって、どのように敗戦を迎え、戦後に何を遺したのかを、できるだけ明らかにしたい。第一章では、両機関の設立にいたる過程と草創期の活動を扱い、第二章では国際文化振興会の一九三〇年代後半から一九四五年八月の敗戦にいたる時期の日本語普及事業の展開を、同時代の文部省・興亜院の日本語普及事業との関係も含めて描きだすことに努める。そして、第三章では国際学友会に目を転じ、前章と同じ時期の在日留学生に対する日本語教育事業の展開を描きだす。そして第四章では、両機関を中心に敗戦直後の日本語教育事業の状況を述べ、現代の問題につなげたいと思う。幸運にも筆者は、二〇〇四年度より財団法人言語文化研究所（現・学校法人長沼スクール）の研究員としてかつての日本語教育振興会の蔵書や資料を整理する仕事に従事した。そこで閲覧した一次資料を本書では随所で活用している。また、第三章で扱う国際学友会日本語学校については、十五年ほど前から元教師や元学生だった方々へのインタビューを重ねてきた。それらの資料も活用しながら、教師や留学生の目から見た当時の様子を描きだしたいと思っている。そして、終章では以下に提示する姿勢に基づいて、今後の日本語教育のあり方を考察し、提言を行ないたい。

本書の姿勢とは次のものである。

（1）戦後も長く支配的であったナショナリズムの論理から解放され、国境や国籍を超えた「人間としての権利」に依拠すること。

（2）過去の責任問題を曖昧にしないこと。

（3）過去から何を学び、それを未来に向かってどう生かすか、という問題提起に重点をおくこと。

これは『戦争責任・戦後責任』（一九九四年）と題された本のなかの山口定《やすし》による次の文章に触発されたもので、その影響を大きく受けている。その一部をここに引用する。(3)

「戦後責任」が語られるなかで、「二度と戦争は起こさない」という誓いが何回繰り返されても、今後起こりうる悲劇の想定に際して、第二次大戦以後の冷戦期を通じての軍事技術の飛躍的な発展や、脱冷戦状況下の新しい国際情勢を前提として起こり得る戦争の形態変化を考えに入れた問題の解明がなく、さらに軍事力同士の直接的衝突としての戦争のことばかりが話題になり、それと絡んだ経済的搾取や、それを用意し、促進した民族主義的偏見の問題にまで展開されないのであれば、「戦争責任」論は現代的意味の大半を失うと言っても過言ではない。

本書では、これを日本語教育の歴史への考察に置きかえてみたいと思う。「二度と戦時のような（侵略的）日本語教育はしない」と何度「反省」しても、戦中・戦後の日本語教育に関する基礎調査や教材開発における飛躍的発展や、国際情勢の変化にともなう日本語教育のニーズの生成の問題について考えることなく、軍事目的の日本語普及政策ばかりが話題になり、それと絡んだ経済的搾取や、それを用意し促進した民族主義的言語教育観、また帝国主義的言語普及観の問題に考察を進めることがなければ、日本語教育史研究は現代的意味の大半を失うであろう。

本書は戦時の日本語普及の責任問題を中心的に扱うものではない。しかし、日本語普及・日本語教育の活動を日本側が推進しようとする時、日本語を母語とする教員がこれに携わろうとする時、それが日本の（軍事的のみならず）経済的・文化的な力を帯びることを免れず、他者への「侵略」に無縁な営みではないことを、認めないわけにはいかない。われわれの考えるべきは、言語教育の本質を見つめ、人権抑圧のない世界の実現に日本語教育（ひいては言語教育一般）が貢献するには、いかなる理念をもって臨むべきかという「未来責任」の問題である。

本書は、先に挙げた姿勢をもって、未来への指針を得ることを目指して書き進められる。「国際文化交流」やそれを標榜する日本語教育の危うさは、現代と決して無関係ではない。日本語教育は、時の世界情勢や日本側そして学習者の属する国家側の外交政策、教育政策に大きく影響されるのが常である。言語学習が実学である以上、時代のニーズに応えるのはその宿命でもある。しかし、状況に流されるものであってはならない。時代の変化にも耐える確かな言語の力を鍛え、結果として国境を越えた人間の自由や豊かさに貢献できる日本語教育を実現するために、一九三〇年代から一九五〇年代にかけての「国際文化事業」としての日本語教育を考えることは、有効であると思われる。

これまで一般に閲覧の難しかった第一次資料を用いて、戦前、戦中のみならず敗戦直後の日本における日本語教育事業の展開を具体的に述べるのが本書の特色の一つである。もう一つ、本書における新たな試みは、この時代の日本語教育事業に深くかかわった特定の日本語教育者に注目し、その人物の動きを政策的、社会的状況の変化のなかに描き出そうとすることである。

この時期の日本語普及事業において目立った活躍をした人物のなかには、日本語教育の実務に携わったことのない国語学者や国語教育者、言語学者や官僚もいたが、本書では日本語教育者の営みに焦点を当て、松宮弥平《やへい》（一八七一―一九四六）、その息子である松宮一也《かずや》（一九〇三―一九七二）、そして長沼直兄《なおえ》（一八九四―一九七三）に注目する。彼らは、総力戦体制のもとで、国家の日本語普及に重要な役割を果たした。特に松宮弥平と長沼直兄は、外国語としての日本語教育が一般的でなかった時期に、個人的な出会いをきっかけとして日本語教師となり、やがて個々の才能を発揮していった。これらの人物が、国策としての日本語普及政策に深く関わった時代は十年ほどに過ぎないが、日本語教育者が、政策にいかに関わり、いかなる葛藤を経験し、何を遺したかは、本書のもう一つのテーマとなる。戦後、一九七〇年代まで国の内外で最も広く使われた日本語教科書は、長沼直兄による『改訂標準日本語読本』のシリーズと、鈴木忍《しのぶ》による国際学友会の『日本語読本』のシリーズである。その鈴木忍（一九一四―一九七九）は、敗戦の年に三十一歳と、長沼らより世代が若いが、この時期の国際学友会での日本語学習支援に携わったことがその生涯の日本語教育との出会いであった。本書では鈴木忍の足跡にも触れる。戦後、その著による教科書などによって日本国内のみならず国外における日本語教育をも支え多大な影響を及ぼした長沼直兄と鈴木忍がこの時期をどう生き、いかなる経験を通してその力を培ったのかを描きだすことで、今日の日本語教育の源流に思いをいたしたい。

言語教育の場を生みだすのは、歴史的社会的文脈からの、あるいは政策によるニーズであることが多く、個人を超えた力が働くのが常であるが、教育そのものの成否は現場の教師と学習者に多く依存する。特別な個人が大きな影響を与えることも珍しくない。各地の日本語教育史を繙《ひもと》くと、さまざまな人物に出会える。例えば、十九世紀のフランスで日本語を独習したレオン・ド・ロニー（一八三七―一九一四）は一度も日本の土を踏むことがなかったが（その独習を可能にしたのは、十六世期に日本へ布教にやってきたイエズス会士のポルトガル人ロドリゲス（一五六一―一六三三）による日本語学習書『日本小文典』のランドレスによるフランス語訳などの存在である）、自ら日本語学習教材の体系を著わし、パリの国立東洋語学校の最初の日本語教授としてフランスの日本語教育に多大な貢献をした。世界史的なヨーロッパ人の東洋への関心が背景にあることにも留意すべきだが、ここにおいてレオン・ド・ロニーという稀有な才能の果たした役割は大きい。

言語の学習も教育も、個人の志と努力なしには決して結実することはない。本書で扱う時代の日本語普及政策においても松宮弥平、長沼直兄の果たした役割は大きく、彼らなしでは日本における日本語教育の歴史は別のものになっていたに違いない。日本語教師の仕事が現在とは比べものにならないほど稀少な仕事であった時代、彼らは一体なぜどのようにしてこの仕事に出会ったのだろうか。本論に入る前に、その前史ともいえる彼らと日本語教育との出会いをみておきたいと思う。

松宮弥平が群馬県の前橋でアメリカ人宣教師を対象に日本語教育を始めたのは一八九三（明治二六）年のこと、長沼直兄が知人のアメリカ人宣教師に頼まれて日語学校の臨時教師となったのは一九二一（大正一〇）年のことであった。

松宮弥平は後に日語文化協会の日本語主任として教員養成にも活躍し、一九四〇年代には日本語教育の指導的役割を果たした一人だが、その日本語教育のきっかけはキリスト教の伝道にあった。愛媛県に生まれ、青年時代にキリスト教に入信。一八九三年に前橋に移り、宣教師を助けつつ布教の手助けとしての日本語教育を開始した。一八九七年、旅館「鍋屋」の娘、松宮しんの婿養子となって旅館を経営する傍ら、宣教師らを対象に日本語教授を行なったが、これが成果を上げ、全国の宣教師らに知られるようになった。

そんな父の仕事を見ながら成長した長男の松宮一也は、一九四〇年代の初めに日本語を全世界に普及しようとする若手の論客として活躍した。その代表的著作『日本語の世界的進出』（一九四二）の最後に、「日本語普及十年の回顧」と題された文章がある。

「私の親父が日本語を教へ始めたのは、まだ二十一、二の頃であつたと言ふから、今日では既に五十年である」と、松宮一也は語り起こす。最初はキリスト教の伝道師として新島襄を慕い、その誕生の地である上州安中に赴いて伝導に身を投じた父弥平は、その後、前橋に転任し、宣教師ウィリアム・ノイスを助けることになった。「宣教師の伝道事業は、日本語に熟達することなしには出来ない。この為には自分が十分に日本語の教へ方を研究し、彼等をして日本語に習熟させることが、即ち伝道である」と弥平は信じ、ノイスの日本語教師として前橋に留まることにしたということである。松宮一也は、幼少期に見た父弥平の日本語塾の様子と自らの経験を、次のように語っている。

〔親父は〕それから明治四十四年まで前橋に在つて、幾多の外国人に日本語を教授してゐたのであつたが、日本語を勉強する機関のなかつた当時に於ては、直接に教授を受けるために前橋まで来る者も多かつた。私の幼稚園から小学校の初めにかけて、幾多の外国人学生の姿が眼に浮んで来る。その中でも印象の一番深いのは、基督教女子青年会の総幹事としてカナダから赴任して来たマクドナルドさんだ。或る日のことだつたが前橋の私の家（古くから鍋屋と言ふ旅館をしてゐた）へ大荷物が配達されて来た。どうも外側から見ると鉄の寝台のやうだ。その外にも、今までに見たこともない変つた形の大きなトランクがある。二、三日店の土間に置いて待つてゐると、人力車に乗つた西洋の婦人が店先に降りた。田舎の町では未だ外国人は物珍らしい。近所の子供がぞろぞろ集つて来る。親父が出て迎へると、これがマクドナルドさんだつた。〔中略〕その翌日から日本語の勉強である。朝食だけはパンと紅茶と卵などで、物珍しさに女中の給仕について行くと、よくトーストなどを分けてくれた。バタを食べたり、砂糖の入つたお茶を飲んだりしたのは、その時が生れて始めてだつたらう。その間にも私のことを、「かつちゃん、かつちゃん」と言つて、私を使つて日本語を習ふことを忘れなかつた。このやうであつたから、マクドナルドさんの日本語の上達は素晴しく、特に会話の流暢になつたことには驚くべきものがあつた。(4)〔中略〕

その時代には、日本語の教授に対しては授業料の定めがなかつたさうである。親父も伝道の精神で教へてゐたのであるから、そんなことにはこだわらなかつた。（同上、二九八―三〇一頁）

続けて松宮一也は「まだ日本に慣れない外国人などは、「教へる値段はいくらですか」とか、「勉強の賃はいくらですか」などと聞くものもあるが、実に嫌な気がする。〔中略〕教へる仕事に金が伴はなかつたら、どんなにか愉快だらうと思ふ。商売人は大に金にこだはつて儲けるがよろしい。だが教育者だけは金の心配をせずに、たゞ只管《ひたすら》に教育を楽しむと言ふやうになつたら、本当の教育が出来ると思ふ」（三〇二頁）と、理想を述べている。

そのあと一也は母親の仕事ぶりを回想しているが、旅館の一人娘である母松宮しんはもっぱら宿の仕事を切り盛りしながら、教会の婦人会や幼稚園の仕事もこなし、外国人学習者の世話もよくしたという。料理がうまく外国人にもよくふるまった。茶の湯、生花、盆石《ぼんせき》、謡曲にも造詣が深く、外国人学生に披露し、教えることもあったという。

「この時代の日本語教授には誠に温いものがあつて、たゞ職業的に日本語を教へると言ふのとは大分趣が異つてゐた。私も数年の外国生活の経験があるが、日語文化学校に於ても、この家庭的な温さを忘れまいと努めてゐる」（三〇三頁）と松宮一也はこのエピソードを結んでいる。

松宮弥平は、一九一二（大正元）年の秋、宣教師たちの要望を受けて一家で上京し、手伝いの教師を雇って麹町土手三番町の自宅で日本語塾を開いた。遠方の学習者には通信教育も行なった。

ちょうどそのころ、元大蔵大臣で東京市長であった阪谷芳郎《さかたによしろう》は、欧米各国を巡視し、国際会議参加の経験から、日本が国際的になるには、日本語の普及が必要であることを痛感していた。その阪谷芳郎が松宮弥平と出会った。そうして阪谷の主唱の下に、帰一協会、大日本平和協会、米人協会、英人協会、共同ミッションなどの団体の代表者および内外人の有力者の協力を得、後に一九一七年から二年ほど日語学校の校長をも務める東京外国語学校校長・村上直次郎の意を得て、同校内に一九一三年、日語学校が設立された[5]。そして、その日本語教師として松宮弥平が迎えられたのである（のちに神田美土代町の東京基督教青年会館内に移転する）。かねて教師養成の必要性を痛感していた松宮弥平の主導で、日語学校では、一九一四年一月に第一回日本語教授法講習会を神田の女子青年会館で実施した。受講生は主としてキリスト教の関係者であったものと思われる。以後、毎年、福岡、軽井沢などでも講習会を開催し、松宮一也の『日本語の世界的進出』によると、この年までに千名を超える修了生を出したということである。近代日本における組織的な日本語教員養成の最初であろう。この講習会の受講経験者を会員として日本語教授法研究会も生まれたという[6]。

松宮弥平は一九一八（大正七）年には日語学校の教務主任に就任した。ところが、一九二一年（五十歳の年にあたるが）、弥平はその職を辞し、独立して松宮日本語学校を神田三崎会館内に設立した。日本語教育、教員養成の事業の傍ら、かねて携わっていた廃娼運動に力を入れ、廓清会婦人矯風会廃娼連盟、のちに国民純潔同盟の常務理事などをも歴任した。一九二三年、関東大震災で阪谷らの日語学校は焼失し一時期神戸に移ったが、まもなく東京に戻り場所を移しながら学校の運営を続け、一九三〇（昭和五）年九月に日語文化学校と校名を変更した。一九三二年、その日語文化学校より誘いを受けた弥平は、再び日語文化学校の国語部長に帰任し、当時、太平洋問題調査会の調査員であった息子の一也が幹事に就任した。

幼いころから父の日本語教室に来る宣教師らと交流して育った松宮一也は、一九二四年に東京外国語学校スペイン語科を卒業したあと、基督教青年会の少年指導事業に携わった。一九二六年に米国へ留学、コロンビア大学などで心理学を修めて、一九二九年に帰国した。帰国後は明治学院高等部の講師(心理学担当)をしながら、一九三一年に太平洋問題調査会の調査員となっていた。日語文化学校の幹事への就任は、弥平との親子関係によるものではなく、太平洋問題調査会で一也を知った姉崎正治が、弥平との関係を知らずに推薦したということである(松宮一也前掲書、三一七頁)。ここから松宮父子の二人三脚が始まる。

もう一方の主人公、長沼直兄は松宮弥平の二十三年後に生まれたが、長沼も偶然声をかけられて始めた宣教師の日本語学習の手伝いが日本語教育に関わるきっかけだった。長沼直兄は「パーマさんのことども」(一九六六)というエッセイに当時の思い出を次のように綴っている。

たしか一九二一年の秋の終わりごろだったと思う。そのころ私は本郷の追分町に住んでいた。隣りが教会で、三人の外人宣教師が住んでいた。ある日その宣教師の一人が自分の通っている日本語の学校――日語学校といっていた――の教師の一人が病気で、教師が足りなくて困っているから、一週間ばかり午前中だけ手伝ってもらえまいかという。私はそのころもう学校は出ていたが、勉強中で暇があったから、あまり考えもせず、簡単に引き受けてしまった。

翌日学校へ行って校長や主任の教師に会い、教室に出たが、なにしろ初めてのことなので、教えられた通りのことをするのが精いっぱいであった。一週間はたちまち過ぎた。然し病気の教師はまだ治らない。校長はホームズというアメリカ人であったが、非常に日本語に堪能な人であった。十日ばかりで私が暇をもらおうとすると、学校の窮状を訴えてもう少しもう少しと引っ張って、仲々やめさせてくれない。私もどうしても止めなければならないほどの急用があったわけではないし、実際困っている学校を見殺しにもできないので、ついつい延び延びになってしまった。(一五五頁)

長沼直兄は一九一九(大正八)年に東京高等商業学校(現在の一橋大学)を卒業し、貿易商社の横浜支店に勤務したが、二年間近く勤めたところで勤務先が閉鎖となったのを機に辞職し、自宅で勉強中の身分であったという。引用部分にあったような偶然から日語学校の臨時教員となったところへ、一九二一年、文部省より英語教育の指導者として招かれたハロルド・E・パーマー(一八七七―一九四九)の連続講演に、日語学校のジェロム・ホームズ校長の代理として出席したのをきっかけに、パーマーとの運命的な出会いを果たし、外国語教育(長沼の場合は日本語教育のほかに英語教育についても多くの著作がある)を生涯の仕事とすることになったのである。[7]

この日語学校は松宮弥平が主任をしていた学校だが、長沼直兄がそこの教師になったのは、弥平がここから独立しようと別に松宮日本語学校を創立して離れた直後にあたる。そのため、日語学校で、長沼直兄と松宮弥平が出会うことはなかった。二人はこのあとも、近くにあってすれ違うことの多い運命をたどることになるが、それを象徴するような始まりであった。

長沼直兄にはそれまでに海外経験などはないが、英語の学習に熱心で、高い英語力を有していたという。一九二二年には、アメリカ人英語教師アントネット・ファルキーと結婚、一九二三年には、文部省内に英語教授研究所が設立されてパーマーが所長に就任すると、同研究所の幹事となりパーマーの仕事を助けた。同年十月にはパーマーの推薦で、米国大使館の日本語教官に就任した。このあと、長沼は一九四一（昭和一六）年八月に辞任するまで、米国大使館で外交官や将校らに日本語を教え、この間、『標準日本語讀本』全七巻（一九三一―一九三四）を完成した。入門から高いレベルの読み書き能力を習得するまでの体系的な日本語教科書として後に広く知られたものだが、長沼直兄が米国大使館の教師であったときは、門外不出の限定版であった。

こうして個々に日本語教育の仕事に就き専門性を深めていった彼らの力は、国策としての日本語普及事業にどのような影響を与えていくのだろうか。当局は彼らをいかに活用し、彼らはいかにこの時代を生きたのだろうか。「国際文化事業」としての日本語普及事業が始まる一九三五年の時点で、松宮弥平は六十四歳、既に四十年余りの実践歴を有していた。弥平より二十数歳若い長沼直兄にしても、四十歳を超え、日本語教授経験は二十年に及んでいた。

図１　長沼直兄　（(財)言語文化研究所『日本語教育研究論集』第７号「長沼直兄先生追悼号」より）

ところで、彼らが欧米人宣教師や外交官に日本語教育を行なっていた時期の日本において、より大きな規模で行なわれていた日本語教育は中国人留学生を対象とするものであった。同時代の背景として、こちらについても概観しておきたい。

近代日本への中国人留学生の受け入れは、一八八六（明治一九）年、当時の文部大臣西園寺公望《さいおんじきんもち》が当時高等師範学校校長であった嘉納治五郎《かのうじごろう》にその教育を託した、清国派遣の留学生一三名をもって嚆矢《こうし》とする。その後、日本への中国人留学生は増加の一途をたどり、一八九八年にはインド学者で東京帝国大学教授であった高楠順次郎が中国人留学生のための教育施設として日華学堂を設立、翌一八九九年には嘉納治五郎が亦楽《えきらく》書院を開き、成城学校、第一高等学校、学習院も中国人留学生のための日本語教育を実施した。また、女子留学生の受け入れには下田歌子による実践女学校が先駆的な役割を果たした。一九〇一（明治三四）年には文部省が「直轄学校外国人特別入学規定」を公布、一九〇二年には東京の神田に清国留学生会館が開館、留学生数は五〇〇名前後だったとされるが、一九〇五年日露戦争での日本の勝利を契機にその数は増加し八〇〇〇名を超えた。その後、一九一一年の辛亥革命に際しては多くの学生が帰国し、留学生数は約一四〇〇名に減少したが、そののちふたたび増加に転じ、一九一四年には六〇〇〇人程度に達した。一九一八年には財界人によって中国人留学生を支援する目的で日華学会が設立された。日中戦争の時期の中国人留学生史については河路「盧溝橋事件以後（一九三七—四五）の在日中国人留学生」で述べたが、太平洋戦争の終わりに近づいても、中国各地の日本の占領地や「満洲国」からの中国人留学生の来日は途切れることなく、中国人留学生教育は、日本における日本語教育の最も大きな柱であり続けた。

十九世紀末より中国人留学生を対象にした日本語教育機関は少なくなく、多くの人々がその教育に携わったが、傑出した人物の一人に松本亀次郎（一八六六―一九四五）がいる。『言文対照・漢訳日本文典』（一九〇四）、『日本語教科書』（一九〇六、全三巻。のちに全一冊に改訂）、『漢訳 日本語会話教科書』（一九一四）など、長沼直兄同様、単独で入門から高いレベルまでを扱う優れた教科書を著わし、在日中国人留学生のみならず中国においても広く使われた。中国人学習者を対象とした日本語教師は、欧米から来日した宣教師や外交官などに教えていた教師より多かった。

しかし、国策としての日本語普及事業に深く関わったのは、中国人に教えてきた人々ではなく、欧米人に教えてきた松宮弥平や長沼直兄であった。「国際文化事業」としての日本語普及事業に関しては、そもそも「国際文化事業」が、中国以外の国や地域への文化事業を担当すると規定されていたことを考えると理解されるにしても（外務省文化事業部はそれまでは「対支文化事業」すなわち、中国に対する文化事業を専らとしており、「国際文化事業」は中国以外の国や地域への文化事業であると規定されたのがその理由である）、文部省、興亜院によって推し進められた「大東亜共栄圏の共通語」としての日本語普及事業の拡大の時期も、日本語教授の実務家として彼らは大きな役割を果たした。特に「大東亜共栄圏の共通語」としての日本語普及を目的として文部省内に設置された日本語教育振興会は、当初中国大陸へ向けた出版物を多く作成したが、その出版事業の中心的役割を果たしたのは長沼直兄であった。

松本亀次郎についていえば、彼は一九三〇（昭和五）年の四月から五月に、外務省、文部省の援助で中国教育事情の視察旅行をしたから、あるいは外務省、文部省は国策への松本の貢献を期待した可能性もあるが、松本は帰国後、その報告を兼ねて翌一九三一年七月に刊行した『中華五十日游記・中華教育視察紀要・中華留学生教育小史』の末尾に、日本の中国への侵略に対し、次のように反対の立場を明確に示したのだった。

　これ予が最後に一言したき事項である。民国〔中華民国〕はいまや民族的に目醒《めざ》め「民国は民国人の民国だ、民国内に於いては、領土、法権、政治、経済、文化、教育の全般にわたり、他国の侵略を許さぬと云ふ思想」約言すれば「打倒帝国主義」なる思想は、可成り濃厚に行き渡り、殊に小中学生徒に対して鼓励《これい》が最も能く行き届いて居る。此の時に当り、日本人が僅《わず》かに一日の長を恃《たの》み、依然として日清日露両戦役の旧夢より目醒めず、「民国人は個人主義だ」「国家的観念が乏しい」「全国統一なぞ出来る者か」「憲法政治なぞ河清《かせい》を待つの類だ」などと言って見くびって居たら大間違いである。〔中略〕予は我が国家を愛すると同時に新興民国の新建設に対して、熱心に其の前途を祝福し、永遠に両国家の共存共栄を祈るの外、他意なきことを表明して本篇の終結とする次第である。（一二五―一二六頁）

　この年、松本亀次郎は六十五歳、長く中国人留学生に教えてきた東亜高等予備学校の職を辞した[8]。松本による覚悟の箴言《しんげん》は功を奏することなく、その九月に満洲事変が勃発し、日本は戦争に向かってゆく。松本は、一九三四年、その畢生《ひっせい》の集大成『訳解・日語肯綮《こうけい》大全』を著わし、一九三五年の秋には雑誌『日文研究』を刊行した。この雑誌にはかつての教え子である郭沫若《かくまつじゃく》、魯迅《ろじん》などが寄稿したが、これが最後の仕事となった。

松本亀次郎は「中華留学生教育小史」（一九三一）に次のように記している。

先輩の或方が、予に沿革を調べると同時に其の効果を調査することが、より以上に必要な事と思ふが、君の見る所で果して如何なる効果が有るかと問はれたから、予は即座に其れに答へた。効果と云つても、多方面に関係することだから、一言に言ひ尽す訳には行かない、若し問者の意が日本に対する効果如何であるなら、其は副弐《ふくじ》目的であるから後回しとし、兎《と》に角《かく》「中華民国重要の人物が留学生中から驚く程多数に出て居る」ことは効果の第一に数ふるべきであらう。(9)

「留学生教育の効果」が当時の一般の関心事であったことが察せられる文章であるが、日本側への効果は重要ではないとして語らず、中国側についても主義主張に一切言及していない点は注目される。同書の「結論」には再度「留学生教育の効果如何」という小見出しが設けられているが、松本は、「留学生教育の目的に関し、最も多くの人の念頭に存する者は、日華親善の四字に在る様である」と当時の一般的な風潮を取り上げた上で、「日華親善固《もと》より可であるが、予が理想としては留学生教育は、何等の求める所も無く、為にする事も無く、至純の精神を以て」行なわれるべきだ、と持論を展開している。「日華親善は、求めずして得られる副産物であらねばならぬ」というのが松本の主張であった。

松本亀次郎の教育は、最後の教え子であった汪向栄によって日中両国に向けて語られ[10]、今日では、両国で評価されている。留学生教育に対して松本が堅持した節度は、もとより、このあとの日本の中国大陸向けの日本語普及と相容れるものではなかった。

本書で扱う日本の外務省による「国際文化事業」の始まりは、一九三五年のことである。このあとの日本の国のあり方が、非日本語母語話者と日本語との接触の場のあり方をいかに変えていったのか。日本の文化外交政策と日本語教育の関わりを、これからたどっていこうと思う。国際関係が緊張したとき、文化外交や言語教育の重要性に目が向けられ、予算が増額されることは珍しいことではないが[11]、この時期の資料をたどって日本語教育の歴史に分け入ると、歴史のダイナミズムのなかに言語教育、日本語教育がいかに関わりながら展開を遂げたのか、何を達成し何に挫折したのかが浮き彫りになる。国家をあげて未曾有の規模で推進された日本語普及事業における日本語教育の正体を見極め、今日の日本語教育との関係を考え、未来の日本語教育を展望する知恵を得ることができたらと思う。

第一章　「国際文化事業」の幕開け——国際文化振興会と国際学友会の創立

外務省文化事業部に「国際文化事業」担当の課（当初は第三課、後に第二課）が設置されたのは一九三五（昭和一〇）年八月のことである。それに先だって一九三四年の四月に国際文化振興会が、少し遅れて一九三五年十二月に国際学友会が設立された。この両機関は、外務省文化事業部の管轄の下、「国際文化事業」の実務を行なうこととなった。本章では、これら「国際文化事業」への取組みにいたる背景を、日本をとりまく環境や国内の日本語教育機関の状況を含めて明らかにし、両機関の草創期の事業における日本語普及（教育）の位置づけを確認する。

1　幕末から一九三〇年代にいたる日本の「国際文化交流」

幕末に始まる近代日本の外交は、欧米と対等な関係を結ぶための「条約改正」に始まり、欧米先進国が形成する「国際社会」の仲間入りをしようとする悲願に支えられてきた。「富国強兵」「殖産興業」という基本政策の実現のため、政府は（1）指導者による外国事情の実地見学、（2）海外留学生の派遣、（3）「お雇い外国人」による協力要請、という三つに重点をおいてこれらを実現した。[1] いずれの場合も、相手となる国は、アメリカ・フランス・イギリス・ドイツをはじめとする欧米先進国であった。

日本が初めて正式に万国博覧会に参加したのは、維新直前の一八六七年に開かれたパリ万国博覧会であった。[2] 明治新政府樹立後の一八七三年、ウイーン万国博覧会にはさらに規模を拡大して参加し、以後、同様の催しには積極的に参加した。一九〇四（明治三七）年の米国・セントルイス万国博覧会の時は日露戦争中であったが、日本は参加を敢行した。対戦国の強国ロシアが財政難を理由に参加を見合わせたなか、日本文化の発信を通してアメリカの世論を日本に好意的にさせる効果をもたらしたと言われている。

一方、日清戦争直後、中国の遼東半島の割譲についてロシア・ドイツ・フランスによる三国干渉を経験した日本では、アジアをめぐる国際情勢に危機意識を抱き、アジア、特に中国との文化的提携の必要性が意識されるようになった。貴族院議長、近衛篤麿は中国人留学生教育の推進を唱え、一八九八（明治三一）年五月、駐華公使・矢野文雄は、西徳二郎外務大臣にあてた上申書のなかで、中国から留学生を受け入れることは両国の友好に役立つばかりでなく、「我国の感化を受けたる新人材を老帝国内に散布するは、後来我勢力を東亜大陸に樹植するの長計なるべし」と、その政治的意義を述べた。[3]

アジアからの留学生の受け入れは、一八八一年に慶応義塾が朝鮮からの留学生二名を受け入れた時に始まり、[4] 一八九六年嘉納治五郎が最初の一三名を受け入れた清国留学生はその後増加の一途をたどっていく。

日露戦争（一九〇四―〇五）後は、日本のアジアへの影響力が強まり、ベトナムやインドなどからも留学生が来るようになった。一方、欧米人の間では東洋人への人種偏見的な嫌悪感から黄禍論が唱えられ、アメリカでは日系移民の排斥運動があった。アメリカには一九一〇年には七万二一五七人の日本人移民がいたが、[5]一九〇七年五月のサンフランシスコにおける排日暴動に象徴されるアメリカ人の排日感情は強く、日本政府はアメリカ人を親日的にすることを目標に、新聞・雑誌を通じて広報文化外交を強化した。

「序章」で紹介した、松宮弥平ゆかりの欧米人学習者（主として宣教師）を対象とする日語学校が東京外国語学校の敷地内に開校したのは一九一三（大正二）年九月で、こうした状況のなかでのことであった。

このころから日本の学者や実業家など民間有力者を通じて行なわれる民間外交も盛んになり、欧米諸国を相手にいわゆる国際親善団体が多く結成された。主なものを次に挙げておく（括弧のなかは創立年）。

①日本と特定の国家・地域との二国間友好親善のための民間団体
日露協会（一九〇二）、日印協会（一九〇二）、英国協会（一九〇八）、日仏協会（一九〇九）、日独協会（一九一一）、日米協会（一九一七）、日仏会館（一九二四）、日独文化協会（一九二七）など。

②「国際交流」のための民間団体

大日本平和協会（一九〇六）、日本国際連盟協会（一九二〇）、日本基督教連盟（一九二三）、太平洋問題調査会（一九二六）など。

日本国際連盟協会は、パリ講和会議のころにパリに在住していた学者や外交官によって設立され、一九二六（昭和元）年にはその内部組織として国際連盟学芸協力国内委員会が設立された。一九一九（大正八）年のパリ講和会議は、第一次世界大戦の戦後処理として開かれ、戦勝国日本はイギリス・アメリカ・フランス・イタリアとともに「五大国」の一員として参加したが、日本の「国際連盟規約に人種平等条項を謳う」という人種的差別待遇撤廃の主張は認められなかった[6]。対外宣伝の不足を痛感した近衛文麿は「プロパガンダ機関の設置と活用」を力説し、一九二〇年四月に外務省に「情報部」を設置した。

外務省文化事業部の始まりは、一九二三（大正一二）年五月、義和団事件の賠償金、および山東半島利権返還の補償金をもとに設けられた「対支文化事業特別会計」に基づいて外務省内に設置された「対支文化事務局」にある。中国人留学生への支援のほか、中国との友好親善を目的とした民間団体である東亜同文会（一八九八年発足）、医療活動を目的とした民間団体である同仁会（一九〇二年に創立）への助成を中心に出発した。一時は中国・北京政府との合意に基づき両国による共同運営の形をとったものの、中国では当初よりこれを文化侵略だと糾弾する世論があった上、日本側委員による独善的運営が目立つとして一九二八年には中国側委員全員が抗議の辞職をした。以降、日本側による対中国文化事業として、さまざまな調査研究、教育にかかわる中国での活動、日本における中国研究、中国人留学生の受入れ支援などを推進した。阿部洋の『日中関係と文化摩擦』（一九八二）、『日中教育文化交流と摩擦――戦前日本の在華教育事業』（一九八三）など一連の研究を見ても、文化事業というものが、見方や立場によって「文化交流」か「文化侵略」か解釈の分かれる微妙な問題をはらんでいることがわかる。

しかし、その後の日中関係の悪化は、文化事業の担い手たちの想像をはるかに超えていた。日本の軍部は一九三一（昭和六）年に満洲事変を引き起こし、これをきっかけに一九三三年二月には、日本は常任理事国であった国際連盟を脱退する。

外務省の「国際文化事業」が始まる直接のきっかけは、国際連盟の脱退をはさむ一九三三年一月から三月にかけて開かれた第六四回帝国議会で、世界各国に日本への理解を促す国家的活動の必要を訴える「国際文化事業局開設に関する決議案」が可決されたことにある。国際的孤立への危機意識、国際社会で「誤解」されているという認識から、「誤解」を解くべく「国際文化事業」に注目が集まり、欧米諸国の「国際文化事業」への取組みが調査された結果、国際連盟学芸協力国内委員会に代わる機関として、外務省および文部省の所轄下の財団法人としての認可を受けて、一九三四年四月、国際文化振興会が設立されたのだった。(7) そうして、翌一九三五年八月に外務省文化事業部に「国際文化事業」を管掌する第三課（一九三八年十二月より第二課）が新設された。第三課の扱う「国際文化事業」の対象は「対支文化事業」の対象を除く、すなわち中国（中華民国・満洲）以外の諸外国だが、国家の進退に関わる問題として、主に欧米先進国の日本理解を促進するための発信を行なうことが、最も切実な目的と考えられた。一足先に設立されていた国際文化振興会はこの管轄下に入ることとなり、同じくこの「第三課」の事業として、一九三五年十二月、中国以外の諸外国からの留学生の保護善導を目的とする国際学友会が設立された。

日本の対アジア文化外交と対欧米文化外交とを比べてみると、留学生の受け入れに対して留学生の派遣、「日本人教習」としての教員派遣に対して「お雇い外国人」としての専門家や研究者の受け入れ、と逆の流れを示している。この傾向は、今日にいたるまで日本の文化外交、国際交流に通底するものとして存在し[8]、宿命的な二重構造であると言える。

2　一九三〇年代の国定教科書に見る国際交流観

この時代、「国際交流」はどのように説明されていたのだろうか。当時の国定教科書の本文から探してみると、第三期国定教科書『高等小学修身書　巻六』の第四課に「国交」という題名の本文がある。初版は一九二三（大正一二）年一月に発行された。一九二七（昭和二）年十一月に元号が変わったことを反映した修正版が出され、一九三三年十一月には、日本が国際連盟を脱退したことによる再修正版が発行され、さらに修正加筆されたものが第四期国定教科書の『高等小学修身書　巻六』（一九三九）第十六課に同じ「国交」という題で掲載されている。国定教科書は日本の学校で学ぶすべての人の目に触れるだけでなく、当時の外国人用の日本語教科書にも素材を提供することが多く、甚大な影響力をもっていた。「国交」の修正過程をみると、一九二〇年代から一九三〇年代にかけての日本の国際交流観の、教育現場への現われをたどることができる。そして、当時の日本の国際文化事業の文脈を、当時の人々の立場に立って感じることができる。

『尋常小学修身書　巻六』第四課「国交」初版の全文は以下のとおりである。

隣近所同志互に親しくして助け合ふことが、共同の幸福を増す上に必要なことは、いふまでもありません。それと同様に、国と国とが親しく交り互に助け合つて行くことは、世界の平和、人類の幸福をはかるのに必要なことです。今日各国互に条約を結び、大使・公使を派遣して交際につとめてゐるのも、主としてこれがためであります。

明治天皇は、諸外国との和親について非常に大御心をお用ひになりました。明治四十一年に天皇の下し賜つた詔書の中にも、益々国交を修めて列国と共に文明の幸福を楽しまうと仰せられてあります。

世界大戦役の終に平和会議がパリーで開かれた時、我が国もこれに参加しました。この会議の結果、出来上つたのが平和条約で、将来世界の平和に大切な国際聯盟規約はこの条約の一部です。この条約の実施された大正九年一月十日に、今上天皇陛下は詔書を下し賜つて、万国の公是によつて平和の実を挙げ我が国力を養つて時世の進歩に伴なふやうに勉めよと国民にお諭しになりました。

大正十年、皇太子殿下は欧州諸国を御巡歴になりました。半年の間殿下は到る処の国々で御交際におつとめになり、いつも非常に好い感じをお与へになりました。これがため各国との和親がどれ程増したかはかり知られません。

我等も国交の大切なことを忘れず、つとめて外国の事情を知り、外国人と交際するに当つては、常に彼我の和親を増すやうに心掛けませう。


一九二七（昭和二）年の修正版は、年号が大正から昭和に変わったことを反映して、「今上天皇」を「大正天皇」に、「大正十年、皇太子殿下は」という部分を「今上天皇陛下は皇太子であらせられた時」に修正したほか、初版の「世界大戦役」を「欧州大戦」に改めるなど部分的な修正に止まっているが、一九三三年の国際連盟脱退後の修正では、後半が大幅に書き換えられた。上記引用文の最後の二段落が、再修正版では以下のように変わっている。


今上天皇陛下はかねて国際平和に大御心をお用ひになり、皇太子であらせられた頃、欧州諸国を御巡歴になつた時にも、国々との和親をお進めになりました。

我が国は初から熱心に聯盟と協力して来ましたが、東洋の平和を保つ方法について聯盟と意見を異にしたために、昭和八年聯盟を離脱するに至りました。其の時、天皇陛下は詔書を下し賜はつて、我が国の信ずるところに従つて国際平和を確立しようと仰せられました。

我等は常に国交の大切なことを忘れず、外国人と交際するに当つても、互によく理解し合つて、広く人類の幸福を増すやうに心掛けませう。

さらに一九三九（昭和一四）年の第四期国定教科書『尋常小学修身書　巻六』の「第十六　国交」では後半部分に加筆修正が加えられ、全体の分量が増加している。先に示した修正箇所に相当する部分を以下に引用する。

天皇陛下はかねて国際平和に大御心をお用ひになり、皇太子であらせられた頃、欧州諸国を御巡歴になつた時にも、国々との和親をお進めになりました。

かやうに我が国は、世界の平和を進め文明の発達をはかることを、国交の方針として居ります。それで聯盟に対しても、最初から熱心にこれと協力して来ましたが、満洲国の成立した時、東亜の平和を保つ方法について聯盟と意見を異にしたために、昭和八年遂に聯盟を離れることになりました。其の時、天皇陛下は詔書を下し賜はり、其の中に、我が国の信ずるところに従つて国際平和を確立しようと仰せられてあります。

国際平和を確立するには、我が国としては、先づ東亜の安定を保つことが大切です。それで、我が国は満洲国と条約を結んで、隣同士のよしみをいつまでも固くし、両国共同して国家の防衛に当るべきことを約しました。さうして支那とも和親を進め、互いに協力して東亜の安定を保ち、共栄の実を挙げることにつとめて居ります。かやうにして始めて世界の平和を確立することが出来るのです。

我等は常に国交の大切なことを忘れず、つとめて世界の大勢を知り、東亜の事情を明らかにし、外国人と交際するに当つても、互によく理解し合つて、広く人類の幸福を増すやうに心掛けませう。

これらの教科書にはそれぞれ指導の手引に当たる「教師用」がある。課ごとに「目的」「説話要領」「主要なる設問」に加えて「備考」として参考事項の説明や資料などが掲げられている。まず、先にあげた課文の「目的」を見ると、第三期のものには「列国との交際の大切なることを教ふるを以て本課の目的とす」とあるのに対し、第四期のものでは、「皇風を宇内《うだい》に宣《の》べ大義を世界に顕揚するに、国交の大切なことを教へるのを、本課の目的とする」と状況を反映した表現に変わっている。本文の解説に当たる「説話要領」を見ると、その強調点の変化は顕著である。

第三期の初版では、本文に触れられている一九一九年のパリ講和会議について、世界各国の「将来戦争を絶滅して永久に禍根を除かんとする熱心なる要求」からこの会議では平和条約を締結し、それに際して、その一部として国際連盟規約を定めたこと、その規約は、「聯盟各国間の争議を穏和なる手段によりて解決し、万一不条理なる戦争を起さんとするものある時は、聯盟諸国の威力によりて之を掣肘《せいちゅう》し、協同の力によりて人類永久の平和と幸福とを実現せんことを約せるものにして、かゝる規約の成立せしは実に世界の一大進歩と謂《い》ふべし」と説明されている。このあと、大正天皇が国民への協力を求めて下した詔書の全文が引用され、「諸子も国交の大切なることを忘れず、力《つと》めて世界の大勢を知り、各国の情況を明らかにし、よく親切丁寧に外国人と交際して、常に彼我《ひが》の和親を増進するやう心掛けざるべからず」という文章で締めくくられている。

ところが、その「不戦」の願いも虚しく日中戦争は全面化し、ヨーロッパでは一九三九（昭和一四）年九月のドイツ軍のポーランド侵攻をきっかけに第二次世界大戦が勃発した。こうした状況を反映した第四期の「教授要領」では、先に引用した不戦への決意にかかわる部分は削除され、大幅に分量を増やして日本の立場が説明されることになった。

……我が国は、一貫して世界の平和を進め文化の発達を図ることに努めてゐます。聯盟成立以来十有三年に亙《わた》り、熱心に其の目的達成に努力したことは、列国の等しく認めた所であります。然《しか》るに、満洲国の建国に当り、連盟は、我が国が正義公道に基づき、現実の事態に即して、満洲国を助け共に東洋の平和を確保し、以て世界の平和に貢献しようとする態度を理解せず、且聯盟規約等の解釈についても、我が国と多数聯盟国との間に意見の相違があることが明らかとなつたので、我が国は東洋の平和確立に関する使命と責任に鑑《かんが》み、慎重熟議の末遂に断然聯盟を脱することとなりました。

このあと、天皇による詔書を引用し、「聯盟ト手ヲ分チ帝国ノ所信ニ是レ従フト雖《いえども》固《もと》ヨリ東亜ニ偏シテ友邦ノ誼ヲ疎《おろそ》カニスルモノニアラズ愈《いよいよ》信ヲ国際ニ篤クシ大義ヲ宇内ニ顕揚スルハ夙夜《しゅくや》朕ガ念トスル所ナリ」との文言を示して、これを「国民の進むべき道」であるとしたうえで、日本の立場をさらに次のように説明する。

国際平和を確立するには、我が国としては先づ東亜の安定を期するのを第一とします。それで我が国は昭和七年九月十五日、満洲国と善隣の関係を永遠に鞏固《きょうこ》にし、東洋の平和を確保するために、相互の領土及び治安に対する脅威に対し、協同して防衛に当ることを約しました。此の趣旨は等しく善隣の関係にある支那に対しても、同様に大切なことであります。それ故、我が国は、支那事変を転機として東亜建設に奮起した新興支那の国民と協力し、共栄の実を挙げることに努めて居ります。日・満・支三国のかゝる協力緊密な提携によつて、始めて東亜の安定は期され、世界の平和は望まれるのであります。

そして、結びの段落も、同じく「国交」の大切さを説き、外国人との交際について次のように諭している。

我等は国交の大切なことを忘れず、力《つと》めて世界の大勢を察し、東亜の事情を明らかに認識しなければなりません。さうして外国人と交るに当つても、世界を一家とする博大な精神を以て、互によく理解し合ひ、誤解に基づく紛争などの起らぬやうにし、四海同胞の誼を厚くして、国の光を世界に輝かさなければなりません。

このあと「注意」として「外国人に対し過度の好意を示して我が品位を傷つけ、又冷眼視して誤解を招いてはならないから、本課を教授する際是等の点に注意し、常に日本人たるの矜持《きょうじ》を保ち温情を以て彼に接し、相互に理解し裨益《ひえき》するやうに努むべきことを諭すこと」とあり、時代の緊張を伝えている。

それから、「備考」として一〇頁にわたって関連資料が掲載されている。一八九九（明治三二）年六月三十日の「改訂条約実施に関する詔書」に始まり、一九三三（昭和八）年三月二十七日の「国際聯盟脱退に関する詔書」、そして、本文で「正義公道に基づいている」と述べられている根拠としてであろう日本国と「満洲国」との「議定書」（「昭和七年条約第九号抄」）、また、国際連盟脱退に関して日本の立場と国際交流の姿勢を述べて先に示した教科書本文の原典ともいえる内容を持つ「昭和八年内閣告諭第一号」、「昭和八年文部省訓令第三号」、最後に文化交流に積極的であることを示す具体例か、「文化的協力に関する日本国伊太利国間協定」（「昭和十四年条約第三号抄」）が並べられている。教科書で説明されている内容は、これらに基づく日本の公式な立場を説明したものであった。

一貫して、人類の幸福、国際平和の推進のため外国人と交際しよく理解しあうこと、すなわち民間の個人レベルの「国際交流」が奨励されている。しかしながら、日本の「世界の平和」への精神は国際連盟のそれと合致するものであるにもかかわらず、東洋の平和を保つ方法が国際連盟に理解されなかったため連盟を離脱したということは、日本の立場が孤立していることを示している。文化交流をして理解を促進すれば即ち同調者が現われることを疑わず、同調が得られないなら決裂するほかないと説明される状況で、国際社会に向けて日本の立場への同調を求めることのみを平和への努力であるとする説明には限界が見えている。

しかし、日本国民はこの説明を受け入れるほかなかった。こうして、外国人との交流を世界のためにも国家のためにも望ましいことと考え、「誤解」を解くために日本を理解してもらおうとする心情は、当時の日本国民に広く共有されたものと思われる。

一九三〇年代から一九五〇年代は世界的にもナショナリズムの全盛期であった。この時期の国際主義者たちの考えた「国際文化交流」は、一国家が全国民の共有する一文化をもつという前提のもとに、国家間で文化を交流しあえば国際平和が保障されると考えるものであった。日本の国際主義者たちは、まず「誤解」を解くために海外に発信し普及すべき「日本の文化」を決定することから始めなければならなかった。それをまず国内に徹底し、「日本」という文化共同体を強固に作り上げようとした点で、彼らはナショナリストでもあった。この時期の国際主義はナショナリズムと表裏一体のもので、国際文化交流活動は、軍国主義へと向かう国家主義者たちにも、少なくとも一九四三年ごろまでは奨励されこそすれ反対されることはなかったのである。

当時の思潮を理解するため、「国際文化事業」における日本語普及事業に関する代表的な二つの議論、外交官であった三枝茂智の『対外文化政策に就て』（一九三二）、柳澤健の「国際文化事業とは何ぞや」（一九三四）による「国際文化事業」としての日本語普及論に耳を傾けてみたい。

3　「国際文化事業」としての日本語普及論

三枝茂智の「民族的対外文化事業」における言語普及論

「国際文化事業」を担当する「第三課」の設置以前の一九三一（昭和六）年七月、外務省文化事業部は、『対外文化政策に就て――三枝書記官講演』と題された二四頁の小冊子を発行している。これは、同年七月三日に行なわれた外務省書記官・三枝茂智[9]による「支那談話会」での講演内容を文章化したものである。後に自ら記したところによると（三枝「藤沢博士の思い出」）、三枝は、東京帝国大学を卒業後、一九二〇年の第一回国際連盟総会における帝国全権委員随員としてジュネーブに赴任、総会後は「常任理事国たる日本の代表（当時石井菊次郎大使）の連絡員として」ジュネーブに駐在した。その後、在パリ国際連盟事務局、スウェーデン大使館に勤務した。

一九三一年七月といえば、満洲事変の二カ月前に当たる。国際情勢の緊迫したこの時期に、外務省文化事業部はヨーロッパで日本の「国際文化事業」に携わる三枝に講演を依頼したのである。三枝は差し迫った問題として、日本の対アジア外交について「支那談話会」で講演し、二年後の一九三三年六月には『極東外交論策』（斯文書院）を刊行した。そして、その後、「対支文化事業」を担当する外務省文化事業部第一課の課長に就任することになる。

『極東外交論策』は国際政治や軍縮問題をも論じた全六八二頁にもなる大著だが、「第四編　文化外交」の「第一章　対外文化政策論」は末尾に「一九三一年六月」とあって、同年七月の講演に基づく冊子と同じ文章である。三枝の文章は一般論としての「対外文化政策」を論じようとしているが、外務省文化事業部のこの時点における実績は、「対支文化事業」が数えられるのみであった。本文中に、「日本外務省の文化事業部は従前は対支文化事業部と称した。而して対支の二字が削られた現在に於ても其の事業は事実上対支文化事業に過ぎないのである」（六二八頁）とある。

とはいえ、『対外文化政策に就て』の冒頭に、「本稿は諸外国の文化事業部及び其の事業を検討したる上、いかなる意義に於て一般対外外交政策を考定し得るや闡明《せんめい》せしむとする」と書かれているように、三枝自身はヨーロッパでの調査研究をもとに一般論を議論しようとしたのに違いない。「1．文化及び文化事業の意義」「2．各国対外文化事業の概説」「3．文化事業の必要性、物理的闘争より智的闘争へ」「4．文化立国の提唱」「5．文化事業即外交」「6．日本に於ける文化事業の重要性」と六つの見出しに分けて議論が進められている。見出しにしたがって、議論の道筋を確認しよう。

まず「1．文化及び文化事業の意義」では、「文化」の原義について、西洋語の訳語としては「土地を耕作すること」、東洋語（中国語）では「文」と「化する」という義の文字から、「学問の進歩すること」であることを確認する。そして今日、国家的文化事業としてなすべき「文化事業」を、「宗教、教育、学芸、医療に関する事業を其の中軸とし、事業担任者の意図に従つて多少二次的意義の事業を加へる」と定義づけている。

三枝は、これを推進するには文部省や内務省による国内文化事業と、外務省による対外文化事業の両方が必要だと述べる。このあと三枝は、「文化事業」には「超民族的」なものと「民族的」なものがあるとする興味深い議論を展開している。その部分を以下に引用する。

> 〔…〕技術の進歩、交通の発達と世界の接近に伴ひて各国文化が接触し、文化の交叉を生じ、文化内容の結合を齎《もたら》すのである。此の自然の趨勢を目的的に指導助長する点に対外文化事業の特色がある。国際連盟には学芸協力委員会があり、巴里《パリ》には学芸協力に関するセントラル・イ

ンスティテュートがあるが、是等は何れも超民族的国際的文化事業である。然しながら今日、世界の現勢を見渡せば、超民族的国際的文化事業は極めて例外に属し、其の多くは民族的対外文化事業である。（中略）各国の特に其の外務省の遂行して居る文化事業は民族的対外文化事業であり、而して其の担任機関は原則として政府特に外務省である。（六二七頁）

文化交流による文化変容を認めそれを「超民族的」と考えるのは、今日の「多文化共生」の議論に通ずるように見えながら、影響を受け合った結果、一つに「結合」するととらえている点に注目したい[10]。文化交流が民族や国家の違いを超えて存在し得るものであることを認識しつつ、国家政策としては民族や国家の利益を目的に行なわれるべきなのは当然である、と三枝茂智は考えた。自らの文化に他が統合されるべく、周到な計画をもって国家的に事業を運ぶ必要があると考えるのである。この論理は他国の利益との摩擦、対立を本質的に含んでいる。

次に「2．各国対外文化事業の概説」では、特にドイツ、フランス、スペイン、そしてソビエト連邦、オランダで実施されている「（民族的）対外文化事業」について整理している。「言語」に関しては、「自国語の教育機関を外国に於て設置経営すること」（フランス、スペイン、ドイツ）、「自国語を修得して成績優良なる学生に賞品を授与すること」（フランス）、「国際文化協会を組織し又は支援し、自国語及自国文化の伝播を助成すること」（フランス、スペイン、ドイツ、ロシア）などが紹介されている。

そして、三枝は、前記の対外文化事業の目的を、次の五点に総括する。
（一）自国の国粋主義を維持すということ
（二）自国言語を諸外国に紹介させること
（三）自国文化を諸外国に移させること
（四）自国の価値の世界的認識を促進すること
（五）外国人の人心を収攬《しゅうらん》せむと努むること
具体例として挙げられている個々の項目は、「言語」も含めて、外国への映画、演劇、書籍の紹介や、研究者や技師、学生の交換など、現在の文化庁や国際交流基金によって担われている「国際文化交流」の内容と重なるものが多い。「国粋主義」や「人心収攬」といったことばは目立つが、本質的価値のあるものとして自国文化を諸外国に紹介しようという主張は、すなわち「国粋主義の維持」を前提とし、「自国の価値の世界的認識の促進」「外国人の人心の収攬」を目的とするのだという説明は合理的ではある。こうして三枝はヨーロッパの事例に照らしつつ日本の今後への提言を総括したが、日本における具体的な実践内容やその実現可能性には言及していない。

このあと「3．文化事業の必要性、物理的闘争より智的闘争へ」においては、世界の統一が議論される。今日の「国際間の無政府状態」を除去するには、「世界万国が世界連邦として組織される事が是非必要である」というのである。三枝は、（第一次）世界大戦のあと、国際連盟ができ不戦条約ができたことを高く評価し、今後は「戦争は非常に困難」になり、「中小国の英才が国際連盟を通じて世界改革に発言権を有するに至つた」と述べる。そして、これをもって三枝は「見よ、斯くの如くにして生物界を支配する生存競争は物理的闘争より智的闘争に変化し」たのだと宣言する。「戦争はもう起こらない」という確信のもとになされた立論であった。

続く「4．文化立国策の提唱」では、智的闘争の時代には、「全人類の幸福、全人類の文化にどれだけの貢献をするか、どれだけの本質的の価値を持つて居るかと云ふことに依つて決定する外、国の地位を決定する標準があり得ないと思う」と議論が展開される。日本が「東洋文明と西洋文明との上に止揚し、世界一全の最高文化を産出すならば、我々日本人は否応なしに新カント派の所謂「価値の世界」の王座に君臨するに至る」であろうと考える三枝は、「これ余が茲《ここ》に文化立国策を叫ぶ所以であ」ると主張する。

そして「5．文化事業即外交」では、「外交」の目的に就いて考察する。「若し外交というものが、〔中略〕自分の固有の思想をして勝利を得せしめることである——自分の持てる高き文化を人に分与すると云ふ事であるならば、外交官は他の国をして我々の思想を尊敬し受容せしめなければならぬのである」と述べる。「外交は即ち文化事業である」と三枝はその主張を総括する。

最後の「6．日本に於ける文化事業の重要性」では、三枝は「今日の日本の行詰つた立場」においては、「対外文化事業に外交の重心を傾かしめ、文化事業を以て国内の智力とそれから経済力とを総動員し」、「日本の運命を、もう一度試すと云ふことを決意することが、刻下の一大急務ではなからうかと思ふ」（六四一頁）と述べ、これを結論としている。

満洲事変の前夜にあたるこの時期、事変の予測こそできなかったとしても、国際世論を日本の味方につけよう、そのためにも日本の文化的価値を知らしめようという焦りを、三枝のような立場の人物が抱いたとして不思議はない。三枝は、外務省文化事業部が未だ中華民国をもっぱら対象にしていた最後の時期に、その実績を参照しつつ、「文化立国」論[11]を説き、「国際文化事業」の必要性を主張したのである。

柳澤健の「国際文化事業」構想における日本語普及論

三枝茂智の議論から三年後、一九三四（昭和九）年の『外交時報』四月号と六月号に柳澤健が寄せた「国際文化事業とは何ぞや」と題された文章は、欧米諸国を対象とした、より具体的な議論であった。柳澤は外交官として欧米諸国に在勤ののち、当時は文化事業部第二課（対支文化事業担当）に勤務していた。文章の最後に「昭和九年四月十一日・国際文化振興会設立当日草之」とあるように、国際文化振興会の設立に際して書かれたもので、その事業に直接的な影響を持ったものと言える。

「国際文化事業とは何ぞや」の冒頭で柳澤健は、「国際文化事業」について「一国の文化活動を国内のみに局限せしめずして国際的にこれを渙発《かんぱつ》し宣揚すると共に、他方他国の文化に付《(ママ)》いても進んでこれを吸収し咀嚼《そしゃく》せんとする活動を指す」（七一頁）と定義している。「愛と理解と尊敬」に基づく和やかな個人間の交流と同様のものを国家間に通わせることが大切で、そうした関係の樹立は「人類総体の進歩と福祉との上に多大な貢献をなす」と同時に「それに協力する国家自体にとりても自国の国策を円満に進展せしめる上に、頗る適切・有利な手段となるべき」（七四頁）であるというのが彼の考える基本的かつ理想的な「国際文化事業」観であった。[12]

この文章のなかで柳澤は、日本は「地理・言語・習俗一切の点から他の諸外国に対しては容易に諒解せられざる」特殊性を持つがゆえに、その「国際文化事業」は、諸外国に比べて「比較にならぬほどの困難・障害」があると述べる。だから他国以上の努力が必要なのに、これを「殆ど等閑視して今日に到つた」というのである。その損失の大きさを柳澤は訴え、「西洋文明の破綻」と「東洋文化研究熱」への日本の対応策としての「国際文化事業」は、今こそ根本的、持続的に行なわれなければならないと説く。国際文化事業がとりわけ日本にとって重要であると主張する点は先の三枝の議論と共通している。

柳澤は、フランス、ドイツ、イタリア、ソ連、アメリカ、イギリスで行なわれている「国際文化事業」の状況のなかでも、日本と同じく国際連盟脱退を契機に「国際文化事業」に取り組み始めたスペインの事業を最も日本と状況の似たケースとして紹介し、共通の項目を吟味した上で、日本のなすべき「国際文化事業」として一〇項目を挙げている。

- 外国の諸大学に日本文化の講座を設置すること
- 日本語学校もしくは日本語科を設置すること
- 学者その他の派遣・招請および交換をなすこと
- 学生の交換などをなすこと
- 出版物その他により、日本文化を海外に紹介すること
- 美術品その他各種の文化資料の寄贈・交換をなすこと

• 内外にある国際文化団体に対し補助・助成をなすこと
• 展覧会・音楽界などを海外にて開催すること
• 演劇・映画などを海外に進出せしむること
• 国際的スポーツならびに国技の海外進出に対し奨励の途を与えること

先の三枝の議論と志向において大きな相違はないが、柳澤の提案はより具体的で、「国際文化事業」担当課の設置に際しての臨場感を伝えている。なお、二項目に挙げられている日本語教育事業に関する説明は以下のとおりである。

東洋諸邦・中南米諸邦ないしは欧米各地に、日本語を習得して学術上の点よりは固《もと》より商工業に於ける自己の将来の活動に資せんとする者、鮮《すく》なからざる有様であるが、之を本邦側より見れば、外国語を通じて我国情を知る者よりは直接我国語に依つてその真相を知らんとする者を重要視すべきは当然のことであり、此点よりして海外各地の学校内に日本語学科を設置せしむるとか、また独立の日本語学校を設置するとか、種々助成・補助の方法が存在するのである。（四五頁）

ここには「国際文化事業」としての日本語教育論の原型が示されている。各国、それぞれの地域でそれぞれの動機で日本語習得をめざす学習者を支援することを基本とし、そうした人材の増加を促す環境を日本の国家事業として整えようというのである。柳澤の説く「国際文化事業」としての日本語普及の根拠と意義は次のように描き出せる。

外国人で日本語によって日本を理解する者は、外国語で日本を知ろうとする者より、効率的かつ正確に日本に関する知識や情報を得ることが期待される。それを支援したならば、日本の立場を認め日本文化を尊重するいわゆる日本理解者が増加することが見込まれる。世界に日本理解者が増加することは国益にかない、ひいては国家間の関係を円滑にし、人類全体の進歩と国際平和にも役立つ。

一九三一年の三枝の講演で強調された「外国人に日本精神を鼓吹《こすい》し、日本の親友否寧《いなむし》ろ精神的には日本人たる外国人を無数に生産し」ようという議論の限界は、それを実践しようとして強い抵抗を受けた「対支文化事業」において、すでに明らかになっていた。柳澤の議論にはそれが反映されている。

後に柳澤健は、一九四三（昭和一八）年二月、バンコクに日本文化会館が設置されると初代館長となって駐在した。バンコク日本文化会館は、外務省の「国際文化事業」構想のなかの日本文化発信拠点としてニューヨークの日本文化会館の次に設立された拠点であったが、そこに政府から課せられる事業が、柳澤の理想を遠く離れて、「文化侵略」の色彩を濃くしていくことに、彼は繰り返し警告を発している。(13)

4　一九三〇年代にいたる日本語学習の需要と日本語教育

さて、日本政府が「国際文化事業」としての日本語普及に着手する以前、すなわち、日本側の働きかけなしに、海外機関で行なわれていた日本語教育の状況は果たしてどのようなものだったのだろうか。一九三〇年代にいたる状況を確認しておきたい。

十五世紀の朝鮮における司訳院、十六世紀の日本におけるキリシタン宣教師らのコレジオ（学林）、そして十八世紀のロシア・ペテルブルグの日本語学校など、日本語教育の取組みは日本政府がこれを意識するはるか以前から、国内外の各地でそれぞれの目的、事情から行なわれていた。小川誉子美《よしみ》『欧州における戦前の日本語講座』（二〇一〇）によると、十九世紀後半から一九三〇年代にいたる戦前のヨーロッパの日本語講座の目的は、布教・交易といった具体的なものから薬草や蚕糸に関する日本の自然科学への関心や、エキゾチズムからの日本文化への関心など現地の事情によってさまざまであった。地理的に近いロシアやオーストラリア、東アジアでは、国防のために行なわれる場合もあった。

日露戦争の勝利をきっかけに世界的に日本への関心が高まったことを反映して、二十世紀初頭から日本語学習への需要が日本の視野に入ってきた。このことは海外での日本語普及の実現性に悲観的であった日本の「国際文化事業」関係者を大いに刺激したようである。日本語学習者の増加という現象は日本の外交にとって好ましいと考えられ、これをさらに日本外交にとって有利に、かつ世界の協調に役立つよう方向づけてゆく国家的な取組みの必要性が意識されるようになったのである。[14]

日本国内においては、オランダ商館長クルチウスの『日本文典』（一八五七）、イギリスの初代駐日公使オールコックによる『初学者用日本文法要説』（一八六一）・『日用日本語対話集』（一八六三）、公使館通訳生アストンによる『日本語文典』（一八七二）、同じくアーネスト・サトウの『会話篇《かいわへん》』（一八七三）・『英日口語辞書』（一八七六）、またアメリカ人宣教師ブラウンの『日本語会話』（一八六三）、ヘボンの『和英語林集成』（初版一八六七）、そして日本語研究のために来日し、東京帝国大学博言学の教師となったチェンバレンによる『ローマ字日本語読本』（一八八六）・『日本口語便覧』（一八八八）など、十九世紀後半から来日欧米人宣教師や外交官による日本語学習に関連する成果[15]は多く、中国人留学生のための日本語教育の現場からも、松本亀次郎による『日本語教科書』巻一―巻三（一九〇六）、松下大三郎による『漢訳　日本口語文典』[16]（一九〇七）のほか元中国人留学生が後進のために書いた教材も多く、日本語教材のみならず口語文法の研究にも実績があがっていた。

日華学会関係など日本の中国人留学生関係の一次資料や、厳安生『日本留学精神史』（一九九一）など中国人留学生研究の成果によると、近代日本の中国人留学生についても、学習者側の動機が先にあり、その需要に応えるべく日本語教育が展開されてきたことが確認できる。戦前、中国人留学生の世話をしていた日華学会の資料を見ていると、留学生数の変動が激しく、その予測もままならないなか、例えば日華学会を運営していた日本語教育機関、東亜学校では希望者全員を受け入れることを原則に、学生数が増加すれば二部授業にするなどクラスを増設し、減少するとクラス数を縮小するなど柔軟に対応している。そうした「中国人留学生」のなかには東遊《トンズー》運動に応え中国人留学生を装ってやってきたベトナムからの留学生たちも含まれていた。今日では考えられないほど当時の日本側の留学生教育の現場は学習者の事情に対応し、受動的に運営されていたようである。

一九三〇年代になっても、国内の日本語学習者は主に中国からの留学生と、アメリカ人宣教師をはじめ大使館員など欧米諸国出身の成人であった。松本亀次郎が開校した東亜高等予備学校をはじめとする中国人留学生を対象とした予備教育機関も、日語学校をはじめとするキリスト教宣教師を主とした欧米人の成人を対象とした機関も実績を重ね、特に松本亀次郎による中国人留学生用教材は、中国においても多くの学習者に使われた。

宣教師を対象とする日本語教育は、連合ミッション会議によって組織的に運営されていた。一九一三年には三年課程の日本語教育課程の基準が定められ、これが数多くのミッションで採用され、共通の認定試験も実施されていた。[17] ヴァカーリ夫妻は東京・渋谷にヴァカーリ外国語学校（VACCARI'S LANGUAGE INSTITUTE）を開き、欧米人学習者を対象とする日本語教育を行なった。彼らが出版した『日本語会話文典』（一九三七）など一連の日本語教材は、戦後も版を重ね広く使われた。他にこの時期の日本でよく知られていた欧米人による日本語教材として、チリ大使であった日本語研究者ローズ＝イネスによる『日本語会話初歩』（一九一六）などの日本語学習書がある。ローズ＝イネスは長沼直兄とも親交があり、ローズ＝イネスの漢字辞典の初版から第二版への大幅な改訂は実質的に長沼によって行なわれた。[18]

外務省の「国際文化事業」としての日本語普及は、こうした個々の民間の外国人学習者への支援としての日本語教育の延長線上に、その実績を前提として構想されたのである。

5　国際文化振興会の草創期における事業内容と「日本語普及」

出版助成と海外への資料提供

「国際文化事業」の実務を担うべく一九三四（昭和九）年四月に設立された国際文化振興会（KBS）の「設立趣意書」には、「一国家が其の国際的地位を確保し伸長するには富強の実力と相並びて自国文化の品位価値を発揮し、他国民をして尊敬と共に親愛同情の念を催さしむるを要すること亦多言を要せず。文化の発揚は一国の品位を世界に宣布する為に必要なるのみならず、又国民の自覚を喚起して自身自重を加ふる所以の力ともなるべし。世界の文明諸国があらゆる方面に亘りて自国の文化を内外に顕揚し宣布する為めに後代の施設を整へ文化活動に努力して互いに後《おく》れざらんとすること是れ亦《また》叙説を要せざる顕著の事実なり」と国家的意義が述べられている。そして、それにもかかわらず日本および日本の人々がその自覚に乏しく、ようやく自覚自信をもった場合も「排外の気風」を伴って「世界に対して自国文化の内容意義を堂々顕揚し他国の文化と相《あい》並び相和《あいわ》して世界人類の文化福祉に貢献せんとするの大度量に乏しきの憾《うらみ》あり」との慨嘆が続く。これではいけないと眦《まなじり》を決すべく「設立趣意書」は、以下の文章で締めくくられている。

〔…〕現時世界文化の危機に際し西洋諸国に於ても識者が眼を東方に注ぎ人類の将来に対して東方文化の貢献を望み其の為めに一層深く東方特に日本を研究せんとするの気運顕著なるも

のあり。此機に乗じ此傾向を促進して我国並びに東方文化真義価値を世界に顕揚するは啻《ただ》に我国の為めのみならず、実に世界の為めに遂行すべき日本国民の重要任務たるべし。此事業たるや多方面に亘り困難なるべきは勿論の次第にして此が為めには今日鞏固なる機関を組織し、官民力を協せて事に当るを要す。我等が茲《ここ》に財団法人国際文化振興会を組織せんとするは即ち此《この》目的に出づるものにして本会自ら必要の事業を遂行すると共に汎《ひろ》く内外の団体個人と連絡を保ち又適当の援助をなし以て文化の国際的進運に資し特に我国及び東方文化の顕揚に力を致さんことを期す。

昭和九年四月　　　　　　　　　　財団法人　国際文化振興会

想定されている文化交流の対象国が、専ら西洋諸国であること、西洋諸国に対して日本文化のみならず東方文化の価値を顕揚することが日本のみならず世界のために遂行すべき日本の任務である、というのは、東方文化を代表して日本が西洋諸国に向かっている構図を示している。外務省が既にとりくんでいる「対支文化事業」の対象国である中国が「国際文化事業」の対象から除かれるのは当然としても、それ以外のアジア諸国を含めて、西洋諸国以外の地域は対象国として想定されていないことがわかる。

同じく設立時に示された「事業綱要」には次の一〇項目が挙げられている。(19)

（一）著述、編纂翻訳および出版

（二）講座の設置、講師の派遣および交換
（三）講演会、展覧会および演奏会の開催
（四）文化資料の寄贈および交換
（五）知名外国人の招請
（六）外国人の東方文化研究に対する便宜供与
（七）学生の派遣および交換
（八）文化活動に関係ある団体もしくは個人との連絡
（九）映画の作成およびその指導援助
（十）会館、図書室、研究室の設置経営

このうち（七）の「学生の派遣および交換」は、一九三五年十二月に、国際学友会が設立されると国際学友会の仕事となり、国際文化振興会の事業からは除かれた。

これらの項目は、本章3節で取り上げた柳澤健「国際文化事業とは何ぞや」（一九三四）で示されたものに似ているが、柳澤の案で二番目に挙げられていた日本語普及事業が消えていることに注目したい。ただ、これら一〇項目には、下位項目としての細目が付されており、（二）の細目のなかに「外国の学校に日本語講座の設置を図り、もしくは日本語学校の設置を図ること」（傍点河路）との一文が認められる。[20] 日本語普及（教育）に関する記述はこれのみである。目立たないところに置かれたのは、現実の予算内での事業としては優先順位が低いと判断されたためかもしれない。[21]

「事業綱要」の初めの文章に「左記の中にも着手の前後、経過進歩の緩急につきては、内外の事情、本会の財政及び事に当るべき人材等を考慮して更に慎重研究すべきことは勿論なり」と書いてあるが、日本語普及についての活動は後回しとなったようである。国際文化振興会は『万葉集』の英訳をはじめ、日本の文学や文化の外国語訳、外国語による発信から着手する。さほどの予算を必要としない日本語普及への取組みはあり得たし、現実に国際文化振興会は一九四〇年一月に、七年計画で日本語普及編纂事業に着手することになるのだが、設立当初はこれに積極的に取り組もうとはしなかった。

常務理事・黒田清は、一九三七年九月の「日本語海外普及に関する第一回協議会[22]」において、理想としては日本語普及が必要だと考えていたが、「唯だこちらから日本語を教へようと言っても中々日本語といふものは外国人には難かしい国語でございますからさう簡単には習ふ人も沢山はないだらうといふ考もございました[23]」と、日本語普及事業に消極的であった当時の心情を吐露している。国際文化振興会が対象とする外国は日本と外交関係のある独立国すべてであったが、当事者の念頭にあったのは主として欧米先進国で、そこへ向けての日本語普及について当事者たちは及び腰であった。

『財団法人国際文化振興会設立経過及昭和九年度事業報告書』（一九三五）によると、設立年に当たる一九三四年（昭和九）年度の同会の翻訳・出版物は、日本語と英語による『本邦国際文化団体便覧』、英語による『日本文献略目』『陶器に於ける人間的要素』『日本の古楽面』『熱河《ねっか》の宮殿と喇《ラ》嘛《マ》寺』、英語とフランス語による『日本人形』であった。その外に国際文化振興会が出版助成を決めた出版物として、英語、フランス語などによる著作や、日土協会編纂による『土日・日土辞典』などと並んで「私立日語文化学校の英文日本語文典及び日本語会話教本出版の補助」として、松宮弥平の著作が挙げられている。「この書は日本文化研究のために来朝する外国人の実際指導に役立たしめる正確な日本語の教材として出版するもので、執筆は日語文化学校国語部長松宮弥平氏が之に当つてゐる（未完成）」（四九頁）とある。今日確認できる松宮弥平の著作で、これに対応するのは次のもので、助成に対する国際文化振興会への謝辞が記されている。

『日本語会話文典』（*A Grammar of Spoken Japanese*）日語文化学校、一九三五年
『日本語会話　巻一』（*Exercises in Japanese Conversation Book1*）日語文化学校、一九三七年
『日本語会話　巻二』（*Exercises in Japanese Conversation Book2*）日語文化学校、一九三六年
『日本語会話　巻三』（Exercises in Japanese Conversation Book3）日語文化学校、一九三八年
『日本語教授法』日語文化学校、一九三六年

これら松宮弥平による教科書については、松宮が教室では日本語のみで日本語を教授する「直接法」を唱えつつ、英訳や英語による解説つきの教科書を作成しているのは矛盾ではないかとの指摘がある（関正昭『日本語教育史研究序説』など）が、国際文化振興会によって海外向けの教材として出版助成を受けたという事情を考慮にいれる必要がある。巻数と発行の順が一部逆になっているのを見ると、教材そのものは書き下ろしではなく、すでに学校内部で使われていたものではないかと

思われるが、先の記述で「未完成」とあるように改めて執筆が行なわれたとしたら、それは英訳や英語による解説部分ではないかと推察される。それ以外の日語文化学校の教材は、謄写版の簡易な製本のもので、英語は全く使われていないのである。目の前の学習者に教えるために開発された教材は、そのままでは海外の学習者の自習用には適さない。海外の学習者のために改めて整えるとしたら、国際文化振興会の事業の性格から見ても英訳、英語による解説を付すことはむしろ自然である。同じく『日本語会話文典』は英文による文法書で、松宮弥平が日本語で書いたのを、息子の一也とその妻薫子が英語に翻訳した。松宮一也『日本語の世界的進出』(一九四二)によると、「当時の文化事業部長坪上貞二氏」そして「柳澤健課長と、その下に日本語関係事業を担任されてゐた伊奈信男氏(24)」の尽力によって外務省文化事業部の支援を受けて刊行した教材のなかに、前記のほか「初歩日本語学習用蓄音器レコード五枚一組」もあった。

また、「外務省は、日本語教授に於て最も大切な要素である教師の養成についても我々の意見を聴き入れて「日本語教授法講習会」に対する援助を惜しまれなかつた」(松宮一也『日本語の世界的進出』三三九頁)という。松宮弥平が神田の女子青年会館において最初の日本語教授法講習会を実施したのは一九一四(大正三)年一月に遡る。日本語教授法を松宮弥平が、音声学を「当時高等商業学校の教授であったエドワード・ガントレット先生が恒子夫人の通訳で」担当したという(同書、三〇八—三〇九頁)。受講者は女性が多く、女学校の英語の先生や宣教師に日本語を教えている人など三十人ほどで、以後、毎年、福岡、軽井沢などでも講習会を開催した。一九四二年までに一〇〇〇名を超える修了生を出したという(同書、三〇八—三〇九頁)。松宮一也は一九四二年の時点から

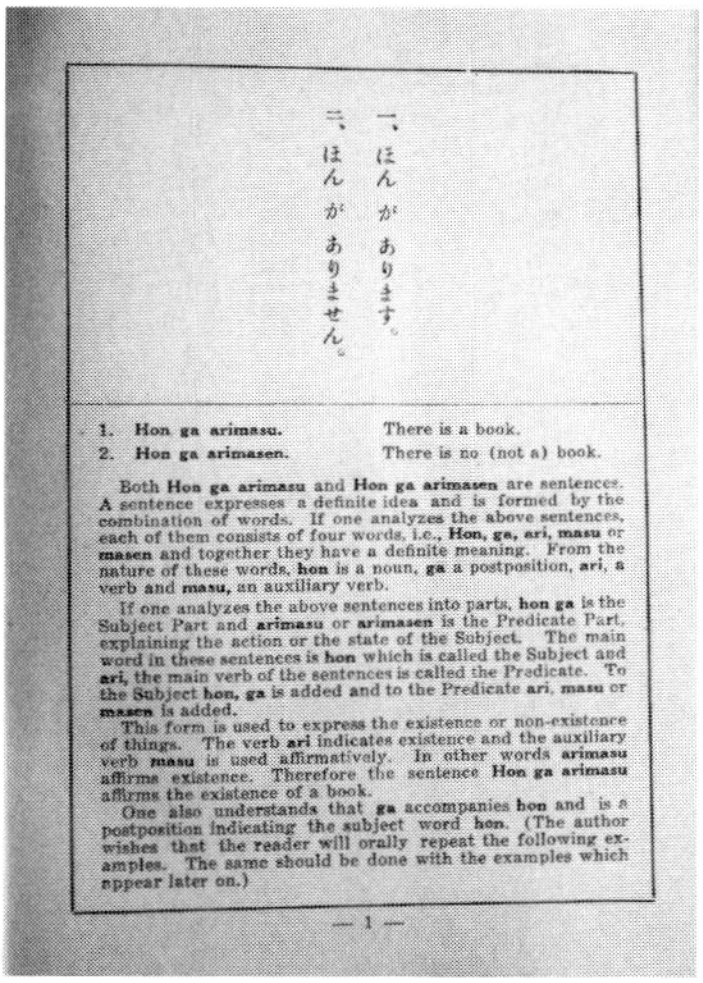

一、ほんがあります。
二、ほんがありません。

1. **Hon ga arimasu.** There is a book.
2. **Hon ga arimasen.** There is no (not a) book.

Both **Hon ga arimasu** and **Hon ga arimasen** are sentences. A sentence expresses a definite idea and is formed by the combination of words. If one analyzes the above sentences, each of them consists of four words, i.e., **Hon, ga, ari, masu** or **masen** and together they have a definite meaning. From the nature of these words, **hon** is a noun, **ga** a postposition, **ari**, a verb and **masu**, an auxiliary verb.

If one analyzes the above sentences into parts, **hon ga** is the Subject Part and **arimasu** or **arimasen** is the Predicate Part, explaining the action or the state of the Subject. The main word in these sentences is **hon** which is called the Subject and **ari**, the main verb of the sentences is called the Predicate. To the Subject **hon, ga** is added and to the Predicate **ari, masu** or **masen** is added.

This form is used to express the existence or non-existence of things. The verb **ari** indicates existence and the auxiliary verb **masu** is used affirmatively. In other words **arimasu** affirms existence. Therefore the sentence **Hon ga arimasu** affirms the existence of a book.

One also understands that **ga** accompanies **hon** and is a postposition indicating the subject word **hon**. (The author wishes that the reader will orally repeat the following examples. The same should be done with the examples which appear later on.)

— 1 —

図２　松宮弥平『日本語会話　巻一』（東京外国語大学・長沼直兄文庫）　国際文化振興会の助成を受けて出版されたもの。英語による説明が多い。

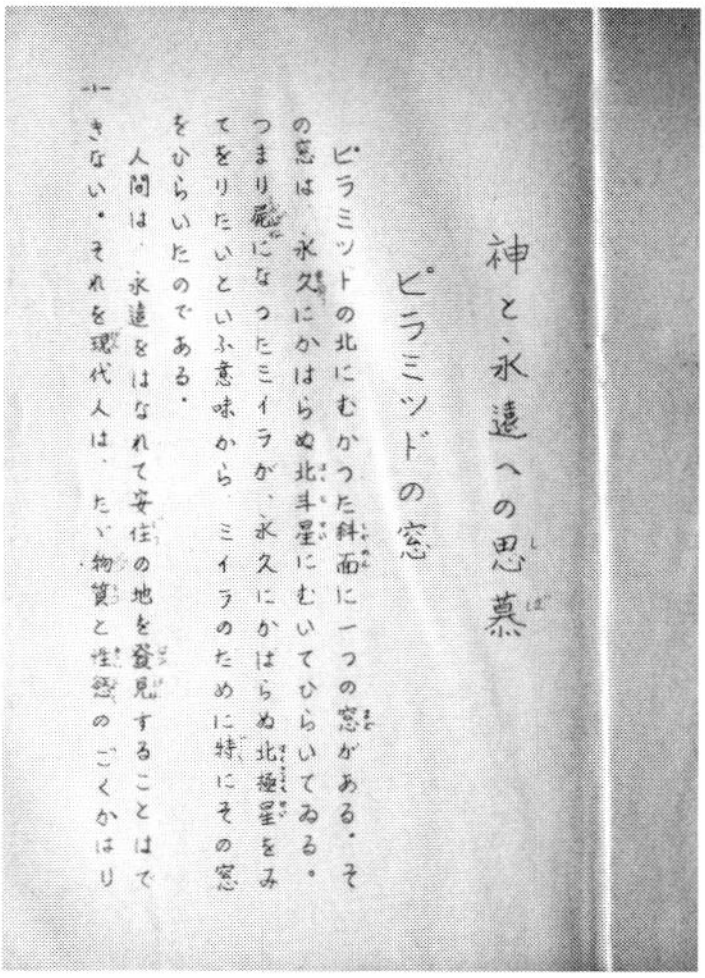

神と、永遠への思慕《しぼ》

ピラミッドの窓

ピラミットの北にむかつた斜面に一つの窓がある。その窓は、永久にかはらぬ北斗星にむいてひらいてゐる。つまり屍になつたミイラが、永久にかはらぬ北極星をみてをりたいといふ意味から、ミイラのために特にその窓をひらいたのである。

人間は、永遠をはなれて安住の地を發見することはできない。それを現代人は、たゞ物質と性慾のごくかはり

一1一

図３　日語文化学校の謄写版の教科書『説教集』（同文庫）　助成を受けたもの以外の日語学校の教科書には，英語は全く使われていない。

一九三〇年代半ばを振り返り、日本語普及が重要な国策として「著しく社会の関心を集めるに至」る「数年前」に、既に外務省がこの事業に注目し、松宮らの日語文化学校の活動を支援したことに感謝の気持ちを述べている(25)（同書、三四〇頁）。

この時、外務省の助成を受けて出版された『日本語教授法』（一九三六）の「緒言」に、著者松宮弥平は次のように書いている。

顧れば、私の日本語教授は既に四十三年に余り、教授を与へた外国人は壱千人の上に達してゐる。この永年の経験によつて自ら教授法の要点及難点に対処する方法も考へられた。といつても、別に日

本語教授法として何等誇るべきものがあるのではない。元来、私は何等の学歴を有せず、語学教授に関する基礎的修養を積んだものでもなく、語学教授の原理原則を究明して新研究の発表をする程の識量のあるものでもない。さういふ方面は寧《むし》ろ私には縁の遠い方であるとも言へる。唯、私は営々として半生を日本語教授の為に捧げて来た。生徒の耳と口との活動を観察して、一言一句も苟《いやしく》もせず、その進歩の跡を見極めて来たのみのことである。(中略)若《も》し、この小さい私の経験的記述が、実際に日本語を教授し、又は今後この事業に当らんとする人々の参考に資することが多少なりとも出来るとするならば幸甚の至りである。殊に近時国勢の進展に伴ひ、日本語の拡進著しきは誠に慶ぶべき所であると同時に、日本語教授法の整備は一層の必要を感ずる折柄、その方面にも何等かの裨益《ひえき》する所あらば、私も亦《また》国家の進運に一指を添へることが出来たことを感謝する次第である。(同書、四―五頁)

この本の最後の、松宮弥平の日本語教師の仕事の領分、責務についての文章は、その後の松宮弥平を思うと感慨深い。以下に引用する。

それ〔注意すべき点〕は、教師は、生徒の用語、言方を訂正するのは当然であるけれども、生徒の思想にまで立入つて、訂正してはならないといふことである。思想する所は生徒各《おのおの》によつて違ふ。それを教師の思想する所と同一にしようといつても出来ることでなく、又その必要もないことである。従つて、私共が生徒の言ふ所を訂正するといふのも、言はば、その思想を包む外装の補修訂正である。〔中略〕宣教師なれば、生徒の中にも基督の再臨を説く人もあれば反対する人もある。三位一体論。平和論。国際問題。一々教師の意見と合はなければならないとしたら、恐らくは日本語教師は務まるまい。思想するのはその人の自由である。私共は、その思想を日本語で言ひ現すには、どういふ言葉と使方が適当であるかを考へて、訳なくそれを発表し得るやうに教へ導けば、それで教師としての務は充分なのである。（同書、三二一―三二二頁）

この頃まで、松宮弥平は宣教師への日本語教授経験に基づく教育観を持ち続けていたようである。このあと、日本の日本語普及政策は、松宮弥平がこうした考えを持ち続けるのが困難な地平に突き進んでゆくことになる。

ともあれ、一九三〇年代の国際文化振興会の日本語普及（教育）関連事業は、こうした個人の実績から生まれた著作などの活動を助成をするのみで、その内容に介入することもなければ、自ら教材や学習書の出版を企画することもなかった。

同報告書には「文化資料の寄贈」という項目があり、日本文化関係の書籍の寄贈報告が一〇件報告されているが、うちの二件は日本語学習用の教材に関する報告である。

一つは「印度シムラへ日本語文典送付」という見出しで、一九三四（昭和九）年十一月、カルカッタ駐在三宅総領事を通してインド政府から英文による日本語文法書、学習書が欲しいとの要望が伝えられたので、次の四種を選んで送った、というものである。

Conversational Japanese for Beginners, by Rose-Innes.
Japanese Reading for Beginners, by Rose-Innes.
National Language Readers of Japan, by K.Ojima.
English-Japanese Conversation Dictionary, by Rose-Innes.

三番目のものが日本の国定教科書の英文解説書であるほかは、在日チリ大使で日本語研究者のローズ＝イネスの著作である。当時、欧米人日本語学習者には、ヴァカリーの著作と並んでよく使われていた。

もう一つは「チェッコスロヴァキ東洋学会へ教科書送付」という見出しで、同年十二月にチェコスロヴァキアの東洋学舎が設置したばかりの日本語研究科から学生二五名の使う教科書を、と国際文化振興会に斡旋を依頼してきたので、先方の希望に応じて『尋常小学読本　巻一』に加えて

Conversational Japanese for Beginners, by Rose-Innes.
Suggestions on the Study of the Japanese Languages, by K. Obata
Handbook on the National language Readers Vol. I, by K. Ojima

を送付した旨、報告されている。外国人用の日本語初級教材として、日本の小学生用の国語教科書

の対訳本のほか、ローズ＝イネスの教材に加えて小畑久五郎による英文の著作など、英語で書かれたものが供されたことがわかる。

松宮一也『日本語の世界的進出』によると、国際文化振興会の助成を受けた日語文化学校の刊行物の一式（英文日本語会話教科書、文法書、日本語教授法、レコード五枚一組）を、「全世界の我国大・公使館、領事館を主にして、そのほか、著名な大学、図書館に寄贈し、各国における日本語学習希望者の要望のあつた場合に備へた」（二三九頁）のも、外務省文化事業部の助成による事業の一環であったようである。結果、各地の教室で採用され、追加注文を受けたり、ロンドン大学からはレコードの複製許可依頼があったという。

ちなみに、松宮らの次に優れた実践家として文部省に白羽の矢をたてられることになる長沼直兄は、米国大使館の日本語教官としての経験から、初歩から公文書や文語文を自由に読めるようになる超級までを段階的に導くよう設計された『標準日本語讀本』全七巻を一九三一年から三四年にかけて刊行し、その英文による文法解説書も内部使用用に完成していた。松宮弥平が教えた学習者はアメリカ人宣教師が多く、読み書きにはあまり熱心でなかったとのことで初級用会話教科書が主であるのに比べ、長沼直兄の『讀本』は、選ばれて使命を帯びたアメリカ人の語学将校用に、文語による公用文や書簡文などあらゆる分野の日本語文の読み書きにも通ずる専門家となるべくデザインされた体系的かつ総合的な教材である。(26) ただし、これは米国大使館内のみの使用に限定され、門外不出であったから、外部の人々の目に触れることはなかった。

対外文化事業としての日本語学習支援

外務省文化事業部第三課では設置と同時に「国際文化事業」の観点から、その文化外交の対象国たる日本の実質的な支配下にない国・地域、主として欧米諸国への日本語学習支援を実施した。外部省「文化事業部第三課執務報告」によると、第三課としての初年度となる昭和一〇（一九三五）年度（昭和一〇年十二月一日—昭和一一年三月三十一日）の事業として、ドイツのボン大学の日本語講座が講師松本徳明の帰国によって廃止されようとしたのに対し、講座を維持するため若山淳四郎を後任としてその手当を支出することにしたことが報告されている[27]。また、ハワイ大学図書館やカリフォルニア州立大学の学生クラブに日本文化関係の図書を寄贈し、パリの学芸協力国際学院の「日本叢書」第一巻としての芭蕉作品集の刊行の助成も行なった。

翌昭和一一（一九三六）年度には、タイのバンコク日本人小学校、フィリピンのマニラ日本語学校、ドイツのライプチヒ大学、アメリカのオレゴン工業学校、ポートランド公立高校、スウェーデン国立「ゲエテボヲ」大学の日本語講座への助成、ベルリン東洋語ゼミナールの村田豊文、フランクフルト大学の北山淳友、ボン大学の若山淳四郎、そして米国カリフォルニア州立大学の松宮一也ら日本人講師の手当の助成などを実施している[28]。

松宮弥平の息子一也は、一九三六（昭和一一）年、米国カリフォルニア州立大学バークレー校に客員講師として赴任、日系二世の学生を対象に日本語と「日本家族制度」講座を担当し、翌年帰国した。松宮一也『日本語の世界的進出』によると、かねて日本に留学してきた日系米人を対象とした日本語教育を実施していた日語文化学校に対して、米国カリフォルニア州立大学の東洋語学部長レッシング博士が来日の折、教師の派遣を依頼してきたのだが、適任者がなかなか見つからず、一也が外務省文化事業部の国際文事業担当課の課長柳澤健に相談したところ、この時期にアメリカからそのような申し出のあるのは珍しい、後援するからぜひ行ってくれと言われたということである（同書、三三一頁）。この渡米は若き一也にとって大きな経験となるが、特に印象的なのは、アメリカでの一年の教授経験を通して、アメリカ人の自分および日本や日本人に対する人種差別を感じ、日本および日本語の地位向上への野心を燃やすきっかけとなったと述べていることである（同書、三三四―三三六頁）。帰国後、一也は、外務省文化事業部の日本語普及事業のみならず、対中国の日本語普及に関して興亜院との関わりも深めてゆくことになる。

昭和一二（一九三七）年度には、ボン大学、ベルリン大学、ライプチヒ大学に加えて、ウイーン大学の日本語講座へ助成を実施し[29]、昭和一三年度にはタイのバンコク日本語学校への助成も行なわれた。これらは外務省文化事業部における国際文化事業として報告されている。

小川誉子美『欧州における戦前の日本語講座』によると、こうした海外の日本語講座への日本政府による支援は、外務省文化事業部が国際文化事業を扱うようになる前、すなわち一九三〇年代前半には情報局の「満洲事変啓発費」から支出され、一九三〇年代後半には外務省文化事業部の「文化事業費」、国際文化事業が情報局に移管された一九四〇年代前半は条約局による「文化協定実施に要する費用」から支出されたという（二五六頁）。同書によると、この時期の国際文化振興会の海外日本語講座への支援は、「現地大使館や日欧間の交流団体の依頼を受けて日本人講師の人事を追認し、現場から要求された図書を手配し、さらに講師手当ての補助を支給するという仲介的、事務的な業務が中心であった」（二五七頁）。

嶋津拓《たく》『オーストラリアの日本語教育と日本の対オーストラリア日本語普及』によると、国際文化振興会の設立の翌年一九三五年に、日本政府はオーストラリアに親善使節団を派遣した。満洲事変（一九三一年）や、「満洲国」の建国（一九三二年）などによる、オーストラリア市民の対日感情の悪化を和らげるのが目的であったという。これを受けて、ヴィクトリア州政府は、州立ハイスクールで日本語教育を開始することを決定し、州の中等教育修了試験の科目にも日本語が導入されることになった。国際文化振興会は一九三〇年代後半より、すでにメルボルン大学で日本語を教えていた稲垣蒙志を通してオーストラリアでの日本語普及を奨励した。

稲垣蒙志については、嶋津拓の同書に興味深い事実が述べられている。稲垣は一八八三年に静岡県で生まれ、二十代でオーストラリアに渡った。いわゆる「出稼ぎ労働者」だったのではないかと推測されている。その後、稲垣は現地で英国国籍の女性と結婚し、一九一九年にメルボルン大学での日本語教育開始に際して日本語講師に就任した。オーストラリアの公文書によると、日本語教育開始の目的はオーストラリアの国防のためであった。国際文化振興会はオーストラリアに対する日本語普及事業のため稲垣を在豪連絡事務員に任命した。稲垣は、一九三八年に国際文化振興会が東京で開催した「英帝国諸領」に対する「対外文化工作に関する協議会」にも出席して、オーストラリアに対して積極的に日本語を普及すべきだと主張した。

ところが、一九四一（昭和一六）年十二月八日、オーストラリアは対日宣戦布告をすると、稲垣を含む在豪日本人を「敵国人」として強制連行し抑留したのである。一九四二年二月、稲垣は日本語教育でオーストラリアの「国益」に貢献してきた自分を抑留するのは不当であるとして、オーストラリア政府を相手に訴訟を起こした。それを受けてオーストラリア政府は、調査の結果、稲垣の日本語教育は成果の上がらぬものであったとの結論を出し、彼が意図的にオーストラリアにおける日本語教育に効果をもたらさないようにしたのではないか、それは日本の国策であったかもしれない、との見解を示した。実際には国際文化振興会はオーストラリアの日本語普及の推進をこそ稲垣に伝えたが妨害するなど夢にも考えていなかったのだが、オーストラリア政府は、オーストラリアの「国益」にとって重要な日本語教育を日本が望むはずがないと考えたのである。国際文化振興会の日本語普及が外からどう見えていたかを示す、興味深い事例である。

外務省文化事業部はまた、一九三八年から対タイ文化事業を積極的に進めている。タイ(暹羅《シャム》)における日本研究が盛んになり、タイ人日本留学生が激増の傾向があることを受けて、一九三八年度の執務報告には「シャム国内に日本語普及のため派遣教師養成方に対し助成」「バンコク日本語学校整備のため日暹《にっせん》協会に助成」「バンコク日本語学校整備」などの項目が並ぶ。増加するタイの日本留学希望者にタイ国内の日本語教授機関で日本語を学ぶ環境を整えるべく外務省文化事業部が働きかけていたことがわかる。「バンコク日本語学校の整備」については、「最近のシャム国にも俄《にわ》かに本邦研究熱勃興し同国内にも本邦文化宣伝の中心を設くる必要に迫れるに付、設置せんとの意図をもってまずバンコク日本語学校を整備するを急務とし之に助成金を与うると共に諸般の準備及び調査のため日語文化学校幹事松宮一也を当省嘱託として同国に派遣せり」とあるが、この調査の結果が松宮一也による「日暹文化事業実施並調査報告書[30]」である。松宮は精力的にこの事業にとりくんだ。この調査報告を受けて一九三八年十二月二十日にバンコク日本語学校が開校された。教員の派遣要請も当初日語文化学校に寄せられ、星田晋五と高宮太郎の二名が派遣された[31]。

ここで対タイ人日本語教育は、外務省文化事業部の「国際文化事業」[32]であったことを確認しておきたい。主として欧米独立国を対象とした外務省文化事業部による国際文化事業だが、タイは当時東南アジア唯一の独立国で、この時期日本との関係は特に深かった。国際文化振興会では一九三七年九月から一九三八年三月にかけて「対外文化工作に関する協議会」が行なわれたが、その席で常務理事の一人であった團伊能は「シャムは独立国であって外国の干渉もあまり面倒くさいことがないから、シャムに一つ日本の文化宣伝の中心を置こうと、振興会でも考えております」と言っている[33]。タイは日本の国際文化事業におけるアジアの拠点であったと言える。

6　国際学友会の草創期における事業内容と日本語教育

国際学友会に期待された「国際教育」

外務省文化事業部の「国際文化事業」のなかでも留学生事業を担当すべく設立されたのが国際学友会であった。前節で述べた国際文化振興会の「国際文化事業」が日本の外に向けてのものであったのに対して、国際学友会の事業は主として在日留学生の保護善導を目的とし、日本のなかの「国際教育」としての日本語教育を担った。これは同時に、その様子を日本の人々に知らしめ、「国際教育」の理想を示すという国内的な「国際文化事業」としての性格も有していた。

一九三五（昭和一〇）年十二月、「学生を通し国際文化の交驩《こうかん》を計り、且本邦外国人学生の保護善導を計るを目的と」して（一九三五年、「国際学友会会則」第三条）国際学友会は設立される。翌年二月、淀橋区（現在の新宿区）西大久保に完成した国際学友会館の講堂には当時の外務大臣・広田弘毅の揮毫《きごう》による「萬邦協和」との額が掲げられた。

「設立趣意書」は、中国以外からの「就中、東方諸国例へば暹羅《シャム》、比律賓《フィリピン》、印度《インド》、阿富汗《アフガン》、爪哇《ジャワ》等より」の留学生が増加している現状から書き起こされている。それら来日留学生のための施設として、日本にはこれまで「中華民国及満洲国学生」を対象とする施設しかなかったことから、それ以外の留学生のための施設として、国際学友会の設立の必要性と意義が述べられるが、そのなかに「外国青年子弟の本邦留学に際し、必要の施設を講じて之を斡旋善導し、其の業を成さしむるは、実に人類文化の発展に貢献せんとする文明国家の責務たると共に、延《ひい》ては国際の融和を増進し通商を円滑ならしむる所以なり。之を以てか欧米列国は夙《つと》に、莫大なる費用を投じて外国留学生の為に、官民協力諸般の施設を行ひつゝあり」とあり、留学生を歓迎しその学業達成に貢献することは、日本が欧米列強と並ぶ「文明国家」であろうとするのに必要な国家的な事業であるとの認識が語られている。そして最後に、次のように具体的な事業目的と将来への期待が述べられている。

茲《ここ》に国際学友会を組織して、諸外国特に東方諸国留学生の保護善導を計り、是等学生に対し、日常生活上の便宜の供与、日本語の学習、本邦諸学校入学の斡旋等、勉学上の援助、其の他之が指導啓発に必要なる各種の事業を行ふべき中心機関たる会館を設立経営せむとす。固《もと》より本企画たるや、其の性質上之が遂行は容易に非ずと雖《いえど》も、官民協力将来に於ては、仏蘭西の「シテ・ユニヴエルシテール」、北米合衆国の各大学に設けられたる「インターナシヨナル・ハウス」等欧米列国に於ける斯種の施設に比し、遜色なき設立完全なるものとなし、所期の目的を達成せむことを期す。

昭和十一年一月

目標とされていたのはフランス・パリ郊外の国際大学都市や、北米の留学生用宿舎インターナショナル・ハウスであった。対象は中国・満洲出身の学生以外の、諸外国からの留学生である。所管官庁である外務省文化事業部の「国際文化事業」がそうであったように、国際文化振興会は明らかに西欧先進国を対象としていたが、国際学友会では「諸外国」としつつも「特に東方諸国留学生」としているのは、この時期に目立って増えていたのがシャム（タイ）、フィリピン、インド、アフガニスタン、ジャワなどからの留学生で、分けてもシャム（タイ）からの留学生の増加への対応が、その設立を後押ししたという事情があったからである。

この時期、タイ公使と外務省との間には留学生関係の文書が頻繁に交わされて、日本への留学希望者の対応に追われている様子がうかがえる。一九三四年在タイ全権公使・矢田部保吉は外務大臣・広田弘毅に対して、九月二十四日付の公電「留日シャム学生の為にする保護指導機関の設置の急務に関する件」で次のように要望した。

昨年以来、シャム人子弟の日本留学希望者続出の模様にして、現に昨年春以来留学の目的を以て本邦に渡航するシャム人学生に対し当館に於て旅行券査証を与えたるもの二十五名以上に上り居り。最近の傾向を察するに、今後ますます増加せんとするものの如くなり。然るに彼ら日本留学希望者は未だ先輩留学生も少なく、父兄近親の日本の事情を熟知せる者無く、勿論日本に格別の寄辺もなく、従って渡日後の宿所、希望学校の選定、入学の手続き等皆目不案内なるがために渡日決行を躊躇せしめられ居る有様なり。〔中略〕最近の情勢に適応するためには、本邦において至急適当なる保護指導機関を設け、シャム人学生をして該機関をたよりて渡日せしめ、その宿所、希望学校の選択、入学手続き、日本語の予習等に付、該機関のあつせんに待たしむることとすること是非必要なり(34)。

このことについては、九〇名収容の宿舎を持つ海外教育協会(35)に打診してみたが断わられた旨、外務省より返答があった。この内容で送電したことの報告に添えて、東亜局第一課長・守島伍郎は「早晩何とかするを要する義なるにつき、特に考慮に止められんことを切望す」と外務大臣あてに書き添えている。守島伍郎は矢田部保吉とともに国際学友会と関わりの深い人物で、国際学友会の設立について後に次のような手記を残している(36)(西暦の付記は河路)。

私は昭和五〔一九三〇〕年十一月から十一〔一九三六〕年三月まで外務省の東亜局第一課長であった。東亜局は東亜に於ける独立国を主管することになって居った。終戦後にアジアにも沢山の国が独立したが当時東亜で独立国は日本の外は中国とタイ国だけであった。満洲事変後満洲国が出来たが，私が東亜局の課長に就任した時はそれもなかった。

昭和六年九月満洲事変がおこり、それが国際連盟の問題になって、日本はとうとう昭和八年四月に連盟脱退の通告をした。〔中略〕そのあと……多分八年の後半期、あるいは九年の初め頃からであるが、タイ国の青年の日本に留学して来るものが急に目に見えて増してきた。その以前は一年に一人か二人位しか来なかったのであるが、九年、十年と一年に十人以上来るようになった。[37]

それで東亜一課ではこういう学生が日本に着くという通知がバンコックの日本公使館から来ると、例えば神戸なり東京駅なりに課員を派遣して万端の世話をしたものだが、しまいには東亜一課が仕事の片手間にこういうことをやっているのでは仕方がない、やはり日華学会のように外務省の外郭団体を作ってそれが専門にこういう留学生の世話に当らなければならないということになり、たびたび課長会議なんかを開いて相談した結果タイ国の学生だけではなく世界中の各国から来る留学生の世話をする機関を作ることになったのである。但し中国の学生に関しては大正七〔一九一八〕年以来日華学会という外務省の外郭団体がレッキとして存在していたから、国際学友会からは中国学生は除くということになった。

こうして国際学友会の設立に関わった守島伍郎は、戦後も一九四七年から一九六五年まで国際学友会の理事長を務めた。

タイ人留学生のための宿泊施設としては、既に一九二七年に近衛文麿を会長として設立されたシャム協会が目白にシャム学生会館を持ち留学生を住まわせていたが、これに加えて一九三五年にはタイ国留学生の親睦助成を目的の一つに掲げた三井タイ室、タイ国留学生寄宿舎も運営する名古屋日タイ協会、同じく神戸日タイ協会も相次いで設立された。

また、このころタイ人留学生のための全寮制の学園として計画された日泰学院《にったい》は一九四三年十二月に一六〇名収容の本館が完成し、南方特別留学生の宿泊施設として使われたが、教育施設としての機能が完成しないうちに終戦を迎えることとなった(38)。

さて、一九三八年四月に発行された『国際学友会会報』第一号は、一九三六年二月から一九三七年十月までの事業報告書だが、国際学友会の活動の初めての報告書であるだけに、国際学友会会長の近衛文麿以下、政府の関係者が多く寄稿している。

会長近衛文麿は巻頭「国際学友会と其事業」と題する文章のなかで、次のように述べている。

〔…〕昨夏不幸にして惹起されたる支那事変を通じ我々の痛切に感ずる事は、いかに国家間の隔意なき意見の交換と提携が行はれ難いかと云ふ事である。

近年国際関係が複雑多岐になつたが、各国間に文化の交換が不断に行はれ、国民的性格、教養を互いに理解し合ひ真に人類の幸福に貢献せんとする意図を有するに至るならば、世界は現在より以上の平和を享受することが出来るであらう。

諸外国の日本に対する認識も、七十年前に較べれば、雲泥の差であつて、その間日本の為した進歩に驚異の眼を瞠《みは》りつつあつた世界の人士も最近に至つて、唯、表面に現はれた物質文明のみならず、それを築き上げた原動力への認識探求、即ち日本精神の研究熱が澎湃《ほうはい》として興《おこ》つて来たのである。而してその最も顕著なる現はれは各国の留学生の本邦に渡来するものが著しくその数を増して来た事である。

顧れば、明治維新後、幾多の日本青年が青雲の志を抱いて世界各国に遊学した。その学び取りたる新知識と我国の伝統的精神との渾然《こんぜん》たる融和こそ今日の日本を産んだのである。時代を異にし所を異にするも現在日本に学びつつある健気な青年学生諸君の胸中には、曾《かつ》ての日本人留学生と共通の愛国的な若々しい情熱が沸《たぎ》つて居ることであらう。

我国際学友会竝《ならび》に国際学友会館を通じて、清新潑剌の気に充てる各国の秀才が、貴重なるその青春を捧げつつ我文化の真髄を把握し、実相を認識し以て祖国の希求に応えんと努力しつつあるのである。而してわが会竝に会館の存在理由は、実はここにあるのである。

この時、近衛文麿は第一次近衛内閣（一九三七年六月―一九三九年一月）を率いており、この原稿と相前後して一九三八年一月十六日には「蔣介石を対手とせず」とした声明を出している。当時、近衛文麿は多くの文化団体の会長を務めていたが、(39)それらの団体の実務にはほとんど関わっていなかった。これは国際学友会に関して近衛自身が認《したた》めた貴重な文章のひとつである。やがて、日本をめぐる国際情勢が緊迫し、一九四〇年に国際学友会が財団法人となって改組されたあとの第一回理事会（一九四一年一月十五日）での挨拶で、近衛が国際学友会を「大東亜共栄圏確立」のための基礎工事であると述べているのと比べると、あまりにも論調が違うことに驚かされる。[40]
この時期、近衛文麿の長男文隆はアメリカのプリンストン大学へ留学中（一九三二―一九三九年夏）で、近衛はその行状を心配する手紙を送っていた。杉森久英『近衛文麿』に、近衛が文隆に宛てた一九三五年十月十七日付の手紙が紹介されている。[41] 父親として息子の勉学や生活を心配し、その浪費癖を注意するものである。「ボチ」というのは家庭での文隆の愛称であった。手紙の終わりの方の文章を一部引用する。

ボチは一体、何の為に米国に行つたのか。米国に留学して最大の収穫は良き米国人の友を得る事だ。ボチは今日までどれ丈将来語るに足る友を得たか。一寸英語がうまくなつた以外にどれ丈の収穫があつたか。〔中略〕

こんな事を突然書いて或は驚くかも知れない。しかし実は僕は昨年六月紐育《ニューヨーク》のホテルで二年振りに会つた其時から、米国留学と云ふ事が果してよかつたか悪かつたかと云ふ疑問を持ち始めたのだ。〔中略〕吾々が今から三年前にかけたあの大きな期待が全然裏切られてしまふのではないか。皆それを心配してゐる。

近衛文麿は一九一九（大正八）年のパリ講和会議に西園寺公望の随員の一人として同行したおり、ヨーロッパを回ってアメリカ経由で帰国したが、その後、一家で米国へ移住したいと言ったと伝えられたことがある。長男にアメリカ留学を勧めたのも近衛であった。近衛自身に留学体験はないが、留学への憧れを抱いたことはあったのではないだろうか。国際学友会の事業対象たる在日外国人留学生に往時の日本人留学生を重ね、その志を応援する文面からは、「大きな期待」をかけて文隆を米国留学に送り出した父親としての姿が透けて見えるようである。長男に友人を作らせたくて留学させるほど親しみを持っていた米国との戦争を止められず、戦後は戦犯容疑に耐えられず服毒自殺を図ることになる近衛だが、国際学友会の設立初期に書かれたこの文章には、留学生を応援したいという気持が素直に表われているようだ。

続いて国際学友会常任理事・渡邊知雄の文章がある。元外交官で外国生活の長い渡邊も、国際学友会の事業には高い理想と志をもって臨んでいた。この文章のなかに「国際教育」という言葉が現われる。

> 学生を通じての文化の宣揚吸収は長い目で見れば、是程国際間の親善関係に効果的なものはない。何等偏見に捉へられず清新白紙の如き感受性と、柔軟性とに富む青年学生が真の意義に於ける国際教育の洗礼を受けることに依つてこそ如上の大理想の実現の可能性が増大されるのである。欧米各国に於ては夙にこの点に着眼して国際教育事業に着手し、例えば巴里《パリ》のシテ、ユニヴエルシテール、紐育《ニューヨーク》のインターナシヨナル、ハウス、バークレイのインターナシヨナル、ハウス等非常に大規模の施設を作り着々驚嘆すべき実績を挙げつつあるのである。
> （傍点河路）

渡邊は、この文に続けて、「国際教育事業が文明国家としての責務である事は疑を容れ得ない」と明言した上で、「日本に於て最初のインターナショナル、ハウスたる国際学友会館」が、「国際教育事業」としての本質、意図のもとに設立されたことを報告し、その活動について次のように報告している。

外国学生が来朝匆々《そうそう》直面する困難を除去して勉学の為の貴重なる時間を徒費《とひ》せしむる事なく、彼等の全精力を一意研究に向けしむる事を期し、国際学友会に於ては欣然《きんぜん》宿舎を提供し、同時に日本語の学習を積極的に援助し他方、日本全国に於ける凡《あら》ゆる大学、専門学校等との連絡を取り、彼等の志望に従ひ、適当なる学校への入学斡旋《あっせん》に努力しつつあるのである。其の他凡《およ》そ日本文化の真相を適確に把握せしめんが為には各般の努力をしつつあるのである。即ち、国際学友会館寄宿の学生は勿論、暫時滞在する一般留学生とも連絡を取つて彼らを一堂に会せしめ講演会、座談会、日本文化紹介映画等を催し、夏季休暇に於ける海浜生活、キャンプ生活等学生の保健と同時に日本に親しみを感ぜしむる事或は随時各地への旅行、教育、産業其の他文化的諸施設の見学等が実施されてゐるのである。

「国際教育」という言葉は、ここでは多国籍の留学生を一堂に会せしめ、相互に親睦を深める機会を提供すること、そのなかで、日本文化を正しく理解する機会をふんだんに与え、彼らをして人類文化の発展と世界平和の推進の担い手とならしめることと理解することができるだろう。このなかで、留学生への宿舎提供と同時に日本語学習の援助が挙げられていることにも注目しておきたい。渡邊は、以下のように多国籍多民族多文化の学生を迎える当事者としての理想を述べて文章を締めくくっている。

国籍、人種、宗教の如何を問はず其処に何等の偏見や、将又《はたまた》先入主に囚へられざる純真にして平和なる雰囲気の裡に温情と理解と平等とを以て包容し、夫々《それぞれ》、所期の学業を故障なく遂げしむると同時に彼等の一生を通じ、日本をして美しき忘れ得ぬ思ひ出に充《み》てる第二の故郷ならしめ、文明国家としての達観せる責務を果さしむることこそ吾人の衷心より念願とする所である。

これらに続いて、外務次官・堀内謙三、文部次官・伊東延吉、外務省文化事業部長・岡田兼一、外務省文化事業部第三課長・市河彦太郎、国際映画協会常務理事・黒田清、財団法人比律賓《フィリピン》協会常務理事・縫田栄四郎、日本ラテン・アメリカ協会専務理事・青柳郁太郎がそれぞれ国際学友会の事業への祝辞や期待を寄せている。それぞれ代表する機関の性質を反映して語り口は異なるものの、国際学友会の「国際教育」への当時の関係者たちの期待は、留学生への教育を通じて国際間の融和を増進し世界平和に貢献すること、そして日本の真の姿を世界に理解させること、の二点に集約できる。

こうした「国際教育」に際して、使用言語の問題はどのように考えられていたのであろうか。国

表1　創立第1回記念祭の学生スピーチの使用言語（作成河路）

名　　前	出身国	使用言語
アブドラ・ラヒミ	アフガニスタン	日本語
ゴンサロ・アリサ	コロムビア	英語
ケー・エル・ナンジャッパ	印度	英語
アドハム・バソリ	ジヤワ	日本語
アドリアノ・デイエス	フイリッピン	英語
プラシッド・ニラヨン	シヤム	日本語

（『国際学友会会報』第1号，68–70頁より。氏名・国名の表記は原本のとおり）

際文化振興会と同様、国際学友会においても草創期には日本語教育は主要な事業に数えられてはいなかった。

草創期の国際学友会における英語・日本語

のちに日本語教育機関として知られるようになる国際学友会だが、初期の出版物には日本語教育関係のものはなく、その教育を含む諸活動において英語が多用されていたらしいことがわかる。初期の国際学友会による出版物を見ても、『昭和十三年度夏期《ママ》日本文化講座講演集』（一九三九年六月）、『昭和十四年度夏季日本文化講座講演集』（一九四〇年三月）には、別冊で英文訳が出されているし、[42]『国際学友会誌I』（一九三九年八月）に寄せられた留学生による文章も、原文が日本語であるとは限らない。『国際学友会会報』などの資料から草創期の国際学友会の諸活動をたどりつつ、その使用言語の状況をみておこう。

（1）国際学友会館創立第一回記念祭

国際学友会館の創立一周年を記念して、一九三七年二月一日、創立第一回記念祭が盛大に行なわれた[43]。一階食堂に模擬店、二階講堂が式場、三階は各国学生たちが工夫と装飾を凝らした外国館で、正午より会館を開放し、大勢の来賓や参観者を迎えた。式典は午後一時より、館長渡邊知雄の挨拶に始まり、在館学生六人による「所感」の発表があった。発表は六カ国の各代表によって行なわれた。使用言語は表1のとおりであった。

彼らは「青年らしい率直さと感激を以つて、或は日本人の親切と寛容を、或は国際学友会館への感謝を、或は対日親善論を述べ、且は説いた」[44]という。この頃、国際学友会の日本語教育の主任で教科書編纂に着手していた岡本千万太郎《ちまたろう》は雑誌『国語教育』(一九三九年十二月号)に次のように書いている。[45]

イギリス語の達者な東洋人などは、どうせ日本語だけではまにあわないとなれば、日本へきても、日本語、ことに漢字を習うのをいやがり、会話のほかは、イギリス語ですませようとする者が、かなりある。日本では、わざわざイギリス語を教え、イギリス語で答案をかいても卒業のできる官立の学校もあるほど親切なのである。(岡本「留学生の国語教育」一二三頁)

表1を見ても、英語が使われている地域出身の学生は英語を便利に使っていたことが察せられる。ただし、そうでない学生のなかには同じ学ぶなら日本でより便利に使える日本語を学びたいと努力をする学生もあるという現実も、こうした場面で国際学友会の関係者たちは経験していったことだろう。式終了後の様子は、以下のように報告されている。

各国学生たちは童心に面輝しつつ自国或は日本の知己《ちき》を案内し、各国語の弾んだ調子の間にユーモラスな日本語も聞え、思はず来場の人々の顔がほころび職員には漫《そぞ》ろいぢらしい感激の涙が滲《にじ》んでゐた。最も人気を呼んだのは何と云つても三階の外国館だつた。各国各様に其郷土色と工夫を表現した出品物と装飾は確かに当日の圧巻だつた。

午後三時からは「明朗な国際色と国際的雰囲気の中に」学生による余興が行なわれ、学生たちが歌や踊りを披露した。インド、インドネシア、フィリピンの学生たちによる民族の歌や踊りの披露のあと、タイ人学生たちが集まってタイ各地の民謡に中国と日本の歌謡も加えてメドレーで歌った。そのあと、会館側が招いた日本の奇術や紙切などの演芸や尺八演奏が行なわれて余興が終わった。

一九四〇年に予定されていた東京オリンピックの返上と日本万国博覧会の開催延期が決定されたのは一九三八年七月十五日であるから、国際学友会の創立第一回記念祭の時点ではまだ、それらの計画は生きていた。来《きた》るべき東京オリンピックや万国博覧会への夢と期待を、この会場に重ねた人もいたに違いない。報告によると学生も多数の来場者もその国際的雰囲気を大いに楽しみ、「予想外の盛況」であったということである。「ユーモラスな日本語」というのは、日本語の拙さを愛嬌と受け止めての表現だろう。それも含めてさまざまな言語が飛び交っていたということは、「国際的雰囲気」をかもし出すのに効果的で、このことは参加者を含む関係者たちに、積極的に受け止められ、喜ばれたようである。

（2）留学生の日本語による日本人との交流

国際学友会では止宿学生のために初期から「夏季臨海生活」を提供していたが、その第一回は一九三六年七月二十日から八月十日までの日程で実施された。千葉県富浦町の海岸の新築の宿舎に宿泊しての団体生活だが、日課を見ると午前九時半から十一時半、午後二時から五時は「水泳」で、「勉強」はわずかに午前七時四十分から九時までの一時間二十分のみであった。この時間は小学国語読本を教科書に日本語学習もしたようである。あとの時間は専ら「国際交流」に充《あ》てられた。夏の海で地元の人々や他から訪れた海水浴客と交流を楽しむことも、目的のひとつであった。

日数の経つにつれ〔日本の人々の外国人留学生に対する〕驚異は親しみとなり親しみは更に諒解を生じ互に親和し交歓し双方体験内容を豊富になし得たことを疑はない。
学生達の日本語の正確さは日本人をたじろがせ、そのたどたどしさは愛嬌となつた。奇智に富んだ学生達の一挙手一投足は尽く笑の種となつた。

と『国際学友会会報』第一号に報告されている。日本人との交流に学生たちの日本語は役に立ったであろうが、彼らの日本語が正確だとたじろぎ、たどたどしいと安心したかのような書きぶりをみると、期待された日本語力はさほど高いものではなかったようである。

国際学友会で日本語教育が行なわれなかったわけではない。留学生寮である国際学友会館が一九三六年二月一日に開館して間もなく、同月十日から会館寄宿学生のために国際学友会は日本語教室を始めた。午前十時から十二時の二時間、最初のコースは学生一一名で、教科書には小学国語読本が使われた。国際学友会はやがて、本格的な日本語教育事業にとりかかり、一九四三年四月に一年課程の日本語学校を開校することになるのだが、この時の日本語教室は授業料「なし」、専門の教員もおらず、職員によるいわばボランティアの学習支援のような形態で行なわれた。この時、ボランティアで日本語学習支援に携わった国際学友会の事務職員のなかに若き日の鈴木忍《しのぶ》がいた。鈴木忍は一九一四年三月に静岡県浜松市に生まれ、一九三六年三月、二十二歳で長崎高等商業学校海外貿易科を卒業し、同年九月に国際学友会に就職したが、その時点では日本語教育との接点はなく、事務職員としての採用であった。ここで余業として寄宿学生に対する日本語学習支援に携わったのが日本語教育との出会いであった。こうした日本語教室から高い日本語力を身につける学生が現われたことは[46]、国際学友会の日本語教育事業の本格化への刺激になった。国際学友会では昭和一四年(一九三八)年度に初めて、日本語教育のための専門家として(後に言語学者として活躍する)服部四郎を迎えた。鈴木忍はこの時、服部四郎の身近にいて刺激を受けたようである。この後、鈴木は国際学友会で事務の仕事も続けつつ、日本大学の夜学で山田孝雄《よしお》や神保格《じんぼうかく》らから日本語の文法や

図4　鈴木忍(鈴木忍『日本語教育の現場から』)

音声に関する専門知識を学んでいった。

日本語教室の時間は前年までの午前中二時間から三時間に増え、午後は国際学友会館の外から通学してくる学生への個人指導にあてられるようになった。服部四郎はこの一年間、日本語教室の主任を務め、鈴木忍ら国際学友会の職員を日本語教師として指導すると同時に、新聞掲載漫画「フクちゃん」の語彙調査や、初級日本語教材の作成に着手したという（鈴木忍「高橋一夫先生と日本語教育」一一八頁）。

「国際教育」の国内宣伝の意味もあったのだろう、一九三七年九月十三日午後六時二十五分から三十分間、ＮＨＫのラジオ放送で国際学友会の常務理事・渡邊知雄と学生二名の日本語によるスピーチが放送された(47)。学生はインドからのエス・バグチと、シャム（タイ）のプラシッド・ニラヨンで、渡邊は国際学友会の事業内容を説明し、エス・バグチは流暢な日本語で日印親善を語り、プラシッドはわずか一年半で習得した日本語で国際学友会館での生活や日本の印象を語った。ここでは、彼らが日本語によって、日本への好印象を語り、日本と母国との親善を語ったことが重要であった。翌一九三八年五月一日には、外務省文化事業部による留学生の座談会があり、そこでは外国人留学生が日本語で日本への理解を語ることが、日本への利益をもたらすものとして宣伝された。

外国人留学生の数が少なく、存在が珍しかったこの時代には、留学生は一般の人々に国際交流の体験を提供する役割をも担っており、国際学友会の「国際教育」の様子は、あるときは各国語が飛び交う雰囲気のうちに、あるときは一部の学生の流暢な日本語によって、日本の人々を喜ばせたようである。

（3）日米学生会議・日比学生会議

日米学生会議は、一九三三年に設立された日本英語学生協会（国際学生協会の前身）が主体となって、外務省文化事業部の後援の下に一九三四（昭和九）年に第一回が開催されたが、「その性質上本会事業と密接なる関係を有するを以て」[48]、一九三七年四月に開催された第一回日比学生会議を契機として国際学友会が種々の後援を行なうこととなった[49]。同年五月に、国際学友会常務理事の渡邊知雄は日本英語学生協会の顧問となった。

日米学生会議には一九三七年八月、米国スタンフォード大学で開催された第四回から国際学友会が関わることになった。日本英語学生協会はもともと資金がなく事務所を持つ余裕がなかったので、日米協会や国際文化振興会が事務所を提供していたが、一九三七年から国際学友会館の三階の四、五室が、日本英語学生協会に事務室として提供されることになった。その理由について、当時国際学友会の職員であった金澤謹《ひとし》は『思い出すことなど』（一九七三）のなかで、会議の準備時期は事務所に多数の学生が時をかまわず集まって提供した側に迷惑をかけるので、どこも長続きしなかったのを引き受けたと説明している。国際学友会でも学生たちは「自分たちの事務所だと思い込み」「そうぞうしいことこの上ないありさまであった」（一二四頁）という。日米学生会議、日比学生会議は、英語を使用言語とし、それぞれ年に一回、日本と相手国とを交互に会場にして行なわれた。日米関係の悪化から日本英語学生協会が一九四一年十一月に一度解散した時は、この事業を国際学友会が引き継ぎ、戦後の再出発に、大きな役割を果たした。

ちなみに、国際学友会は戦後、一九四六年、一九四七年に英語講座を開講している。「学生ヲ通シ国際文化ノ交驩《こうかん》ヲ計リ、且本邦外国人学生ノ保護善導ヲ計ル」（国際学友会会則第三条）ことを目的とした国際学友会の事業と英語との関係は深かったと言える。

（4）夏期日本文化講座

一九三八年六月、静岡県の三保に国際学友会の施設として国際学友会保健寮が完成した。そこで同年八月十五日から九月三日までの日程で留学生を対象に最初の夏季日本文化講座が開かれた。この催しについては、内閣情報局編輯の『写真週報』一九三八年八月三日号に、四頁にわたって九枚の大きい写真とともに紹介されており、七月二十日から九月五日まで、約百名の男女留学生がここに過ごした、と紹介されている。留学生たちが海へボートを押し出したり、筏に乗ったり、テニスコートや庭園を造るための勤労奉仕をしたりしている写真、海岸の松林に黒板を置いて日本語の野外授業をしている風景、娯楽室で囲碁を楽しんでいる様子、また、地元の子どもたちに留学生がサッカーを教えている様子など、生き生きとした写真が掲載されている。記事によると、この時は日本語講義、文化講義、水泳などのほか、敷地内に庭園、運動場などを建設するための「労働奉仕」も組み込まれ、「挙国一致の国民精神総動員に〔留学生が〕参加し」たということである。

七月二十日の初日には、外務省文化部長、静岡県知事、清水市長などの臨席を仰ぎ、竣工式を挙げ、翌二十一日より留学生を迎えたとある。そのうち、八月十五日から九月三日までが、夏季日本文化講座とされ、各専門の講師が招かれた。その演題と講師は表2のとおりである[50]。

英語でなされたり、日本語と英語の二言語が使われたりした講義のほか、日本語による講義には

表2　国際学友会夏期日本文化講座（1938年）

月　日	演　題	講　師	通　訳
8月15・16日	言語学より見たる日本語の地位[51]	小倉進平（東京帝大教授）	高良富子
8月18・19日	日本文化に就て	長谷川如是閑	高良富子
8月20日	最近の世界情勢と日支事変[52]	伊藤述史（法学博士）	（和英両語）
8月22・23日	日本音楽に就て	田邊尚雄（東京帝大講師）	（英語，蓄音機併用）
8月24・25日	日本の美術	矢代幸雄（美術研究所長）	（英語，幻燈使用）
8月26・27日	近世日本精神発達史	久松潜一（東京帝大教授）	国友忠夫
8月29・30・31日	近世日本の経済発展と家族制度	上田辰之助（東京商大教授）	（和英両語）
9月1日	東洋史上より観たる国史の特殊性	白鳥倉吉（東京帝大教授）	岩村忍
9月3日	日本演劇の特質	岸田國士	国友忠夫

英語の通訳が付いている。『昭和十三年度夏期《ママ》日本文化講座講演集』に収められている小倉進平の講演録によると、国際学友会は「日本語についての知識をあまり持たない人を対象とした話を」と依頼したという。対象である外国人留学生の日本語力は高くないことが前提とされていた。このときの通訳の一人、国友忠夫は、日系二世のアメリカ人で、ハワイ大学の日本語講師であったが、国際学友会による招致学生として一九三七年九月に来日、当時は東京帝国大学文学部において日本演劇を研究していた[53]。彼はこのあと、国際学友会に就職し、一九四三年一月に辞職してタイのバンコク日本文化会館に教育部長として赴任するまで、国際学友会の事務の総主事を務めた。

　講演の内容は『昭和十三年夏期日本文化講座』という冊子にまとめられ、その英訳版も刊行された。興味深いのは、田邊尚雄の英語による講演録は英訳版にのみ掲載され、日本語版には掲載されなかったという点である。もとが日本語であったものに限って日本語版が出されたのであり、すべての内容が掲載されたのは英語版の方であった。英語版は「国内のみならず広く諸外国にも頒布する目的[54]」で作成されたという。このやり方は、同じ外務省文化事業部の外郭団体であった国際文化振興会の事業と同じであった。

講師はそれぞれ、日本語をあまり解さない留学生にわかりやすい講演を工夫したものと察せられるが、なかでも経済学者の上田辰之助は、講演録の最後に二頁にわたる『近世日本の経済発展と家族制度』の講演方法について」を付し、講演の方法を説明している。上田は講演に先立って、予め「全講演の要点をなるべく網羅的に英文で記述したもの」を配布するほか、参考文献のうち代表的なものを英語に翻訳し、資料として講演要領に添付した。また、当日は、三、四〇名の外国人学生を前に、「かれらに十分解つて貰へるやうな平易な日本語の表現」を選び、「講演の速度もズット下げ、発音の明晰に特別の注意を払つた。また、必要の場合には一々漢字を黒板に記し、その字義を解釈し、時々は外国語による説明をも付加した」(『昭和十三年夏期日本文化講座』一五〇頁)という。こうした努力の甲斐あって、上田は、講演の内容が学生たちに「百パーセントが理解され」たという手応えを得た。そこで、上田は国際学友会に対して次のような日本語教育への希望を述べたのである。

〔国際学友会に希望するのは〕諸専門学科についてそれぞれ単純化された語彙を以て綴られた特別教材——例えば外国学生用「日本歴史」「日本社会の構造」「工業読本」「経済読本」「日本

の政治組織」の如し――の編纂である。〔中略〕かかる教材の学習を通じて外国学生は比較的短時日の努力により日本語の研究と自己の専攻学科とを結びつけることができ、語学上の確信と併せて来朝の目的たる特殊研究における迅速なる進歩の喜びを獲得することとならう。(一五〇頁)

上田は国際学友会の主催する講演会の類は事情の許す限り、易しい日本語を以て行なわれるべきで、外国語は参考として必要な時に用いる程度にとどめるのがよい、と意見を述べている[55]。現実には日本で生活をし、日本の高等教育機関での勉学をめざして学び、さまざまな情報を自力で得てゆくには日本語が便利であることも手伝って、学生のなかには熱心に日本語を学び、成果を上げる者が少なくなかった。日本語を習得した学生のためには、日本語による発信が望ましかった。留学生に対する日本語教育の充実の必要性は、こうした経験を通して関係者の間で認識が共有されていったものと思われる。

(5) 留学生の文集『国際学友会誌I』

一九三九年八月に出された『国際学友会会誌』第一号は留学生の文集で、「表紙には留学生諸君の自国語で「国際学友会」の意を表はしたものを組み合わせて見ました」(「創刊に際して」)と説明されているとおり、さまざまな文字がデザインされた表紙が印象的である。収められている作品名と筆者は表3の通りである。巻末の寄稿者紹介や当時の国際学友会関係の事業報告などを参考にし

表３ 『国際学友会誌Ⅰ』に掲載された文章の題と筆者（作成河路）

題目	筆者	筆者について	内容について	原語
新世界主義	杉森孝次郎	早稲田大学教授。	1938年4月国際学友会館で，留学生を対象に英語で講演されたもの。	英語
遊学三年	アブドラ・ジャン	アフガニスタン招致学生。国際学友会にて日本語を習得し，1938年4月から東京帝大経済学部聴講生。	留学生としての体験や感想を率直に綴ったもの。	日本語（自作自筆）
宣伝戦に就いて	浜田健治	日系米人で『プリンス伊藤』の著者。1936年10月に国際文化振興会にて日本歴史と日本文化を研究中。1937年1月より国際学友会が奨学金を交付。	日本人に対する啓蒙的文章。	英語
日本視察報告	フーゴー・シーヴェルス	チリ大学能楽部長。国際学友会の招待によるチリ大学農学部学生見学団団長。	チリ「エル・メルクリオ」誌に寄稿されたもの。	スペイン語
日本音楽歴史	ヴィンセント・カンゾネリ	アメリカ人。日本音楽研究を目的に来日。既に滞日3年。雅楽の実習中。	講演の筆記録。	英語
聖徳太子	ジュリアナ・ストラミジョリ	日伊交換学生として1936年，仏教研究の目的で来日。京都帝大に学んだ。	聖徳太子の評伝。	日本語か
インドネシヤよりの学生	オマル・ヤディ	インドネシアからの最初の留学生として1936年10月来日。当会館において日本語を習得し，1937年4月より東京商科大学に在学中。	インドネシアの学生の立場からの，日本への期待や要求などを訴えるもの。	不明（英語か）

神武天皇より徳川時代初期に至る検察制度発達史	リヒアルト・ブロイエル	1937年3月日独交換学生として来日，日独両国の法律学比較研究。	未完の学術的論考。	ドイツ語
日本に於る工学竝技術に就いて	ルイ・デ・リマ・ヰ・シルバ	ブラジル「リオ」工科大学博物学教授。国際学友会の斡旋で1937年1月に来日した見学団団長。	リオデジャネイロ日伯文化協会に於ける講演。	ポルトガル語
鯉，鰩，鮭	アンドレル・ルロア＝グーラン	1937年4月日仏交換学生として来日。パリのトロカデロ土俗博物館員。東洋考古学を研究。	松江の鯉，佐渡島の鰩（えい），嵐山の鮭をめぐる，文学的な随想。	日本語か

て、それぞれについての簡潔な説明を付した。

筆者のうち、アブドラ・ジャン（アフガニスタン）、ジュリアナ・ストラミジョリ（イタリア）、ルロア＝グーラン（フランス）の三名は、一九三八年五月の日本語によるラジオの座談会の参加者で、少なくとも話しことばの日本語はかなり自由に操ったようである。外務省文化事業パンフレット『外人学生の見た日本——日本語によるラヂオ放送』（一九三八）に、日本語で行なわれたその放送の模様が文字化されているが、アブドラ・ジャンだけでなく、ジュリアナ・ストラミジョリは聖徳太子研究について専門用語を交えて説明し、なかで日本の古文書を研究しているらしい内容も語られているし、ルロア＝グーランもその妻と二人で本を読むだけでなく、日本の田舎に出かけて「年寄りのお百姓」に生活に関する質問などをしながらフィールドワークをしていると、言葉の不自由を感じさせずに語っている。その様子を見ると、彼らは日本語で文章を書くこともできたのであろう。しかし、この冊子の原稿については、日本語で書くことを求められたわけではなく、ほとんどが日本語以外の言語で書かれたものの翻訳であるとされている。もとの言語については、特に記されていないが、アブドラ・ジャンのものにだけ、自作自筆の日本語による文章であることが特記されている。最後のルロア＝グーランの文章は、文中に「子等はみな足引摺りて打笑ひ／疎水まはりて／井戸に走れり」などと韻文が挿入されていたりして文学的な修辞が凝らされており、他の翻訳による文章と文体が異なっている。多少の添削が加わっているにしても、オリジナルが本人の日本語である可能性が高いと推測される。外国人による文章を集めたはずのところに、日本人である杉森孝次郎と浜田健治の文章が掲載されている理由は、もとの講演が英語によるものであったからとみられ、外国人によるもの、または外国語によるものが、集められたようである。

この集をまとめて刊行する目的は、十四カ国に及ぶ国際学友会の関係学生の目に映じた日本の印象や各自の研鑽《けんさん》の跡をまとめることで、「留学生諸君の相互の理解にも亦広く日本の皆様に、その日常の勉学生活竝《なら》びに研学の成果を知つて戴く為にも有意義と思つたから」であると記されている。『国際学友会誌』は管見の及ぶところこの第一号のみで、続きは刊行されなかったようである。「創刊に際して」の文章は、留学生がはるばる海を越えて異郷に学び祖国の希望に沿おうとする努力に敬意とねぎらいを見せ、外国人留学生の識見に素直に耳を傾けようという柔軟な姿勢を見せながら、彼らの目に「文化日本の姿がまざまざと烙《や》きつけられ、数年ないし数十年の後に国際文化親善の美はしい花を開くであらうことを思ふ時、我達も亦、銃後の一員として決して人後に落ちてゐないと思ふ」とか、「東亜新秩序の建設に世界の耳目を聳動《しょうどう》しつつある現在、文化日本の姿も大きく世界の眼に浮かび上がらなくてはならないと信ずる」とあって、時局の影は紛れもない。外国人によるもの、外国語によるものを集める作業のなかには、外国人の、外国語によることばにも耳を傾けようとする姿勢の裏に、さまざまな外国語による「文化日本」への賛美を集成しようとする外交政策としての側面もうかがえるのである。

ラジオにも冊子にも同じ留学生が現われるのは、彼らが国際学友会の宣伝に使われていた感も免れないが、彼らの側から見ると、彼らの自由な(といっても、日本の文化を批判的に扱うことは制限されたであろうが)日本研究を、国際学友会が支援する代わりにその主催するイベントに協力したといった状況であろうか。研究助成そのものは、彼らが口々に言うように、彼らの研究にとって大きな助けになったのは間違いない。

ちなみに、アンドレ・ルロア＝グーランはその後著名な人類学者となり、『身ぶりと言葉』(新潮社、一九七三年)、『世界の根源――先史絵画・神話・記号』(言叢社、一九八五年)、『先史時代の宗教と芸術』(日本エディタースクール出版部、一九八五年)など邦訳された著作もある。この時、妻と二人で日本の田舎を訪ねたことは貴重な経験となったことだろう。同行した妻アルレット・ルロア＝グーランは後に花粉分析の研究者となった。また、聖徳太子研究をしていたイタリア人の女子留学生ジュリアナ・ストラミジョリの名は、一九五〇年に日本映画『羅生門』(黒沢明監督作品)がベネチア映画祭でグランプリを受賞した際、その立役者として現われる。日本国内でさほど高い評価を受けてはいなかったこの作品を、イタリアの映画配給会社の社長ジュリアナ・ストラミジョリが高く評価し、翻訳や字幕まで個人で賄って出品させたというのである。当時これだけ日本語・日本文化に通じていたイタリア人女性は少なかっただろう。年代的にも、日本芸術や日本語への造詣の深さから見ても、この人物が、国際学友会の援助で聖徳太子研究をしていた同名の留学生と同一人物である可能性は高い。そうだとしたら、映画『羅生門』の国際的な評価は、「国際文化事業」としての国際学友会の留学生支援の成果の現われの一つであったと言える。ほかにも、国際学友会が日本留学を支援した留学生たちのなかに、戦後、それぞれの分野で留学体験を生かして活躍した人物は少なくない。

以上にみてきたように、一九三〇年代の国際学友会の「国際教育」においては、日本語は必要条件とはされず、多言語の通訳や翻訳の労を惜しまなかった。しかし、留学生の数が増えると共通語が必要になるのは事業の効率の上からも避けられなかった。また、学生たちが情報交換の自由を獲得するために日本語学習を望むことはあった。それらに対応すべく効率的な学習システムが用意されていることが望ましかった。日本語教育の充実が図られるのは、国家の言語政策の圧力や日本側の事情によるものばかりではなく、多国籍・多文化の留学生を一堂に集めての「国際教育」の立場から、留学生たちの自由を保障する意味においても理由のあることであった。このあと、国際学友会は日本語教育に本格的に取り組むことになるのである。

第二章　国際文化振興会における日本語普及事業の展開

本章では第一章に述べた草創期に続く一九三〇年代後半から一九四五年夏の敗戦にいたる時期の国際文化振興会（ＫＢＳ）の日本語普及事業の展開をたどる。外務省の取り組みに少し遅れて、興亜院、文部省、そして日本語教育振興会を中心とした国を挙げての「東亜の共通語」が未曾有《みぞう》の規模で展開されることになるが、「国際文化事業」はこれらといかに関わり、いかなる成果を生み出したのだろうか。

国際文化振興会では一九三七（昭和一二）年から翌年にかけて三回「日本語海外普及に関する協議会」を開いた。一方、このころから「東亜の共通語」としての日本語普及も本格化し、一九三九年六月には、文部省は「国語対策協議会」を開き、興亜院は「日本語普及方策要領」をまとめた。外務省文化事業部がパンフレット『世界に伸び行く日本語』を刊行したのも同じ六月であった。その翌年に国際文化振興会では「日本語普及編纂事業七カ年計画」を発表した。間もなく、一九四〇年十二月に「国際文化事業」の所管官庁が外務省文化事業部から内閣情報部へ移管され、その一年後には太平洋戦争が始まった。「国際文化事業」は「対南方文化工作」へと移行せざるを得なくなり、当事者たちは思いのほかの方針転換を余儀なくされた。

一方、「大東亜共栄圏の日本語普及」として別の道を歩んでいたはずの興亜院、文部省の管轄の下、一九四一年八月に設立された日本語教育振興会が、国内外の日本語普及、日本語教育の統括的な推進機関として全体を統括する大きな力をもってくるのである。

1 「国際文化事業」としての日本語普及へ

日本語普及事業の前夜

国際文化振興会では、設立当初より理念的には日本語普及の戦略的重要性が認識されていたものの、それを実現するには、現実の欧米の人々の日本語学習への需要は相対的に小さく、なかなか着手できずにいた。日本語普及への取組みは後回しとされ、わずかに日語文化学校の松宮弥平による日本語学習のための文典や教科書を出版したり、教員養成講座の援助をしたり、求めがあれば英文の日本語教材を寄贈したりするばかりであった。

外務省文化事業部の内部資料「日本を世界に知らせよ――対外文化宣伝の方法論」(一九三九年六月)は、国際的な危機感のなか、急務とされる欧米諸国に対する日本文化の発信の方法について具体的な提案を行なっているが、映画や展覧会の利用を主とし、発信言語には英語だけではなく、対象国の言語(ドイツへの発信はドイツ語)を用いるべきだと述べられており、日本語普及には全く触れられていない。

国際文化振興会の当時者の念頭にあった対象国は欧米先進国で、海外へ向けての発信はもっぱら英語をはじめとするヨーロッパの言語によって行なわれていた。[1] しかし、後回しにしてきた日本語普及に乗り出そうという動きの現われとして、一九三七（昭和一二）年九月より三回にわたって「日本語海外普及に関する協議会」を開催した。文部省による「大東亜共栄圏への日本語普及」の本格化のきっかけとなった「第一回国語対策協議会」の開催が一九三九年六月であるから、それに先んじての開催であった。外務省文化事業部では、同時に世界各地での日本語教育に関する調査を実施、その報告をまとめて一九三九年、国際文化事業パンフレット『世界に伸び行く日本語』を刊行し、日本語普及事業本格化への姿勢を表明した。

「日本語海外普及に関する協議会」

国際文化振興会による「日本語海外普及に関する協議会」は、一九三七年九月、同年十二月、一九三八年三月と、三回にわたって開催された。[2] これら協議会の内容は、発言順に記録された「協議会要録」によって具体的に知ることができる。

まず、その開催動機については、「第一回協議会要録」の前書き（一九三七年十一月）に、次のように説明されている。

> 日本文化の国際的進出を阻む最大の障害は、日本語の非国際性に在ると言はれてゐる。日本語が果して本質的に非国際的言語なりや否やの問題は姑《しばら》く措《お》くとして、従来の外国語のみを以

てする日本文化の紹介に隔靴掻痒《かっかそうよう》の感があつたのは否まれない。
我々は日本文化が、それ自体に、直接的に、外人に理解され親愛されんことを望む者である。そのために、一日も早く、日本語を彼等の間に近づき易き言語たらしめる工夫を以前から心掛けてゐた。この計画は最近に於ける諸外国よりの、日本語講師の派遣要請や日本語辞典、日本語教科書等の要求希望の激増によつて、愈々《いよいよ》具体化を急ぐべき機運に達した。外人に対する日本語教授の経験者を中心とし、これに配するに知名の言語学者、国語学者、文部省図書監修官等を以てした本協議会は、その具体化の第一歩であつた。

また、国際文化振興会の定期刊行物『国際文化』の第八号（一九四〇年三月）には、次のように当事者の率直な気持が綴られている。

日本通の外人は相当多い。しかし日本語のわかる日本通は案外少ない。否、情けないほど外国の日本通は日本語を知らないのが実情である。かういふ日本語のわからない日本通を日本語のわかる日本通に仕たて度《た》いといふことを本会は前から考へてゐた。実際複雑な日本文化を外人に理解させる為めには結局日本語を読ませる途を拓いてもつとこれを広げて行かなければならない。文化とことばとが切り離せない関係にあることは誰しも疑ふものはあるまい。ところでこの数年来とみに外人の間に日本語学習の気運が動いて来た。その証拠に、近ごろ、諸外国から本会宛に日本語講師の派遣や日本語教科書・日本語文典・日本語辞典の送付もしくは編纂を希望する声が段々大きくなつてくる事情がある。日本語はなるほど覚えにくい。しかし、習ひ易いやうに出来た学習書さへ揃へてくれるなら、大いに学ぼう――右の声はかういふ気持ちを語つてゐる。

われわれはこの気持に冷淡であってはならぬと考へる。この気持に副《そ》ふやうに努め、この気持をいよいよ育てて行かなければならぬと考へる。

本会ではこの仕事の研究のため昭和十二年九月以来数回に渉つて日本語海外普及に関する協議会を催した。(3)

諸外国から日本語教師派遣の養成、日本語辞典や教科書などの希望が寄せられるようになり、それに対する対応の必要性が日本語普及事業に取り組むきっかけとなったという説明は、『国際文化』誌上でも繰り返し現われる。日本語学習への需要に応え、日本語学習者を日本の理解者にしてゆくことが日本の国益にかなう、という柳澤健「国際文化事業とは何ぞや」（一九三四）の提唱した日本語普及論を理想論として具体的事業への着手を後回しにしてきた国際文化振興会であったが、実際に日本語学習への需要を目の当たりにし、その可能性や具体的方策について、いよいよ本格的に検討を始めることとなったのである。

「協議会要録」を読むと、協議会の司会・進行を務める国際文化振興会の常務理事は、海外から日本語学習支援の要求が増えているがまだ日本語の海外普及について研究が十分でなく対応を模索しているので経験談や意見を率直に聞きたい、とそれぞれの参加者からの情報収集に努めている。

普及の対象としては、欧米語を母語とする人々が想定されている。表4に、それぞれの開催期日、目的、参加者などをまとめて示す。

第一回は国語学者、言語学者に加えて、外国人に実際に日本語を教えている現場の教師が招かれているが、最初に発言を求められたのは、日語文化学校の松宮一也であった。

松宮一也は父松宮弥平が日本語教育の主任を務め、自らは幹事を務める日語文化学校において主にアメリカ人宣教師に日本語を教え、一九三六年の夏から一年ほどアメリカのカリフォルニア大学で教えてきたところで、その経験からの実際的な発言が期待されたようである。ところが一也は開口一番「日本語普及」には三つの要素がある、と一般論を切り出す。国語（日本語）そのものの研究と、教え方の研究、普及方法の研究の三つだが、これはそれぞれ、国語学者、日本語教師、国際関係の専門家と、別の人々によって担われるべきではないかというのである。日本語教師は、日本語をいかに教えるかということだけに専念すべきで、日本語そのものの改善や普及の仕事しようと思っても難しい、しかし日本語教科書の作成は教育経験のある者にふさわしく、経験のないものが机上で作ってもよい結果は望めないだろうと、教師としての分を超えず、かつその専門性をきちんと主張しているのが印象的である。

アメリカ在任中、日本人や日本に対する差別を感じた松宮一也は、日本や日本語の地位を高めなければならないと奮起して、一九三七年七月に帰国後、積極的に国策に関わるようになっていた。同年、外務省文化事業部よりバンコク日本語学校の設立準備のための調査を委託されて実績を上げ、一九四二年には、その調査報告を含む『日本語の世界的進出』を出版するなど、日本語普及の論客

表４　国際文化振興会「日本語海外普及に関する協議会」(作成河路)

	第１回	第２回	第３回
開催日	1937年9月21日	1937年12月20日	1938年3月18日
場所	国際文化振興会会議室	エーワン	東京倶楽部
時間	15：00—18：45	19：50—22：45	記載なし
司会	岡部長景（常務理事）	黒田清（常務理事）	黒田清（常務理事）
目的	日本語教授の経験者から，現場の経験談また日本語への意見を聞く	日本語の文学表現に通じた人から，「文化的」方面から見た日本語普及についての意見を聞く	高度な日本語を習得した元学習者から，日本語学習の苦心談，教材や教え方への提案を聞く
参加者	市河三喜（東京帝大英文科主任教授） 井上赳（文部省図書監修官） 大西雅雄（法政大学教授） 城戸幡太郎（法政大学教授） 清岡暎一（前ハワイ大学講師） 金田一京助（東京帝大文学部助教授） 國友忠夫（ハワイ大学東洋部助教授） 新村出（京都帝大名誉教授） 神保格（東京文理科大学教授） 谷川徹三（法政大学教授） 東條操（学習院教授） 橋本進吉（東京帝大文学部教授） 服部四郎（東京帝大言語学科講師） 本田弘人（文部省学芸課長） 松宮一也（日語文化学校主事） 村田豊文（伯林大学東洋語学校講師） 吉岡武亮（外務省文化事業部事務官）	太田正雄（医学博士，東京帝大医学部教授） 勝本清一郎（日本ペン倶楽部主事） 斎藤茂吉（医学博士，青山脳病院長） 島津久基（文学博士，東洋大学教授） 下瀬謙太郎（陸軍軍医少尉，国語協会理事） 谷川徹三（法政大学文学部教授） 土岐善麿（東京朝日新聞社論説部員） 萩原朔太郎 長谷川萬次郎 服部愿夫（日本放送協会放送用語調査委員会主査委員） 和辻哲郎（文学博士，東京帝大文学部教授）	市河彦太郎（外務省対外文化事業部第三課長） 大岡保三（文部省図書監修官） 勝本清一郎（日本ペン倶楽部主事） サー・ジョージ・サンソム（英国大使館商務官） 谷川徹三（法政大学文学部教授） 土居光知（東北帝大法文学部教授） 野上豊一郎（九州帝大法文学部講師） ハロルド・ヘンダソン（日本文化研究家） フランク・ホーレー（日本文化研究家）
振興会側出席者	岡部長景（常務理事） 黒田清（常務理事） 團伊能（常務理事） 三原繁吉（常務理事） 高楠順次郎（理事） 青木主事	黒田清（常務理事）	黒田清（常務理事） 團伊能（常務理事） 石田幹之助

(国際文振興会「日本語海外普及に関する第一回協議会要録」「同　第二回要録」「同　第三回要録」より。職名は原資料のまま。会側出席者は姓のみの記載であったものを，他の資料から名を補って記した。)

として活躍することになるのだが、この協議会の時点での彼の発言は、父弥平に倣ったであろう教師観をわきまえた堅実なものであった。第一回協議会では、学習者にふさわしい教材が必要だという意見が共有された。この回には、のちに国際学友会の日本語教育にかかわる服部四郎、大西雅雄も招かれており、服部は「満洲」での日本語の教授経験を、大西は長沼直兄や松宮弥平など日本語教育者らとの交流や基本語彙調査への関心などを語っている。まもなく一九三八年の初めから一年ほど服部四郎は国際学友会の日本語教育部の主任教授を務め、大西雅雄は一九四二年一月に国際学友会の辞典編纂嘱託となり語彙調査を行なうことになる。

第二回の参加者は、詩人の萩原朔太郎のほか、公的な肩書きの書かれている人物も文芸の実作者としての実績から選ばれたものらしく、医学博士の太田正雄は詩人の木下杢太郎《もくたろう》その人であるし、長谷川萬次郎は評論家・長谷川如是閑《にょぜかん》の本名である。齋藤茂吉は時代を代表する歌人、土岐善麿《ときぜんまろ》も歌人でありローマ字論者としても知られていた。和辻哲郎は名随筆の書き手としても知られる。それにNHKの放送用語調査委員会の主査委員、国語協会理事らを加えての協議会で、外国人への日本語教育現場との関わりは薄く、ローマ字表記の方法や日本語の表記、表現の「味」などが次々と話題に上るが、日本語普及の目的にかなった成果が得られたとは言い難かった。

第三回は、既に高い日本語の運用力を持つ外国人が招かれ、今後開発すべき教材や教授法について、彼らの意見、提案に耳が傾けられた。著名な日本学者で『西欧世界と日本』（ちくま学芸文庫）などが現代でも読まれている英国出身のジョージ・サンソムと、同じく英国出身で一万七〇〇〇点もの日本の古書を収集した「宝玲文庫」で知られるフランク・ホーレー(4)、そして『基礎日本語』の著者で、英国から帰国したばかりの土居光知《どいこうち》といった面々で、後半になって加わるハロルド・ヘンダソンも英語話者である。司会者の説明によると、ほかに「フランスのボノーさん、ドイツのドーナッツさん」も招いたのだが、都合がつかず参加できなかったということである。招かれた元学習者は全員が欧米人で、当時の国際文化振興会がその日本語普及事業の対象として専ら欧米人を想定していたことが確認される。

さて、国際文化振興会は、この協議会からどのような指針を得たのだろうか。『国際文化』第八号（一九四〇年三月）に要を得た報告が掲載されているので、その最後の部分を引用する。これが全三回の協議会で得られた結論となった。

〔…〕問題をより実際的面に移して第三回目には日本語が巧いので有名な外人を囲んで、日本語を学ぶ上での苦心談を聞いた。そこで聞いたことを箇条書きにしてみると大体次の通りになる。

一、外人が日本語を学ぶ目的は読むことである。日本語は話すのには極めてやさしい。
一、日本語で特にむつかしいのはテニヲハである。
一、日本人は日本文法を西洋のテクニックで説くがそれはやめにしたほうがよい。西洋のテクニックで説くと初めは入りやすくともそれだけ先の困難が大きい。
一、西洋のテクニックで説いた日本語教科書・日本文典は今までに沢山出てゐる。それがいけないとわかつた以上日本人は日本語自身の立場から体系付けた文典なり教科書なりを新に打建ててみるより仕方はあるまい（一五一―一六頁）。

国際文化振興会は、こうして得られた指針のもとに、一九四〇年に「日本語普及編纂事業七カ年計画」を発表し、日本語教育関係の出版物の編纂に本格的にとりくんでゆく。ここに報告された欧米人元学習者からの要望は、その後の編纂事業に忠実に反映された。このように学習者側の意見を尊重した点は、「国際文化事業」としての日本語普及の特色の一つである。強制力のない欧米独立国向けの日本語普及は、学習を希望する本人に支持されないことには進められない。その原点において、軍事力を背景に現地を組織化し、初等教育における教科などを通して推進しようとした植民地・占領地における日本語普及とは、性格を異にしている。

しかし、学習者の希望に応えるのは目的のための手段であって、「国際文化事業」の目的が日本の国益にあることに違いはない。ほぼ同時期の『国際文化』第五号（一九三九年五月）「巻頭言」は、同会が日本語普及に力を入れることについて次のように説明している。

〔…〕バベルの塔以来、言語問題は常に世界史的意義を持つてゐた。世界史は一つの「言語闘争」の歴史であるとも云ひ得る。〔中略〕真に日本を、そして又日本文化を知らしめることは日本的心性を再経験せしめることに他ならない。国語はその体であり用である。本会に於て、日本文化の海外宣伝に徹底を期する上に於て日本語の普及に専念してゐるのもこれが為めである。幸に日本語熱は世界各地に澎湃《ほうはい》として高まりつつある。この「時代の祝福」をどこまでも昂揚せんがために辞典、文法、教材の編纂が要請されてゐる。吾人は夙《つと》にその必要を痛感しその準備に微力を尽してゐる。

2　積極的な日本語普及事業への着手

外務省文化事業部『世界に伸び行く日本語』

一九三九（昭和一四）年六月、外務省文化事業部では『世界に伸び行く日本語』という小冊子を発行した。この時期には、日本語普及にかかわる目立った動きが集中している。興亜院の「日本語普及方策要領」がまとめられたのも、文部省が植民地や中国各地から日本語教育関係者を集めて「第一回国語対策協議会」を開催したのも、同じ一九三九年六月であった。が、この時点では、国際文化振興会の事業は、世界の独立国を対象とするもので、興亜院・文部省とは一線を画していた。元来、戦争回避のために考えられた「国際文化事業」であった。しかし、この時期にいたって不穏な影は紛れもない。一九三七年七月に全面化した日中戦争は、関係者らの当初の予測を裏切ってなかなか収束せず、ヨーロッパではこの年の九月に第二次世界大戦が勃発する。このような時代に、国際文化事業はどうあるべきで、また、どうあり得たのだろうか。『世界に伸び行く日本語』の前書きには、「本輯は当課勤務の伊奈嘱託が在外公館より本省宛送付の書報告に基き昭和十二〔一九三七〕年六月日語文化学校に於て行つた講演原稿を更に改訂増補し」たものだと書かれている。松宮らの日語文化学校と外務省文化事業部の密接な関係がここからもうかがえるが、原稿のもとになった講演を行なった伊奈嘱託は、後に「日本における最初の写真評論家」と言われる伊奈信男である。一八九八年に愛媛県で生まれ、東京帝大文学部で西洋美術史を専攻、卒業後は研究室に残り、一九二七年からは日本大学専門部、東京高等師範学校、聖心女子専門学校で西洋美術史を講じていた。その後、写真の研究を始め、一九三三年には名取洋之助らとともに日本初の写真専門プロダクション「日本工房」を設立したが、一九三四年には外務省文化事業部の「国際文化事業」担当課に嘱託として勤務しており、日本語普及関係を担当していた。後には内閣情報部に移り、映画・演劇・音楽・芸能などを担当する情報官を務めた（嶋津拓『海外の「日本語学習熱」と日本』二四―二五頁）。

一九三九年六月というと外務省文化事業部の「国際文化事業」が設立当初の目的を掲げたまま事業を進めていた最後の時期で、この冊子の内容からは、総力戦体制に巻き込まれる直前の「日本語の世界化」論を読み取ることができて貴重である。全体は「第一章　国際文化事業と日本語普及」「第二章　世界に於ける日本語普及状態」「第三章　結語」という構成で、第二章の、世界各地で行なわれている組織的な日本語教育の現況調査の結果報告に多くの頁があてられている。報告されている国・地域は以下のとおりである（国名の表記は原文ではすべて漢字だが、片仮名表記に改めて示す）。

〔欧州方面〕　英国、ドイツ、フランス、イタリア、オランダ、ハンガリー、ポーランド、フィンランド、スウェーデン、デンマーク、トルコ、ポルトガル、ベルギー、エジプト

〔アメリカ方面〕　米国、カナダ、ブラジル、チリ、アルゼンチン、ペルー

〔アジア・南洋方面〕「支那」、シャム（現在のタイ）、インド、フィリピン、オランダ領東インド（ほぼ現在のインドネシアに当たる）、ビルマ、アフガニスタン、フランス領インドシナ（現在のベトナム・ラオス・カンボジアを合わせた地域に当たる）、オーストラリア

これらの国・地域についての日本語教育機関や教育内容、教材、教師などの情報が網羅的に報告されている。それらは日本政府の知らない間に展開されているものとして報告され、そうした各地の日本語教育に対して、今後は日本側から積極的に関わり支援してゆくことで日本語普及を推進しよう、という趣旨が述べられる。同様の趣旨は、石黒修《よしみ》『国語の世界的進出』『日本語の世界化』、松宮一也『日本語の世界的進出』などにも見られ、この時期の「世界」への日本語普及論の共通認識となっていたようである。なお、小川誉子美『欧州における戦前の日本語講座』によると、ドイツ、イタリア、オーストリア、ハンガリー、フィンランドにおける日本語講座の開設には日本側が働きかけたという事実は確認できないとのことで、あながち見当はずれなものではなかったようだ。

次に第一章と第三章の内容に注目すると、第一章の冒頭には国際文化事業観が述べられている。それは、「国際文化事業」とは、国家間の双方向的な文化交流を通して、相手国に自国の理解を促し、他国の優れた文化に学ぶもので、「人類文化の創造的発展に協力寄与しやうとする最も輝かしく美しく又最も意義ある理想主義の精神」である、というもので、先に紹介した柳澤健の「国際文化事業とは何ぞや」に書かれていた理想論と類似している。ただし、そのあとに「然し現在実際に於て各国が実施して居る国際文化事業は主として自国の文化を対外的に宣揚しやうとするものであつて、他国文化の吸収なり文化交換なりは第二義的なものとなつて居る場合が多いのでありますが、

之は現在の様な国際情勢や又は国家主義勃興の時代には止むを得ない事と存じます」(二頁)とあり、この時期の重苦しい空気を伝えている。

そして次に、外務省文化事業部では国際文化振興会や国際学友会など関連団体と連絡をとりながら「現在では次のような事業を行つて居る」として列挙している一二項目のうち、七項目めに「日本語海外普及の仕事」があげられている。

ところが、その意義を説明する段に及んで、議論は独特の熱を帯びてくる。「日本の様な世界無比の国体と国民精神とを持つ国の言葉はまた特殊な地位と意義とを持つて居る」ので、その日本語を海外に普及させることは「真の日本文化を根底から外国人に理解させる事になるのである」と述べられたあと、次の文章が続くのである。

何故ならば外国人に日本語を普及させることによつて彼らは吾々と同じ精神を持ち、同じ国民性を持ち、同じ血を持ち、同じ心を持ち得るやうになり、従つて彼等は同じ血と心とによりことばを通じて吾々に結ばれるのであります。(『世界に伸び行く日本語』七―八頁、傍点河路)

「理想主義の精神」の遂行を断念せざるを得ないという状況で書かれたとはいえ、日本語を習得しさえすれば誰もが(日本人と)同じ「国民性」「血」「心」を持てるという論理の飛躍には、異様な印象を受けないわけにはいかない。

第三章では、第二章の報告を受け、日本語は今「世界の隅々に迄普及しつつある」が、欧米諸語に比べると遅れをとっているので一層の普及を計らなければならないと述べ、その第一の目的は、「日本語によって日本の文化や国民精神を理解させること」にあると強調し、日本語普及方策として次の五項目を提案する。

(1) 在外日本語教授機関の整備
(2) 日本語教科書、教材、ならびに日本語研究用良書の寄贈普及
(3) 日本文化研究所、日本文化図書館の設置
(4) 日本語教師養成
(5) 日本語習得者の優遇

最後に再び「国際文化事業」観に戻るが、冒頭の理想論とは違って「国際文化事業は文化を以て思想を以てする一つの戦で」あると定義し、効果が簡単には見えず困難で勇気のいる戦いだが、「この常に止むことの無い戦を飽く迄も戦はなければならない」と結ばれている。「国際文化事業」としての日本語普及は、思想戦と位置づけられたのである。

国際文化振興会の方針転換

国際文化振興会では、創立五年目にしてようやく日本語普及に積極的に取り組む方針をたてた。『国際文化』第四号(一九三九年五月)の巻頭言に、過去五年の活動のなかから得た教訓として以下の五つが挙げられている。

1　いかに日本が外国に今まで知られていなかつたかと云ふこと
2　（いかに）知らせようという努力が少しもなされなかつたかと云ふこと
3　知らせようにも整つた材料がなかつたこと
4　材料があつても縦の文字を横にしただけでは駄目だと云ふこと
5　しかし、彼らの見方に会うような眼鏡で見せてやればどんなことでも解らないことは殆んどないと云ふこと

日本は理解されていないと認識される状況の「改善」はなかなか進まず、ついには、日本が最も力を入れて文化事業を進めてきた英米との協調を断念し、彼らを敵にまわして太平洋戦争を戦うにいたる時代状況は、当事者たちを苛立たせたものと思われる。理解を促進するための情報不足にその一因があるとの認識から、それを補おうと情報を英語をはじめとするヨーロッパ諸語で発信するよう努めたが、当初期待されたほどの成果は上がらなかった。しかし、伝えるための工夫をこらせば理解してもらえるはずだ、との感触を得たという希望的な感想も述べられ、その希望が日本語教育（普及）事業に託された。

同じ号に掲載されている成澤玲川《れいせん》（日本放送協会報道部長）による「日本文化宣揚の具としての日本語と外国語」は、この時期に日本語普及に乗り出すことの意義を冷静に述べた議論として注目される。以下に一部を引用する。(5)

日本語の世界的普及は国際文化振興会が直接手を下す仕事ではないかも知れない。しかし、何かの形で極力それを援助することは振興会の使命であると思ふ。この仕事は目前の急務であると同時に百年の大計である。

日本が本当に世界から正しく認められるのは、日本語が世界的に普及した時であると思ふ。

〔中略〕

さうして、この普及運動はいつでもいいのではない。それには潮時がある。今がその時である。今日ほど世界各地に日本語研究熱の上ったことは曾てない。日本語を研究するからといつて、それがみんな親日だなどと思つたら大なる誤りである。敵も味方も、日本を好むと好まないとに拘はらず、日本研究熱が燃えて来たのである。今は実にチヤンスである。鉄は熱中に打たねばならない。食物は空腹時に与へられるべきである。今は実にチヤンスである。若しこの機を失すればその熱は必ず冷却する。今こそ組織だつた教授法の下にあらゆる方法を講じて世界に日本語を普及させなければならない。貿易の国旗に従つたやうに、国運は国語に従つて進展するのである。これは国策でなければならない。(6)

この議論で注目されるのは、日本語に関心を持つ人々のなかには「敵も味方も」ある、と言っている点で、日本語を学ぶことと日本を愛することを無条件に結びつけがちな議論が支配的であったなかで、この冷静な指摘は貴重である。戦争中の米英で、暗号解読や捕虜の尋問などに備えて日本語教育が集中的に進められ成果を上げたことなど、今日ではよく知られている。(7) 敵国の言語を学ぶというのは決して珍しいことではないのである。成澤は、その動機が何であれ日本語を学びたいという気持が相手にあるならそれを支援し日本語普及を推進すべきだ、という。日本語の普及は「日本が世界から正しく認められる」ための必要条件だから、というのが彼の主張である。

国際文化振興会の機関誌『国際文化』誌上では、外国人の日本研究者へのインタビューも多かった[8]。多くは日本の国策とは無関係に日本語を習得した人々だが、国際文化振興会では、彼らへの認識を深めるにつれて、日本語は欧米人に学習可能であることや、海外の日本研究者が日本語を理解することの重要性を再認識するに至ったようである。

活動の六年目となる一九三九年度を迎えるにあたって、過去五年間の事業を総括し、新年度の方針および計画として「日本文化の研究および宣揚に功労ありし人に対して文化賞を制定する」などとともに、「日本語の海外普及を計る（1　目下の海外に於ける日本語教授の状態を調査、有効なる方法を講ずる。2　辞典、読物、文法等教材の編纂をなす）」ことが新たに盛り込まれ、日本語普及が初めて正式に事業に組み込まれることとなった。日本語普及については当初より唱えられていたものの、外国人、殊に欧米先進国の人々に日本語を普及することは途方もなく困難だと考えられがちで、実現に乗り出すには五年にわたる検討期間が必要であった[9]。

国際文化振興会が「日本語普及」に着手することになった理由は、（1）外国語による発信を専らとして活動してきたが必ずしも芳しい結果が得られず、この方法では限界があると感じられたこと、（2）外国からの日本研究・日本語学習への関心がいっそう高まったこと、（3）「日本語海外普及に関する協議会」の開催や、『国際文化』誌上に紹介された外国人へのインタビューなどを通して、外国人（特に欧米人）に対する日本語教育が実現可能であるという感触を得たこと、の三点にまとめることができるだろう。

「日本語普及編纂事業」七カ年計画

一九四〇（昭和一五）年一月、国際文化振興会は、「日本語普及編纂事業」の七カ年計画を発表し、日本語普及のための編纂事業に着手した。計画の内容は次のとおりである。[10]

1　基本語彙調査・選定

学習の合理化のため、読本・文典・辞書の編纂の先行条件として、最初にこれを行う。二五〇〇前後を目標として基本語彙を選定、この基本語をもって解説された日本語の教材、辞書を使用することで独力で高次の日本語学習を進めることができるようにする。最初の一年間で完成させる。語彙選択の標準は現代日本語の口語で、読書語彙を中心とし、必要に応じて談話語彙も考慮する。

2　文典の編纂

ヨーロッパ語のものに基づいて作られた従来の日本文法の不自然さを脱し、特に口語体の文法に留意する。先ず八カ月で基本語を対象とする基本文法を作り、更に之を基礎として、次なる大文典の編纂に取りかかる。

3　読本の編纂

成人の外国人を対象とした読本を作る。教材としては日本文化の内容を知らせることのできるものを採用し、用語は基本文法との連関の下に、選定された基本語を以て書きおろす。上・中・下の三巻とする。

4　辞典の編纂

現行の国語辞典が、古典語を主とするのに対し、現代日本語をも完全に網羅する収容語数十五万から二十万語の辞典を作成する。解説には選定された基本語を用いる。六年間で完成させる。

同年十二月に発行された『国際文化事業の七ヵ年』には、同じ計画がその時点における進捗状況の報告とともに説明されているが、これによると、この時点で既に1の基本語彙調査は「殆んど完了に近づいて」おり、2の文典の編纂も「既に着手された」とある。計画は着々と進められたようである。ちなみにこの基本語彙編纂を実施した五人の専門委員は石黒修、佐藤孝、松宮一也、吉田澄夫、湯山清で、ここにも松宮一也の名が見える。

この計画の特色は、最初に基本語彙の選定を行なって、これらの基本語彙によって説明された文典、読本、辞典を用意することで自学自習が可能な教材の体系を作ろうとすることにあった。外国語による対訳を用いず、日本語だけで学べる環境を整えるもので、直接法の授業に準ずる方法である。成人の外国人を対象とする、と限定的に述べているのは、当時、植民地や占領地そして「大東亜の共通語」として普及されつつあった日本語教科書が、一般に初等教育用、すなわち子ども向けのものから整えられたことに対し、それとの違いを明確にしたものと思われる。教材は「日本文化の内容」を知らせるものとされている点は、国際文化振興会の目的に合致した事業であることを示している。古典語を主とした当時の国語辞典とは違って、現代語を網羅した二十万語規模の国語辞典というアイディアは、戦後の『大辞林』（三省堂　一九八八年）などを想起させるものである。[11]興味深い計画ではあったが、この計画はすべてがこのまま実現することはなかった。

奇しくも『国際文化事業の七ヵ年』の刊行された一九四〇年十二月、事業の性格を一変させる変化が、国際文化振興会に訪れたのである。外務省文化事業部から内閣情報局への移管がそれであった。内閣情報局は情報統制強化のため一九四〇年十二月に各省庁情報機関を統合して設立されたもので、新聞、出版、放送、文化宣伝、対外宣伝など文化活動のすべてがその管理下におかれることとなった。国際文化振興会のみならず、外務省文化事業部の国際文化事業はすべてここに移管されることとなり、次章で扱う国際学友会も同じ運命をたどった。そして外務省文化事業部は廃止された。この移管を境に、「国際文化事業」としての日本語普及も、政府による統制の強化を受け、やがて、「東亜の共通語」としての日本語普及に統合されてゆく。

3　紀元二千六百年記念国際懸賞論文

一九四〇（昭和一五）年十二月に外務省文化事業部から内閣情報局に移管されることになる国際文化振興会だが、その年外務省時代最後の空前絶後の大事業を実施した。全世界を対象とした紀元二千六百年記念国際懸賞論文事業である。

事業のきっかけは、紀元二六〇〇年に当たる一九四〇年に予定されていた東京オリンピック、東京での万国博覧会の開催がとりやめになったことにある。一九三八年七月十五日の閣議で、オリンピックの返上（札幌で開催予定だった冬季オリンピックも同様）と日本万国博覧会の日中戦争終了後までの延期が決定した。官民挙げて準備が着々と進められ、東京で初めて実施される国際的な大イベントに大きな期待と夢を託した人も少なくなかったはずだが、関係者の予測を裏切って日中戦争が長期戦の様相を呈し始め、諸外国で日中戦争に関する日本への非難が出始めている世界情勢のなか、日本はもはや後にひけない日中戦争の遂行と軍備の拡充を優先せざるを得なくなったのである。競争を勝ち抜いて得た開催権であったが、他に譲るなら早めに返上しなければならない。東京が返上したオリンピックは、最後まで東京と争ったフィンランドのヘルシンキで開催されることに決まったが、一九三九年九月の第二次世界大戦の勃発によって、結局大会そのものが中止となってしまった。万国博覧会の方は前売券も売れていて中止はできず、延期と決まった(12)。

このような事態を受けて計画されたのが、国際文化振興会による紀元二六〇〇年を記念しての国際懸賞論文という企画であった。国際文化振興会による『紀元二千六百年記念国際懸賞論文　事業経過報告書』（一九四一）には、次のように説明されている。

〔…〕国際情勢の変化は、オリムピック大会の返上、万国博覧会の延期等紀元二千六百年を奉祝記念すべき国際的計画を殆んど中絶せしめるの事態に陥つた。

かゝる事情に鑑み、此の紀元二千六百年の佳節を奉祝記念する唯一の国際的事業として本会は日本文化に関する研究論文を世界に散在する日本文化研究者の間に懸賞募集し、その優秀なる入選者を本邦に招致し、日本に対する認識を深め、研究を促進する計画を樹立し以て皇国の盛典を奉祝し併せて日本文化の海外宣揚に資せんとしたのである。（五頁）

国際文化振興会がこの事業の実施を決定し、同時に予算十万円の支出を可決したのは、一九三九年十月のことであった。すぐに国際文化振興会のなかに「紀元二千六百年記念国際懸賞論文募集事業委員会」が設置された。前掲の『事業経過報告書』によると、委員会組織は国際文化振興会理事長（永井松三）を委員長に、委員には内閣紀元二千六百年祝典事務局長（歌田千勝）ほか外務省条約局長（松本俊一）、情報局第三部長（石井康）、情報局第三部第三課長（広瀬節男）、文部省専門学務局長（永井浩）、文部省専門学務局学芸課長（本田弘人）と国際文化事業に関連のある政府機関の長が並び、国際文化振興会からは常務理事の樺山愛輔、黒田清、團伊能、三原繁吉も参加した。幹事は、国際文化振興会主事（青木節一）であった（一七頁）。

この顔ぶれのうち、「日本語普及に関する協議会」に参加していたのは、国際文化振興会主事の青木節一、同会理事の黒田清、團伊能、三原繁吉に加え文部省の本田弘人である。新たに加わった委員として、間もなくこの「国際文化事業」が移管される先である情報局第三部第三課の関係者が含まれている。委員会では、直ちに外務省文化事業部と文部省専門学務局の賛助協力を得て、詳細の決定にとりかかった。

その「応募規定」によると、論文題目は「一、日本文化の特質」、「二、日本と諸外国との文化的交渉」、「三、世界に於ける日本文化の地位」の三つから一つを選ぶことと決められた。「日本文化の特質」については「日本文化に特有なる根本的性質を闡明《せんめい》するもの。文化の一方面、例へば日本美術又は文学等を取扱ふも差支へなく、此の場合に於てもそれに表現さるゝ日本文化の基本的性質を対象とすることを要す」、「日本と諸外国との文化的交渉」については「日本対数ケ国の文化交渉を論ずるものゝみならず日本対一ケ国例へば日米間或日蘭間の交渉等を研究せるものにても差支へなし」と添え書きされ、最後に「以上三題共単に歴史的事実の叙述に終らず我国文化の将来の発展、意義、任務使命等に関し論及することを希望す」と示された。

ヨーロッパは第二次世界大戦中で、賞金を現地に送ることは不可能だったので、賞金については、当選者を日本に招致し日本国内での滞在研究資金として支給することとした。円貨の海外流出を防止するとともに日本訪問の魅力という付加価値もつく。言語の問題については、「執筆者をして応募し易からしめる為に、世界のいかなる国語を以て記すも差し支へなし」と決定、「但し、審査の関係上本邦で翻訳が出来ない事を懸念して、日、英、独、仏、西、葡、伊、華の八ケ国語以外の言語を以て記された論文には此の八ケ国語の内の一ケ国語を以てする翻訳を付加すべき事」(七頁)とし、これら八言語の専門家体制を整えた。

投稿原稿の言語が自由であるというのは思い切った方法で、実施の困難はいかばかりかと案じないわけにはいかない。案の定、「往復文書、論文等を逐一翻訳するの繁雑さは到底想像以上のものであつて、如上の言語に精通する優秀なる翻訳者を得る事の極めて困難な今日の状態に於て、審査発表の期限の切迫と共に審査と翻訳とを併行して行ふ等、此等の為に要した時間と経費と労力は莫大なものであつた」（「事業経過報告書」）と報告されている。それでも、国際文化振興会は、国家の威信をかけて計画通りやり遂げたのである。

古川隆久『皇紀・万博・オリンピック』（一九九八）によると、政府の奉祝記念の記録である『祝典記録』では恒久的に成果を残すものを「事業」、一回性のものを「行事」と呼び分けて分類したが、「奉祝記念事業」は約一万五〇〇〇件、「奉祝記念行事」は一万二八二二件で延べ四九四二万三九六三人（うち内地は四三九三万七一四三人）が参加したという。「記念事業」はそのおよそ三分の二が、防災設備や緑地造成など国内各地の社会資本整備事業であった。同書によると「一つの名目にもとづく記念事業としては、少なくとも敗戦以前では最大級の規模である」（一五二頁）という。

「文化事業」としては、一九三九年四月の東京を皮切りに一九四〇年五月まで各地を巡回した「紀元二千六百年奉賛展覧会」と、一九四〇年一月に東京で、四月に大阪で開かれた「紀元二千六百年奉祝展覧会」がある。前者は「建国精神を国民に認識させるため、二六〇〇年にわたるとされる日本の歴史を、ジオラマや名宝（ただし多くは複製）、横山大観ほか有名日本画家に委嘱した歴史画で展示した企画」（古川同書、一七六頁）で、公称四四〇万人余りがこれを見た。後者は「国民的自覚と感激を深からしめ」るために東京では「我等の生活」（歴史部）、「我等の生活」（新生活部）、「我等の精神」、「我等の国土」、「我等の祖先」、「我等の皇軍」、「我等の新天地」というテーマ別に、松坂屋上野店、同銀座店、松屋、白木屋（現在の東急百貨店日本橋店）、三越本店、高島屋日本橋店、伊勢丹で同時開催するという前代未聞の方法で実施され、公称延べ四九七万三〇〇〇人が入場したとされる。ただし、こうした参加者数については、古川は学校など組織的動員が大半で「国民は自発的に熱心に奉祝していたかどうか疑わしい」（一八〇頁）としている。

東京オリンピックに代わるものとして実施された「東亜競技大会」は、奉祝会、東京市、大日本体育協会の共同主催で、国民精神総動員中央連盟や祝典事務局と並んで文部省、外務省、鉄道省、厚生省が後援した。日程は東京大会が六月六日から九日、関西大会が十四日から十六日で、参加者は日本（三二六名）、「満洲国」（一九九名）、中華民国汪兆銘政権（六五名）、フィリピン（七一名）、ハワイ（一七名）、在日外国人（五四名）の合計七三二人であった。競技の結果は日本が各種目で一位を独占したものの世界記録は一つもなく、動員観客数は会場の収容能力を著しく下回り、全体として盛り上がりに欠けた大会であったという（古川同書、一八〇―一八四頁）。

では、国際文化振興会の実施した「紀元二千六百年記念国際懸賞論文」はどうだったのだろうか。『事業経過報告書』にもどって、その経過をたどっておく。事業の宣伝は、次のように行なわれた。

> 世界中の主要なる一般新聞、大学新聞等に募集事業規定の概略と興味を引きさうな写真を挿入して記事の掲載方を依頼し、次で規定パンフレット並にポスターを主要文化団体、図書館、学校、研究所に数十、数百部を取纏めて発送して周知方を懇願し、更に外務省の協力を得て在外本邦公館宛に前記同様パンフレット、ポスター類を送つて特別の尽力を乞ふた。（七頁）

ポスターや規則書は日本語、中国語、英語、ドイツ語、フランス語、スペイン語、イタリア語、ポルトガル語の八言語で作成され、国内外の日本関係文化団体や外国新聞通信記者、放送局、船舶会社、観光事業団体、ホテル団体などのみならず、「戦乱中の支那方面に対しては興亜院や東亜研究所等」や日本に関係ある数千に及ぶ個人にも送られた。

「我国に対して特に親密な友情を抱いてゐる諸外国の友人の多数は単にその知己朋友に対する宣伝のみならず、或は新聞に雑誌に発表して呉れる等我々の知らぬ無数の力が此の事業の成功の為に貢献したと云ふ幾多の事実を我々は後に到つて知つたのであつた」（八頁）と報告者は述べるが、実際、特に海外からの応募数は主催者側の予測をはるかに超えたのである。応募は九月末日までの消印あるものが有効とされた。ところが、九月三十日までに日本国内で申し受けた論文数は一八編であった。主催者側では「時局柄外国からの応募は少いであらうけれど、日本国内では——我々は少なくともその十倍を期待してゐた」ので、これでは海外も「推して知るべきであると想像した時本事業は完全な失敗に終つたものと推断せざるを得なかった」という。ところが、規定に従って九月三十日までに投稿されたものが十月、十一月の船便で毎日のように届き、最終的に五〇二編を受け付けた。三〇〇編と見込んで立てていた予算は翻訳費のみで一万五千円の追加を要求しなければならなかった。「対日感情の悪化」が言われる米国でも日本文化に関心をもって研究している人はおり、戦争中の欧州各国からも多数の応募があり、中南米からは応募数も多く、アフリカからの応募も少なくなかったということに、主催者側は大いに力づけられ、予想外に負担の増えた作業も厭わず翻訳者と連絡をとり、審査結果を出して記念論文集を作成し、実施報告書を作成するまでのすべてをやり抜いた。翻訳者は、英語一四名、ドイツ語八名、フランス語七名、イタリア語六名、ポルトガル語四名、スペイン語五名、中国語四名の合計四八名。一九四〇年十月初めから一九四一年四月末まで七カ月をかけて一部の例外を除く全論文を日本語に翻訳し、例外のものについても大要を日本語でまとめ、委員会での予選を通過したものについて[13]は原文翻訳双方を一括して論文審査委員会の審査に付した。審査委員は「官私大学、学会、言論界等より政治、経済、文学、美術、自然科学等各方面の権威に委嘱し、いかなる方面の専門的論文が送られてきても充分の審査が可能なる様に」「日本文化一般、並に国際文化一般に亘る広き識見と智能を備えた権威者を人選」したという。その面々は次のとおりであった（『事業経過報告書』一七頁、「イロハ順」）。

委員長　国際文化振興会理事長　永井松三
委員　　　　　　　　　　　　　長谷川萬次郎
東北帝国大学教授　文学博士　土居光知
早稲田大学総長　法学博士　田中穂積
東京帝国大学教授帝国学士院会員　法学博士　田中耕太郎
東京帝国大学名誉教授、帝国学士院会員　文学博士　辻善之助
九州帝国大学名誉教授、松本高等学校長　理学博士　桑木彧雄《あやお》

美術研究所長　矢代幸雄
慶應義塾塾長　経済学博士　小泉信三
北里研究所理事慶應義塾大学教授　医学博士　宮島幹之助
京都帝国大学名誉教授、帝国学士院会員　文学博士　新村出《しんむらいずる》
東京帝国大学教授　文学博士　久松潜一

長谷川萬次郎すなわち評論家の長谷川如是閑は、一九三七年の第二回「日本語海外普及に関する協議会」にも参加していた。ほかに、新村出と土居光知は、それぞれ第一回および第三回の「日本語海外普及に関する協議会」の参加者である。これら一二名の審査委員が、三九の入賞論文を決定、その執筆者を入賞者とし、予定どおり翌一九四一年四月二十九日の天長節に「当選発表」を行なった。

日本、アジア、ヨーロッパ・オーストラリア・アフリカ、中南米、北米の五地域のそれぞれに一等一名、二等二名、三等若干名を選出することになっていたが、審査の結果多少の変動があり、入選は全体で一等五編、二等一一編、三等二三編の合計三九編と決まった。一等当選者には日本までの旅費と三カ月間の滞在研究奨学金三〇〇〇円、二等は旅費と一カ月分の奨学金一〇〇〇円、三等当選者には五〇〇円相当の図書または品物を授与することになっていたが、これに加えて、国際文化振興会は、入選者には、正倉院御物赤地鴛鴦唐草文様錦の染色から織方までを京都の龍村平蔵が正確に復元したものに当選者の氏名を織りこみ、下部には日本語で「紀元二千六百年記念国際懸賞

論文」の文字と国際文化振興会の名を「特に天平時代の写経の研究の権威飛田周山画伯の筆によって往時の運筆を模した文字を織込んだものを特製して」贈ることにし、また応募者全員に、参加記念品として京都の商工省陶磁器試験所の製作による「法隆寺弥勒仏光背及び正倉院御物金銀平脱八稜鏡の鳳凰に取材せる白地無釉ボーン・チャイナ磁器メダル一個」を贈ることにした。報告書にはその写真が掲載されているが、精巧で見事な第一級の芸術的工芸品だったようである。さらに入選者には紀元二千六百年祝典事務局より副賞として「砥出蒔絵の手箱を一個」、一等当選者には文部大臣から賞状が授与されることになった。それだけではない。「応募者全部に対して今後毎年相等《（ママ）》額の予算を計上し、之等の人々の為にその要求に応じ、諸般の資料、図書等を送付し出来得る限りその研究を援助せん計画の下に既に全応募者に対し希望を聞くカードを送付した」（一二三頁）。そして、その回答は続々到着したという。ほかに論文応募にあたっては執筆に使用した参考文献を記入するよう求めてあったが、国際文化振興会ではその書名をカードにとった。海外における日本研究図書の状況や不足しているものがわかり、今後の事業への重要な指針が得られるからである。

国際文化振興会では当初日本国内の応募一八〇編程度を含め全体で三〇〇編程度を予想していた。力を入れて海外での宣伝を行なったにもかかわらず、応募者の半数以上は国内在住の外国人からであろうと考えたのである。ところが、実際には国内の応募一八編に対し国外からその二七倍にもあたる四八四編もの応募があった。それも広い地域からの応募があったことに、当時の関係者のみならずわれわれも驚かされる。ただ、戦時下のフランスの入選者二名については連絡がとれず、入賞の知らせの電報も本人に届かなかった。『事業報告書』には「あはただしい国際時局の変転の中に、国破《ママ》れたる人々の身が今更の様に胸を打つて感じられる」（二一頁）と記されている。

応募者の地域、国籍とそれぞれの入賞者数の統計を報告書より、一部表現を整理して表5、表6に示す。読みやすさを考えて国名の漢字表記を片仮名に直したり、片仮名の表記の仕方を改めたりした場合があるが、国の名称は原文のままとした。

使用言語を見ると、総応募数五〇二編のうち、三九パーセントにあたる一九六編が英語で書かれており、ほかに国際文化振興会が指定した八言語のうちではスペイン語八三編（一六・五パーセント）、中国語[14]五三編（一〇・六パーセント）、ドイツ語五二編（一〇・四パーセント）、フランス語四四編（八・八パーセント）、ポルトガル語三五編（七パーセント）、イタリー語一八編（三・六パーセント）、そして日本語は九編（一・八パーセント）である。この八言語が全体の九八パーセントを占め、残る二パーセントは他の一〇の言語（ハンガリー語とルーマニア語が二編ずつ、ほかにオランダ語、ユーゴスラビア語、スウェーデン語、フィンランド語、タイ語、マレー語、フラマンド語、ポーランド語がそれぞれ一編ずつ）で寄せられた。規定によってこれらには指定の八つの言語のいずれかによる翻訳が付されていたはずである。

日本語で書かれたものは二パーセントにも満たず、指定された八言語のなかで最も少ない。日本在住の応募者数は一八編であったが、日本語で書かれたのは中国人による四編のみ、ほかは英語（五）、中国語（三）、スペイン語（二）、ポルトガル語（一）、タイ語（一）、マレー語（一）、イタリア語（一）という具合である。日本語で書かれた九編のうち、日本在住者以外の五編は、「満洲国」一編、中華民国二編、米国からの日系人と思われる応募者のもの二編[15]であった。

表５　国際懸賞論文応募者・入選者の地域別統計（国際文化振興会『紀元二千六百年記念国際懸賞論文　事業経過報告書』18 頁に基づき河路が整理）

区分	地域	応募者数	一等	二等	三等	合計（女子内数）
第一	日本国内	18	0	1	3	4（1）
第二	アジア洲	84	1	2	4	7（1）
第三	欧州・豪州・アフリカ	199	2	4	8	14（2）
第四	中南米	96	1	2	4	7（2）
第五	北米	105	1	2	4	7（3）
合計		502	5	11	23	39（9）

表６　国際懸賞論文応募者・入選者の国籍別統計（同書 19 頁より）

国名	応募者数	入選者数	国名	応募者数	入選者数
アメリカ合衆国	104	8	イギリス本国	3	2
オーストラリア	42	2	チリー	5	0
中華民国	37	4	ニュージーランド	3	0
ドイツ	37	3	ギリシヤ	2	0
満洲国	24	3	ヴェネズエラ	2	0
ブラジル	23	3	デンマーク	2	0
インド	19	2	サルバドル	2	0
スイス	18	1	ゴールドコースト（英領）	2	0
アルゼンチン	18	1	エクアドル	2	0
イタリー	17	1	ビルマ	2	0
メキシコ	17	2	タイ	1	0
ポルトガル	15	1	マレー	1	0
フランス	15	2	ドミニカ	1	0
コロンビア	12	0	フィンランド	1	0
ハンガリー	10	2	コスタリカ	1	0
ナイジェリア（英領）	9	0	ノルウェイ	1	0
スペイン	9	0	スウェーデン	1	0
カナダ	7	0	エストニア	1	0
ベルギー	6	0	南アフリカ連邦	1	0
ペルー	5	0	ボリヴイア	1	0
オランダ	5	0	アイルランド	1	0
ブルガリア	5	0	ウルグアイ	1	0
キューバ	4	0	不明	2	0
ルーマニア	4	2	合計	502	39
ユーゴスラビア	3	0			

ただし審査員田中穂積の「感想」では、ハンガリーからの入選者はドイツ語の論文に立派な日本語文が添えられてあったと報告され、日本語による文献を参考に書かれているものもあり、日本語を解する応募者はもう少しいたようだ。彼らはより自由な言語で書くことを選んだのであろう。当時は日本在住外国人に対する日本語教育の機会も限られていたし、海外ではなおさらであった。日本語を使用したのが、日本が日本語普及に力を入れていた「満洲国」と中華民国在住者とそれら出身の日本在住者および、米国の日系人のみであったことに私たちは注目しなければならないが、さらに注目すべきは、日本に関する日本による懸賞論文への応募に日本語以外で応えた応募者が実にその五四・八倍もあったということである。この時期の「国際文化事業」には、これだけの反響を得るだけの広報が可能なネットワークが築かれていたと見るべきであろう。

『事業経過報告書』には、各審査委員がそれぞれ二千字程度の「感想」を寄せている。新進研究者のみならず相当な地位を持つ「大家」の応募も少なくなく、それぞれ真剣な取り組みの成果であったこと、一定の水準を超えたものが多くて優劣をつけるのが大変難しく、入選論文と選に漏れたものとの差は極めて小さかったことを、審査員らは一致して認めたようである。

試みに、各言語の入選者数の同じ言語の応募者内での割合を出してみたところ、日本語で書かれたものは九編のうちの四編で、四四・四パーセントという高い割合で入選しているのが目を引く。当初、五つに分けた応募地域ごとに入選者を出すという規定があり、そのとおりに実施しようとしたら、日本国内からの応募者が総数の少なさから有利になったことなどが複雑に関係しているものの、第一地区（日本国内）の応募者一八名（日本語で書いたもの四名）のうち入選者四名（日本語で書いたものが二名)、第二地区(アジア)からの応募者八四名(日本語で書いたもの三名)のうち入選者七名(日本語で書いたもの二名)というのを見ると、特にアジア地域の日本語で書かれた作品の入選率の高さは特別である。

ほかにはフランス語の入選者の割合が一三・六%と日本語に次ぎ、英語やドイツ語の二倍ちかい入選率である。使用言語の問題については「応募論文全般に対する概評」では触れられていないが、各審査員の「感想」のなかで、三名の文章に言及されている。

辻善之助は「中華民国の某女史の論文の如きは、立派な日本文で書いてあり、その内容もまた勝れたものであつた。但これは日本に於て高等教育を受けたからでもあらう」と日本語の巧みさを称える一方で、「応募者の中、多数の人は、只一度も日本の地を踏まず、目には全く日本文字を解せず、たゞ英仏独等其他の語によつて書かれた日本関係の書を見たのみで、よく日本文化の真髄に触れ、日本人の感情を捉み、整頓せる組織の下に、巧妙なる叙述を以て、その論を立てた手際に至つては、実に讃嘆するに余りあるものがある」と、日本語を解さない日本文化論者の内容の優れているることにも感嘆のことばを惜しまない。一方、矢代幸雄は、外国語で書かれたものは日本語訳の良し悪しが審査に影響するのが問題だ、という指摘をしつつ、

日本語を知つて居ると思はれる応募者の論文は概してつまらなかつた。これは不思議に思へることであつたが、かういふ人々は、日本語が出来るので一寸見当つた平易な日本著書に頼りすぎ、又それを得意としてゐるので、彼等の言つてゐることは日本人の普通に言つてゐること

を繰返すに過ぎず、外国人の観点に立つて日本をどう見る、といふ新鮮さが欠けてゐた。日本文化を世界に本格的に理解させる為めには、日本語の普及は非常に重要であるが、現在の程度に於ては、かゝいふ結果をも生じつゝあることを記憶しなければならない。(『事業経過報告書』七七―七八頁)

と、日本語普及事業に水を差すような意見を述べている。あるいはこれは言語だけの問題ではないのか、宮島幹之助は「特に私の感じたのは、第一区日本内在留外邦人の応募者意外に少く且つ優秀な論文も見当らぬこと、之に反し遠く隔たれる欧州や北米からは多数の応募者あり而も優秀の論文著しく多かつたことである」(六三頁)と述べているのである。

もとよりこれは日本語普及事業とは別個に実施されたものながら、当時、日本に関心を持ち日本の文化を学ぶ人々が世界中にいて、彼らの多くが日本語を通さずに学び日本語以外の言語で論ずることを選んだこと、審査員から、日本語でなくても日本についての優れた論文は書かれるものであること、日本語を知っているからといって日本に関するよい論文が書けるものではないことなどの感想が出ているのは興味深いことである。日本に関する文献の少ない地域へ文献を届けることの必要性は多くが認めるところであったが、それは日本語である必要はないということが確認された面もあったようである。世界中の人々に日本語を普及させようというのが現実離れした夢であることを当事者たちは思い知る一方、日本語でなくても日本文化に関心をもち論じるべきものを持つ人材が想像以上にいたことに励まされたことだろう。

4　同時期のアジア地域を対象とする日本語普及政策

興亜院による「日本語普及方策要領」

一九四〇（昭和一五）年、紀元二六〇〇年には国際懸賞論文の大事業の成功をみたものの、時代は国際文化事業の理想とは別の方向へと向かい、思わぬ形で日本語普及が脚光を浴びることとなった。一九三七年七月の盧溝橋事件を契機に本格化した日中戦争は拡大し、中国各地の占領地で、日本語普及事業が展開されていったのである。国際文化振興会が欧米諸国を対象に日本語普及の計画を立てつつあるまさに同じ時期に、比べものにならないほど大きな規模で国策としての「大東亜共栄圏への日本語普及」が推し進められつつあった。やがて、その影響は「国際文化事業」にも及ぶことになる。主として欧米先進国向けの国際文化事業と、アジア向けの日本語普及とでは出発点こそ異なるが、無関係ではあり得なかった。同時代の日本政府による日本語普及事業全体の見取り図を把握するため、ここで同時期の興亜院、そして文部省の動きを押さえておきたい。

興亜院は一九三八年十一月十八日の閣議で設置が決定され、その十二月に内閣直属の「対支中央機関」として設置されたもので、一九四二年十一月には大東亜省の設置へと発展的解消を遂げた。興亜院の目的は「支那事変」処理のための対中国文化工作で、その一環として日本語教育を管轄した。独立国を対象とする国際文化事業とは違って、占領地における日本語普及は、現地を組織化して強制的に進められようとしていた。

興亜院の設置以前の日本の占領地の状況を見ると、華北地域では一九三七年十二月発足の「臨時政府」と連絡のあった北支軍特務部文教班が日本語普及を担当し、一九三八年には文部省から専門家を招聘して、九月から排日・容共思想を「是正」した教科書編集、日本語教科書編纂、中国人日本語教師養成に着手していたし、華中地域では、一九三八年三月発足の「維新政府」教育部と連絡をとった日本軍総司令部特務教育班がこれを担当し、軍の宣撫工作として宣撫班が日本語教育にあたっていた。また、一九三八年十二月、教育部に臨時教員養成所が設置され、中等教育の教科書編纂を開始した。興亜院の設置後はこれらを興亜院が引き継いで一元的に管轄し事業を推進することとなった。興亜院は、一九三九年に華北日本語普及協会を設立、北京に中央日本語学院をおき、日本語教育研究所を付設したほか、各地に日本語学院を設け、華北地域内の日本語教育のネットワーク化を推進した。

ここに紹介するのは「昭和十四年六月」と書かれた興亜院文化部第三課による「日本語普及方策要領（草案）」[16]で、中国を対象とした日本語普及の実施についての壮大な構想が具体的に書かれている。今日にいたるまでの日本語普及に関するあらゆる事象を顧みても、この時期の興亜院ほど大規模かつ綿密な計画をたてた例は他にない。「日本語普及方策要領」の冒頭にある「一、日本語普及の根本方針」から見てゆこう（句読点、濁点を補って示す）。

支那事変ヲ契機トシテ、日本ヲ根軸主体トスル世界史的転換期ニ進ミ、我ガ肇国《ちょうこく》ノ大精神八紘一宇ノ大理想ニ基キ、日本的世界建設段階ニ進マントス。〔中略〕興亜工作ノ根本ハ皇道精神ヲ中核トシ、生命ヲ帰一スル教育ニシテ、内ニハ大陸民族ヲ指導シ得ル純正日本人ヘノ練成ト、外ニハ青少年ノ教育ト一般民衆生活教化ニ俟《ま》ツベシ。ソノ武器ハ日本語ナリ。日本語普及ヲ広ク深ク徹底シ亜細亜語タラシムルト共ニ世界語タラシメンコトヲ期ス。

次に「二、日本語普及要領」と項目のたてられた最初には、次のように「目的」が記されている。

日本標準語ヲ普及徹底セシメ、生命力ノ根源ニ日本的把握ヲナスコトニ努メシメ、業務生活ヲ通シ分ニ応ジ亜細亜恢興《かいこう》促進ニ捧ゲ、東亜新秩序建設ニヨリ軈《やが》テ世界維新ヘノ大使命ヲ自覚セシムルト共ニ、日本ヲ主体トシテ強ク人類ノ福祉ト平和確立ニ捧ゲル生活ヲ楽シマセルヲ目的トス。

そのあと、興亜院がこのために行なうべき「組織と事業」が約十頁にわたって箇条書きされている。「一、将来ニ於ケル計画」と「二、現段階ニ於ケル計画」で構成されているが、大半を占める後者の内容を中心に、項目や文言を整理して示す。(17)

① 興亜院で実施すべきこと

(1) 組織的統制の下に、普及の実践者の養成・派遣に努力する

(2) 日本国語の研究・整理（文字や語彙を厳選。基本語を決め、その範囲で日本語を自在に活用する。日本人に先ずその使用を洗練させる）

（3）日本語教育方針の確立・学習者の状況に応じた教授法をとる
甲、政治的強制力のある地域・ない地域
乙、年齢の小さい者・大きい者
丙、教養の低い者・高い者
丁、長期完成を期する場合・短期速成を期する場合
戊、中国語社会で教える場合・日本語社会で教える場合
（4）中国の学校（小・中・大学等各種学校）に日本人教員を配置する
（5）文理科大学、師範学校など教員養成機関に日本語教授法を加える
（6）日本と現地に日本語の日本人教師、中国人教師の養成機関を設置する
（7）東亜全般に日本語教師検定制度を設ける
（8）中国の優秀な教師や学校を表彰し、援助する
（9）日本語普及に必要な掛図、標本を用意、辞書など教材を整備する
（10）現地の諸団体や文部省との連絡をとる
② 中国側に実施させるべきこと
（1）日本語研究所を設置。各学校で日本語研究をさせる
（2）日本語や日本文化を教える中国人教員養成機関を設置する
（3）中国人教員の再教育のため長期・短期の講習会を開催する
（4）日本語教育指定学校を設けるなど奨励方法を講ずる

（5）中国人教員の待遇を改善する
（6）諸団体との協力、新聞・雑誌などの指導体制を確立する
③ 一般社会における普及方策
（1）主要な土地に学費無料の民衆日本語学校・日本語講座を開設する
（2）中国の新聞、雑誌に日本語研究欄を設ける
（3）紙芝居・演劇・映画を通し、思想善導、正しい日本語を自然に習得させる
（4）ラジオ放送による日本語講座を一層、盛んにする
（5）図書館に〈日本事情〉や日本語に関する図書、掛図、写真を備える
（6）交通機関従業員・宗教団体に、日本語使用を徹底させる
（7）すでに開かれている日本語学校などへの奨励方法を講じ、振興を促す
（8）一般民衆に対する日本語学力取得程度を証明する検定制度を設ける
（9）中国の公務員、学校、会社、銀行、工場などの経営者や従業員の日本語教授・日本語学習に対し、奨励し優遇する方法を講ずる
（10）日本語の唱歌、詩、民謡を普及させる
（11）（ポスターやビラなどの）宣伝、広告に使う日本語は平易な表現にする
④ 日本語教科書の編纂
速やかに日本語教科書を編纂する
編纂委員：興亜院側、文部省、高師編纂経験者、文芸家、画家、政治、経済、科学、軍事な

どの専門家
編纂事務：興亜院および現地の連絡部または文部省
（1）地域、学習者の目的、程度、年齢など各層に応ずる教科書を多種作成する
（2）文部省が編纂する教科書と興亜院、現地機関において編纂するものとの関係を明らかにする
（3）文部省は初歩日本語より系統的に幼・少・青年が学校で学ぶのに必要な模範的な教科書を編纂する
（4）系統的な日本語読本と日本文化読本を編纂する
（5）日本標準語を主流にし、発音・アクセントに留意する
（6）日常生活に必要な基本的語彙を中心に、日本文化の理解に及ぶ内容とする（思想的指導は、感情を刺激し逆効果にならないように注意する）
（7）文法書は中国人学習者に適切なものとし、特に動詞、助動詞、敬語などの説明に留意する
（8）指導法としては実績をあげている直接法を前提として編纂する
（9）教科書の体裁、紙質、印刷などは良いものにする

これを先に挙げた国際文化振興会の日本語普及への取り組みと比較してみると、その違いは歴然としている。欧米独立国向けの日本語普及に際しては、学習者の声に耳を傾けつつ計画されるのだが、興亜院の計画はそうではない。「東亜新秩序建設」を実現するために現地を組織化し、初等教

育機関における教科など、相手の年齢や地域を含む種々の条件に応じて日本語の使用や日本的思考を一方的に強要しようとする計画であった。その目的について、「強ク人類ノ福祉ト平和確立ニ捧ゲル生活ヲ楽シマセルヲ目的トス」と、平和に向けた恩恵を与えるかのような論理が用いられている点に注目しておきたい。この時期の日本語普及は、それがいかに強引なものであっても、これを推し進めることが「東亜新秩序建設」のためには必要で、それはアジアの平和のみならず世界の平和のために必要なのだと唱えられていたのである。

こう書くと、これを批判するのは易しいが、ふと顧みると、今日も文化庁の「文化芸術立国」に関する議論に、日本の文化芸術の振興は「人類の真の発展への貢献」や「世界平和の礎」となり、かつ「文化力は「国の力」」「文化芸術と経済は密接に関連」するので、ますます強化すべきである、という説明がなされている（文化庁『文化芸術立国を目指して』九頁）。経済力、国力に応じて一国の文化芸術を広めるのが世界平和への貢献だとする論理に、興亜院の日本語普及の論理に通ずるものがあるのを否定するのは難しいのではないだろうか。文化や芸術、教育についての政策は、こうした自国中心の幻想を導きやすい。

興亜院の壮大な計画と外務省文化事業部の日本語普及計画とでは、およそ規模も性格も異なるように見える。しかし、そこには同じ人物が関わっていた。日語文化協会の松宮一也である。

日語文化学校は一九三九年二月に財団法人日語文化協会に改組され、理事長・阪谷芳郎、主事・松宮一也という体制のもと、「日語文化学校」（校長・ダーリー・ダウンズ）、「日本語教授研究所」（所長・松宮弥平）、「出版事業部」（部長・ジョージ・ホールデン）、「日本語海外普及部」（部長・

松宮一也）と四つの下部組織をもち、松宮一也を中心に海外への日本語普及にも本格的にとりくむ体制を整えていた。松宮一也の『日本語の世界的進出』には、この頃の様子が次のように記されている。

興亜院の特別な希望により、文部省とも密接な関係を保ち、各務虎雄、倉野憲司、井之口有一氏を迎へ、それに興亜院から大志萬《おおしま》準治氏、支那語関係として魚返《おがえり》善雄氏、それに日語文化協会からも数名が加はつて研究委員会を組織し、上述の問題に関する研究を開始したのは、昭和十四年の一月であつた。〔中略〕一同大車輪で、週一回、或る時は二回、毎回四時間、五時間と討議を続けた。今になつて考へれば、よくやつたものだと思はれる程であつた。多分、当時の研究委員諸君も私と同感であらう。これは日本語教授法の本格的な検討の最初のものであつたと思ふ。しかし、このやうな大きな問題である上に、日本語教授の実際家と国語・国文学専門の委員との間には、中々意見の一致を見ない。それで三月の年度末も過ぎ、更に七月まで研究を続けて大体の要綱を作り、大久保正太郎氏を煩はして八月中に取り纏めを行つた。

（三四二―三四三頁）

先に示した興亜院の「日本語普及方策要領」に書かれている一九三九年六月という時期は、この記述によると大志萬を含めた松宮一也らの「研究委員会」の活動の時期に重なる。松宮らが一月から七月まで研究を続け八月にまとめたとされる成果と、この「日本語普及方策要領」の関係は明確ではないが、松宮のいう「日本語教授法要綱」とこの「日本語普及方策要領」が同一のものである可能性も否定できない。日語文化協会は、一九四〇年度には興亜院から助成を受けて「対支日本語普及事業」に取り組むこととなり、[18]文部省とも協議した結果、一九四〇年八月、協会内に「日本語教育振興会」が設置されることになる。

それでも、一九三九年の時点では国際文化振興会の推進する事業と、興亜院の推進する事業とでは、めざす日本語普及の対象地域や学習者像において、同じではなかったのである。

文部省による「国語対策協議会」

興亜院「日本語普及方策要領」が書かれたのとほぼ同じ時期に、文部省主催による初めての「国語対策協議会」が一九三九年六月二十日から二十二日までの三日間の日程で開かれた。文部省は同年一月より、東亜における日本語普及のための教科書編纂を企て、三月の第七十四回帝国議会において臨時予算二万円を獲得し、同年度の予算を獲得、計画を実施しはじめたところであった。[19]議事録によると、[20]参加者は（当時の名称で）、朝鮮総督府より三名、台湾総督府より三名、関東局より二名、南洋庁より一名、満洲帝国より二名、興亜院華北連絡部より三名、興亜院華中連絡部より三名、興亜院蒙疆連絡部より四名、興亜院厦門《アモイ》連絡部より一名、文部省側関係者九名のほか、[21]企画院、対満事務局、興亜院、[22]外務省、大蔵省、陸軍省、海軍省、拓務省から合計一〇名、さらに東京帝国大学名誉教授・藤村作《つくる》、東京帝国大学教授・小倉進平、久松潜一、東京文理大学教授・神保格、東京帝国大学講師・島津久基も参加しており、総勢四六名による会議であった。それぞれの地域を代表して関係者が一堂に会したという意味でそれまでにない規模の大きな協議会であった。傍聴者として大出正篤《おおいでまさよし》（満洲文化普及協会）、松宮一也（日語文化協会）、長沼直兄（米国大使館日本語教官）、石黒修《よしみ》も参加した(23)。

植民地、占領地など日本政府が推し進める日本語普及政策の及ぶ全域から、第一日目の議題は「各地ニ於ケル日本語教育ノ状況、実績及ビ日本語教育ニ関スル方策ノ件」でそれぞれの地域からの報告が一人三十分以内で行なわれた。二日目は午前八時に文部省に集まって「宮城遙拝、明治神宮・靖国神社参拝」の後、午前十時から前日の続きが行なわれた。三日目の議題は「日本語教科書編纂ニ対スル希望並ニ意見ニ関スル件」で、まず文部省の編修課長代理・井上赳《たけし》より、「日本語教科書等編纂大要」の説明があり、その後一人二十分の発表、午後には全体の総括がなされた。初めの二日間に行なわれたそれぞれの現場からの報告は、率直に当時の実態を伝え日本政府の政策との齟齬を訴えるものもあり興味深いが(24)、ここでは、最終日の「日本語教科書編纂ニ関スル方針」と、最後にまとめられた合意事項を整理して示しておく。

文部省の編修課長代理・井上赳による「日本語教科書編纂ニ関スル方針（案）」の説明は、すでに提出した文面の読みあげをもとに解説を挿入する形で行なわれた。その前文には、次のように書かれている。

八紘一宇の大理想に基づき、東亜新秩序の建設を為すには、日本語の普及を以て根基となす。日本精神日本文化の発揚も、我が国策の遂行も、日本語の普及に俟つところ大なるものありと信ず。ここに於て本省は、日本語をしてなるべく速《すみや》かに東亜の共通語たらしむるのみならず、延いてはこれを世界普及に資せしめんことを期す。

次に教科書編纂に関する要項として次の五項目が説明される。

一、標準日本語を普及せしむ
（イ）東京に於ける中流の教養ある社会に行はるる言葉を以て、大体に於て標準日本語と認む
（ロ）右の標準語に於ける発音、アクセントに特に留意す
二、日常生活に必須なる基本的日本語の普及を以て第一とし、進んでは日本文化の理解に及ぼさしむ
三、言語第一主義とし、言語の会得に伴ひて文字（片仮名、平仮名、平易なる漢字）を授け、読み且書く能力をも修得せしむ
四、標準日本語普及のためには、教科書及び会話書を編纂す
五、日本語教科書の編纂は、日本精神、日本文化の宣揚と密接不離なる関係あるは言を俟たざるを以て、国定教科書編纂の精神と一如たらざるべからず、これ本省が進んでその編纂に当らんとする所以にして、これを以て外地に於ける種々なる教科書に対して一の標準を示さんとするものなり

教科書編纂の対象地域はここに集まった代表者のいる地域に限られているのが前提であるが、井上の説明には、次のように「西洋」への言及も含まれていた。

> 将来を考へればもつともつと日本語は広く進んで行かなければならぬ。現に久松博士からも御話がありました如くに西洋に於ても日本語の研究熱と云ふものが非常に旺盛なのであります。斯の如く日本語が海外に普及致すと致したならば其の日本語の教科書の編纂と云ふことにつきましては、日本内地に於ける教育と云ふものと密接不離なるものでなくてはならぬと信ずるのであります。（傍点河路）

ここでは、海外に普及すべき「日本語」が、日本内地における「国語」と「密接不離」であり、それは日本の力の及ぶ植民地、占領地のみならず、「西洋」でも同じであるべきだ、という考え方が示されている。「日本語＝日本の国語」が、日本内地を中心に日本の力の及ぶ範囲に同心円状に普及してゆく、というのがここにおける文部省の「理想」であった。

引用されている「久松博士」の西洋への言及について確認しておこう。本来、欧米への日本語普及は文部省の管轄外、外務省（やがて情報局）の「国際文化事業」の対象範囲であったが、久松潜一のその発言は二日目の最初の発表に表われる。指名で意見を求められた久松は、次のように欧米視察から得た感想を述べている（議事録、八九―九〇頁）。

国語の普及と云ふことが日本精神を真に其土地に於て光被《こうひ》させることになると考へるのであります。実は先年欧米を一巡しました時も其国の言語の普及して居る所は其国の国威が及んで居る国のやうに考へまして、国語の普及することが其国の国威を其処に普及させて居ることになると考へたのであります。従つて諸方に行きまして日本語を用ゐる人に遭遇したり或は日本の言葉や文学に関する講座の行はれて居る学校に行きますと、さう云ふ所に日本精神が自ら光被して居ると云ふことを感じたのであります。独逸の如きは日本語や日本の文学の講座が日に日に増して居ることを聞きましたし、ハンガリーのブタペストの大学に於ては従来支那語の講座があつたのが聴講生が少いのでそれを廃めて日本語の講座に変更したと云ふことを聞いて非常に愉快に感じました。斯う云ふやうに西洋に於ても真に日本語を学ぶ必要から行はれて居ることを見まして愉快に感じたのであります。今回の時局に於きまして日本語が各地に普及して行く現状を見て非常に愉快に感じますと同時に、さう云ふ点を従来よりも一層力強く普及させることが必要であると信じます。此点に於きまして日本語が東洋語であると云ふやうになる所に私は日本の使命の達成される大きな基礎があると考へて居るのであります。

井上の言うとおり、久松は欧米への日本語普及も日本の国威の及ぶことの象徴であると解釈し、植民地・占領地向けの日本語普及と「国際文化事業」としての日本語普及を同心円状にイメージしている。最後に、国語対策協議会で得られた合意が次のように総括された。

一、国語の諸問題について調査統一する機関を設置すること
二、日本語教育に関する連絡機関を設置すること
三、日本語指導者を養成すること
四、標準日本語辞典を編纂すること
五、日本語普及のための歌詞、歌曲を選択し、また作成すること
六、日本語の標準を示すレコードや音声映画を作成すること

これに基づき、一九四〇年十一月二十八日、文部省に国語課が設置され、同年十二月二十三日、日語文化協会のなかに調査研究を担当する機関として日本語教育振興会が生まれたのである。

日本語教育振興会の設立

先に松宮一也らによる興亜院と文部省の関係者との「支那人に対する日本語教授法要綱」作成のための研究委員会の経緯に触れたが、一九四〇年十二月に文部省、興亜院の働きかけで日本語教育振興会が日語文化協会内に設置されたのはその流れによる。設立当初の常任委員は、大岡保三、釘本久春、長沼直兄、大志萬準治、関野房夫、松宮一也であった。長沼直兄が文部省の嘱託であったのを含めると、初めの三名が文部省関係、次の二人が興亜院関係、そして実務家として松宮一也が入った形である。設置に際して「日本語教育振興会規則」[25]第二条に、その事業内容が以下のように規定されている。

第二条　本会は日語文化協会の左記事業実施を掌る。
1　日本語普及に関する調査研究
2　日本語教授法の研究
3　日本語教育資料の作成頒布
4　日本語教育に関する講習会、講演会等の開催
5　日本語教育振興に関する機関誌の発行

「日本語教授講習会」はかねて松宮弥平が行なってきたもので、外務省文化事業部はこれに助成してきた。日本語教育振興会が日語文化学校に設置される前後の日語文化学校での「日本語教師養成講習会」の様子を確認すると、まず『コトバ』一九四〇年五月号に、その年の概要が次のように書かれている（八八頁）。

一九四〇年四月十五日から六月二十一日まで、毎週月水金三回午後三時半から六時半まで課外は七時から九時まで、芝公園九号地日語文化学校で開催、講師と課目は次の通り。日本語教授法（松宮弥平）、日本語の組立とその運用（佐久間鼎）、日本語の標準発音とアクセント（千葉勉）、話言葉の本質（神保格）、国定読本と日本語指導（西尾実）、実用用語（成澤玲川）、標準日本語発音練習（土岐善麿、田口卯三郎）、言語政策（保科《ほしな》孝一）、話言葉のもつ文化的

特徴（長谷川如是閑）、興亜と日本語（松村恭）、支那における日本語普及（小関昭夫）、日本語教授法図書編纂に就いて（各務《かがみ》虎雄）、日本語と国際文化事業（市川房太郎）、支那の日常会話とその習慣（米内山庸夫）

尚出席者を希望により支那にむける日本語普及工作、教材として日本語の問題について聴講生を二班にわけ、前者は魚返善雄、松宮一也、後者は石黒修、吉田澄夫を指導者として研究調査を行ふ他、開期中数回座談会、懇談会を開く筈。

当代一流の講師による講習会で、一民間学校の主催ではありながら、外務省、文部省の協力を得た国家的色彩の濃いものであったことがわかる。聴講生を「支那」向けの日本語普及工作向けと、それ以外の従来型との二班に分けた点は、当時の事情を物語るようである。時期が重なるがこの年四月中旬から五月中旬まで、松宮弥平は「満洲北支」へ日本語教授視察に出かけた[26]。その十二月に日本語教育振興会が内部に設置されたのちも、日語文化学校ではその日本語教授研究所の主催で、一九四一年にもほぼ同様に四月十四日から六月二十日、毎曜月水金午後四時半から六時半まで講習を開いた。『コトバ』（一九四一年五月号）にはその内容が次のように書かれている（四〇頁）。

講義、日本語教授法（松宮弥平）、国語購講読の変遷（久松潜一）、日本語標準語法（湯澤幸吉郎）、標準語の理論と実際（神保格）、国語政策（保科孝一）、大東亜の建設と国民の錬成（堂ノ脇光雄）、日本語と国際文化（鶴見祐輔）

小団研究指導、日本語教育（石黒魯平）、国語一般問題（吉田澄夫）、共栄圏に対する日本語普及政策（石黒修）、全般（松宮一也）

特に班分けに触れられていないところを見ると、目的は「支那」向けに統一された可能性もある。少なくとも同校内に設置された日本語教育振興会はそれを標榜していた。

彼らによって日本語教育振興会は順調に活動を始めたように見えたが、その一方で、それとは別に、日語文化協会から日本語教授研究所長・松宮弥平と日語文化学校長ダーリー・ダウンズが日本放送協会より北米・カナダ西部向けに英語で日本語講座の海外放送を行なったり[27]、在日欧米人学習者の増加に応じて夜間部を新設[28]したりもしていた。

そして、翌一九四一年八月二十五日、名称ごと引き継いで、文部省内に改めて「日本語教育振興会」が設置され、この事業は日語文化協会から離れることになった。『財団法人日本語教育振興会沿革及事業概要』（一九四四年十月）では、この日を「日本語教育振興会」の設立日としている。同文書はその設立について、「昭和十六年八月二十五日大東亜圏に日本語を普及し、日本語教育の振興を図るための諸事業の一元的組織的発展を期する目的の下に本会の創設を見た」と説明し、日語文化協会との関係については、「同年〔一九四一年〕十月六日財団法人日語文化協会より九月二十日現在を以て同会に於ける支那人に対する日本語の普及並に日本語教育振興に関する事業並に右事業の財産及権利の一切を継承せり」と書かれている。

日本語教育振興会の常任理事会議事録によると、文部省において興亜院の関係者立合いのもと、松宮一也が事業や権利の移譲について押印をして手続きを完了させた。常任理事には大岡、釘本、関野が留任し、長沼、大志萬、松宮一也は理事となった。だが不思議なことに、一九四一年八月の設立準備委員会以来、記録に残るすべての日本語教育振興会関係の理事会などに長沼直兄は全回出席しているのに対し、松宮一也は一度も出席していない。

松宮らを遠ざけるかのようなやや不自然なこの急な動きに影響したかと思われる論争が、一九四〇年の七月号『コトバ』誌上で、松宮一也と倉野憲司の間で展開されている。この号には特集として「シンポジウム　日本語の対支進出と教授者養成問題」が組まれた。提案者・松宮一也の一六頁に及ぶ具体的提案があり、それに対する議論が魚返善雄、黒野政市、そして倉野憲司から寄稿されている。松宮一也の提案は興亜院の「日本語普及方策要領」と内容が共通しており、興亜院の案に松宮一也の考えが反映されていることを裏づけている。このなかで松宮は「日本語教師養成所」を提案し、最初は「文部省その他の関係各省及び民間団体の協力の下」に興亜院が経営するのが適切だが、「次第に民間にその事業を移譲するのが最も実際的な方式であらう」（七〇頁）と述べた。これに対し文部省図書監修官の倉野憲司は、「日本語普及という国家的大事業が民間団体を主体として遂行されるものとは、到底考えられない」と鋭く反論した。これを受けて翌月号に松宮一也は、「官か私か――再び対支日本語教授者養成問題について」として、倉野より出された「なぜ民間を主体にと主張するのか」との質問に次のように答えた。

対外文化事業の根本は先方国民の間に我文化を浸潤せしめて行くことにあるのですが、それが直接に政治的意図と結び付くと、彼我の間に釈然たる人間関係が生じ難いのです。即ち対支文化事業は政治的利害得失を超越した献身的な努力があつて、始めて両国民融合の実が挙がるのであると信じます。〔中略〕政府はむしろ日本語の対外普及事業遂行の全般的指導を行ひ、各種民間団体を助成して、教師養成のみならず教材編集、教授法研究等各部門の事業を行はしめ、それらの結果を総合し、常に新らしい指導精神と実施方策とを授けることをその機能とするのが、最も適当なのではあるまいかと思はれます。(六一―六二頁)

松宮一也『日本語の世界的進出』(一九四二)は、外務省文化事業部が日語文化学校時代から教員養成事業への助成や教材の出版助成などをしてきたことに深い謝意を表している。このとき松宮は、興亜院や文部省にも同様に民間の日語文化協会の事業への助成を期待していたようである。文部省・興亜院の指導の下、日本語教育振興会が日語文化協会に置かれたとき、松宮一也は将来的にはこれも日語文化協会の運営に任されるのが望ましいと考えていた。しかし、この考えは文部官僚の倉野憲司には到底許容できるものではなかった。一年ほどで日本語教育振興会が文部省内に改めて「設立」された背景には、この議論で顕在化した考え方の違いがあったものと推測される。この経緯について松宮一也は次のように書いている。

興亜院から委嘱されてゐた支那に対する日本語普及事業を更に発展させるために、会の名前もそのまま文部省の所管に移してもらひたいがと言ふ話がなされたのは、昭和十六年の八月であつた。〔中略〕ともかく円満に移譲してこれと協力することになつた。この間の事情については、未だ詳しく述べる時ではないと思ふが、今から思へば尊い経験であつた。〔中略〕開拓者の仕事は、何時も荊棘《けいきょく》の道を歩むものであるが、この一年八箇月の間に、日語文化協会が支那に対する日本語普及の国策の第一歩を踏み出したことを名誉とすると共に、新たに生れた「日本語教育振興会」の生みの親として、その発展を祈る次第である。〔松宮同書、三四七頁〕

文部省に新たに設置された「日本語教育振興会」で、中心的役割を果たすことになる実践家が長沼直兄である。長沼はすでに二十年近く米国大使館の日本語教官を務めていたが、一九三九年十二月より文部省嘱託として教科書編纂にかかわることになり、一九四〇年六月には興亜院より中国蒙彊方面の日本語教育事情視察を命じられた。そして一九四一年八月に米国大使館の教官を辞任し、文部省内の「日本語教育振興会」設立と同時に理事に就任した。長沼はその研究部の主事として、調査研究部門の指揮にあたり、教科書などの編纂を中心となって進めてゆくことになる。

ちょうどこの頃、一九四一年八月十一日付『国民新聞』に、「東亜共栄圏への日本語の進出」という見出しの記事が掲載された。「日本語の東亜共栄圏進出は、現下の急務といわなければならない。この重要な課題について、日本語の海外普及に努めている松宮弥平氏の意見を聞く」とあり、松宮弥平の談話が掲載されている。どこまで弥平の談話に忠実かはわからないが、そこで弥平は「元来、私は日本語の普及は、東亜のみならず、広く全世界に及ばねばならないと考えている者で、欧州（殊に独伊）南洋、南米には日本語普及の礎石が打たれており、これらの礎石を土台に今後発展されるべきであると思っているが、当面の用務として、東亜共栄圏に可及的速かに日本語が進出しなければならない」と述べ、日本語の「精神も情意も」伝えるには媒介語を使わずに直接日本語で教えるべきであると主張している。日本語で教化する日曜学校、日本語での医療活動、技術指導をも奨励し、「言語の進出」は「他のあらゆる力よりも同化力をもつてゐることを信じてゐる」と述べている。言語教師は思想に立ち入るものではないと『日本語教授法』(一九三六)で述べたときから五年が過ぎ、この年、松宮弥平は七十歳を迎えていた。

5　「国際文化事業」から「対南方文化工作」へ

一九四〇(昭和一五)年一月に国際文化振興会の「国際文化事業」としての日本語普及編纂七カ年計画が発表されてわずか一年で、日本のあらゆる政治的・経済的・文化的営みは国家総力戦体制の統制下におかれることとなった。一九四〇年十二月、国際文化振興会は、新設された内閣情報局に移管され、「国際文化事業」の事業の性格も、この移管を機に大きく変わることを余儀なくされた。一九四一年五月には「南方文化事業委員会」が組織され、文化事業の相手国の重心を欧米諸国から仏印[29]・タイなど南方地域に移す準備がなされた。やがて、一九四一年十二月八日に太平洋戦争が開戦すると、欧米との連絡も途絶え、国際文化振興会の事業は「対南方文化工作」をもっぱらとするようになる。

こうした変化を受けて、国際文化振興会の事業がどのように変わったか。それを示す興味深い事例がある。先に「紀元二千六百年記念国際懸賞論文」について紹介したが、同じ「国際文化振興会」がわずか二年後にまた「懸賞論文」を実施したのである。一九四〇年と一九四二年の国際文化振興会主催の懸賞論文の違いにその間の変化が表われている。表7にまとめて示す。

同じ組織とは思えないほどの変わりようである。外務省時代の性格はこの一九四〇年の懸賞論文に、情報局の管轄のもとにおかれた時代の性格はこの一九四二年の懸賞論文に、端的に現われている。一九四〇年の懸賞論文の募集の時期は、国際文化振興会が日本語普及七カ年計画に乗り出した時期にあたるが、先に見たように、応募論文の大部分は外国語によるものであった。日本文化をめぐる話題に限ってさえ日本語以外に耳を傾けるほかないのが世界の実情であったことが示されたとも言えるが、視点を変えると、国際文化振興会が膨大な労力と資金を使って多言語への対応を行ない得たのは、外国語による日本文化の発信に力を入れてきた国際文化振興会ならではの底力の表われでもあった。

それが、二年後の懸賞論文では文字通り一転し、対象は日本人のみ（「外地」にも募集をかけた）、使用言語は日本語に限られている。一九四〇年のものが、世界中の人々が日本文化を論ずるものであったのに対し、今回は、日本人が「大東亜文化」を論ずるものとされ、外国人も外国語も排除されてしまった。

国際文化振興会「懸賞論文締切報告」（一九四二）[30]によると、応募作品は四八三編で、一人で二編出したものも受理したという。その一方で、日本に住むインド人からの投稿申込みについては、日本人であることが条件なので受理しなかったということである。

表7　国際文化振興会主催の懸賞論文

	紀元二千六百年記念国際懸賞論文	懸賞論文
締切り	1940年9月末日までの消印のあるもの	1942年8月末日
論文題目	1・日本文化の特質 2・日本と諸外国との文化的交渉 3・世界に於ける日本文化の地位 （3題のうち任意の1題を選択）	大東亜文化共栄を論ず
応募資格	外国人に限る。応募論文は一人一遍に限る	日本国籍を有する者
用語	随意。但し，日・華・英・独・仏・伊・葡・西以外の国語を以て記されたるものは右8カ国語のうち何れかに依る訳文を添付すること	日本語
当選規定（賞金）	日本，アジア，ヨーロッパ・オーストラリア・アフリカ，中南米，北米の5地域のそれぞれに一等1名，二等2名，三等若干名を選出。一等当選者には日本までの旅費と3カ月間の滞在研究奨学金3000円，二等は旅費と奨学金を1カ月分の1000円，三等当選者には500円相当の図書または品物を授与する。	一等　一人　2000円 二等　二人　500円 選外佳作　数編　200円 （賞金の一部は国債）
当選発表	1941年4月29日　新聞・ラジオなどで世界各国に十数カ国語にわたって一斉に発表	1943年2月11日 新聞紙上に発表

（「紀元二千六百年記念国際懸賞論文」については国際文化振興会編『日本文化の特質——紀元二千六百年記念国際懸賞論文集』より，1942年の懸賞論文については国際文化振興会『国際文化』〔第19号1942年5月〕より。河路作成）

太平洋戦争開始後の国際文化振興会は、それまでと一転して、事業の対象を「大東亜」地域に限定してゆく。国際文化振興会が日本語普及に本格的に着手して一年にも満たないうちに、事業対象が計画時に想定されていた欧米を中心とする「世界」から「大東亜」へと変わったことは、国際文化振興会の日本語普及事業の前途に大きな影響を及ぼすこととなる。一九三八年十一月から隔月刊行されていた同会の機関誌『国際文化』は、移管を境にアジア地域の情報誌であるかのように様相を変えるが、第三一号（一九四四年六月）において、巻頭に「『中国文化』として生まれ変わることとなった」という「終刊の辞」を掲げ、唐突に「終刊」となった[31]。

国際文化振興会の当初の予定が遂行不可能に追い込まれる半面、国全体では一九四〇年代に入ってますます「日本語普及事業」への議論が官民挙げて盛んに行なわれるようになり、一般雑誌でも頻繁に話題になるなど[32]、広い範囲で注目されるようになっていく。

その風潮のなか、国際文化振興会の日本語普及編纂事業も、計画の変更は免れなかったものの、事業そのものが頓挫することはなく、計画に沿った出版物を一九四四年まで刊行し続けた。それどころか、一九四〇年代に入って日本語普及事業の重要性が増したため、計画外の出版物をも刊行するなど、事業は着々と進められたのであった。

一九四一年夏に文部省内に改めて設置された日本語教育振興会が精力的に活動してゆくのもこの時期である。日本語教育振興会は、国内外の日本語普及・日本語教育事業を統括的に推進する機関として、大きな存在となっていく。

国際文化事業が始まったころ、日本語教育機関といえば専ら清国留学生を対象とする学校で[33]、いわゆる非漢字文化圏出身外国人のための日本語教育機関は松宮弥平らの日語学校のほか欧米人宣教師を主たる対象とするわずかな機関があるのみであった（長沼直兄が日本語教官をしていたのは米国大使館で、日本政府の関与できるところではなかった）。日本語教員養成といえば、キリスト教宣教師らの支援を受けて松宮弥平が地道に取り組んでいただけと言ってもよかった。

しかし、一九四〇年代に入った頃には、日本語教育関係の組織も経験と実績を重ね、それぞれの分野に中心的な組織が育ってきていた。日本語教員養成は、日語文化協会に加えて青年文化協会、教科書の編纂・発行は、国際文化振興会のほか国語協会、カナモジカイ、そして留学生教育は日華学会、国際学友会、東南アジヤ学院という具合である。こうしてそれぞれの団体でとりくみが行なわれてきたものを統制することが、改組後の日本語教育振興会の役割で、「日本語による帝国主義的進出の参謀本部[34]」といった色彩を帯びていた。日本語教育の活動は、管理統制が強化されてゆく。文部省では一九四一年一月に第二回国語対策協議会を開き、翌月国語国字に関する閣議申し合わせが行なわれたが、同年十二月八日に太平洋戦争が始まり、南方諸地域に軍政がしかれるようになると、南方諸地域に対する「日本語の進出」が重大な国策として注目されることになった。

一九四二年八月十八日の定例閣議で「南方諸地域日本語教育ならびに普及に関する件」について、以下の閣議決定があった[35]。

一、日本語教育ならびに日本語普及に関する諸方策は陸海軍の要求に基き文部省においてこれを企画立案すること

なほ右に関し日本語普及協議会（仮称、訓令に依る）を文部省に設置し右方策に関する諸般の具体的事項を審議すること

二、南方諸地域の諸学校において日本語教育のため使用する教科用図書は陸海軍の要求に基き、文部省においてこれを編纂発行すること

三、南方諸地域に派遣せらるる日本語教育要員は陸海軍の要求に基き文部省においてこれを養成

すること
　なほ日本語普及協議会は陸海軍、企画院、文部、拓務、外務、興亜院の関係官によつて編成される

「陸海軍の要求」に従うべく決められたもので、以後、一九四五年八月十五日の敗戦まで、「日本語教育ならびに日本語普及に関する諸方策」は、すべてこれに従わざるを得なくなる。国際文化振興会、また次章で扱う国際学友会も例外ではなかった。三枝茂智らが念頭においていた「戦争は起きない」との前提はもはや崩れ去り、戦況は悪化の一途をたどるのである。

　さて、こうした局面に直面した当事者たちの思いはどのようなものであったのだろうか。時局による統制を受けつつ、重い国家的使命を負うこととなった当事者たちは、この状況をどのように受け止め、いかなる議論を用意したのだろう。

　一九四〇年代の日本語の「世界化」や「世界的進出」をめぐる議論のなかから、代表的な三人、石黒修（『日本語の世界化』）、松宮一也（『日本語の世界的進出』ほか）そして釘本久春（『戦争と日本語』）の議論に耳を傾けてみたい。それぞれの刊行年は一九四一年、一九四二年、一九四四年で、日本語普及をめぐる環境が大きく転換した時期にあたる。それぞれの議論に、時代の思潮の急速な移ろいをたどることもできるはずである。

6　戦争中の「日本語の世界化」論

石黒修の『日本語の世界化』

国語政策の実行団体として一九三〇年に設立された国語協会の理事であった石黒修《よしみ》はこの時期の日本語（国語）をめぐる論客の一人で、一九四〇年から翌年にかけて、矢継ぎ早に三冊の著書を出している。(36) 雑誌などに発表した文章をテーマ別に構成したものだと説明されているが、ここにとりあげる『日本語の世界化』（一九四〇）には、特に海外を対象とした日本語普及の問題に関するものが集められている。

石黒修は、国際文化振興会に深い関わりをもつ人物で、その「日本語普及編纂事業」にも、編者・著者として関わっている。基本語彙調査・選定には、委員五人（あとの四人は、佐藤孝、吉田澄夫、松宮一也、湯山清）のまとめ役として、読本《とくほん》『日本のことば』編纂には石森延男とともに尽力した。また、国語協会の「日本語基本語彙」調査にも関わり、一九四一年・一九四二年に出版された「国語文化講座」（朝日新聞社）全六巻の編集も神崎清と二人で担当するなど、国語問題・日本語普及問題の啓蒙と実務を幅広く精力的にこなしていた。

『日本語の世界化』は、既述の外務省文化事業部『世界に伸び行く日本語』（一九三九）と議論の展開が似ているが、国際情勢の悪化を反映し、矛盾がより深刻になっているようである。類似点は、ヨーロッパを中心に、南北アメリカ、アジア、オーストラリアにおける日本語教育の現状が国別に網羅的に報告され、このように既に「日本語の世界化」が現象として存在することが、日本語普及の意図的な推進を正当化する根拠とされていることである。石黒は、「日本語の世界化」の推進・啓蒙のため、さまざまな説得材料を用意するが、その一つに日本語の使用者数がある。この本に示されている数字では、英語、ドイツ語、フランス語、スペイン語、イタリア語、日本語のうち、使用者数において日本語は英語に次ぐ第二位であるということで、「日本語を昔ながらの島国日本の国語であると考へてゐる人も多いが、既に世界の日本語になつてゐるのである」(二四八頁)と述べている。日本語使用者数には植民地、占領地の人々の数が加えられている。

石黒の議論は、世界各地に関しても、植民地・占領地に関しても、既に日本語教育が行なわれつつあるということを前提に、それをより効率的に発展させてゆくには日本語をさらに優秀な「国際語」に鍛え上げていかなければならないというところに集約される。日本語をより整然とした学びやすく使いやすいものにするため、「整理、改善、統制が必然的に問題にされなければならない」(三二一頁)と述べ、持論である基本語彙、基本文法、基本語法、標準語、アクセントや発音などの基準の整理を具体的に提案してゆくのである。

英語の世界的普及に危機感をもち、日本語もそうありたいが言語の普及は国力に付随しているのでより力の強い国に弱い国の言語を普及させるのは難しく、現実問題として日本語普及の相手はアジア地域であると考えるのが穏当だ、という議論から石黒は、「東亜の共通語としての日本語」を正当化する。そして、日本語を国際語にふさわしいものに鍛え上げたならば、「この様な日本語を通じて結ばれた大東亜共栄圏はいよいよ強く、益々栄え、われわれの日本語はそれを段階として本当に世界に普及されるであらう」（四二頁）と述べている。これが、この本で石黒の訴える究極的な「日本語の世界化」であった。

石黒は、外国人に対する日本語教育の経験は持たず、「国語」を使いやすいものにしようと主張する国語問題研究家であり活動家であった。したがってこの時期、彼が日本語普及事業に深く関わったのは、彼の従来からの国語問題に関する主張がこの時期に国策としての日本語普及事業に有効であるとして重用されたからであり、そのことが彼の議論を時局の要請に応える方向へと煽った要素もあったように思われる[37]。

松宮一也の『日本語進出の現段階』『日本語の世界的進出』

本書の主人公の一人である松宮一也は、実務に明るいばかりか、英語のみならずフランス語、スペイン語など外国語に堪能で弁も立ち、この時期の日本語普及事業において組織横断的に活躍していた。出版物としては、一九四二年二月に自ら主事を務める財団法人日語文化協会から『日本語進出の現段階』[38]という四七頁の小冊子を出し、同じ年の十月に『日本語の世界的進出』を刊行した。松宮一也が幹事を務めていた日語文化協会では、一九四〇年十二月に興亜院と文部省の援助のもと、同協会内に日本語教育振興会が設立された。本章4節で見てきたように、日本語教育振興会は翌年文部省に委譲されたが、その手続きも含めて松宮一也はこの時代の日本語普及事業の中心的人物の一人であった。幼時より父松宮弥平の地道な活動を身近に見てきた一也は、どのような議論をもって日本語普及のあるべき姿を語ったのだろうか。

『日本語進出の現段階』で松宮一也は、「日本語の海外普及」を考えるには

1　国語の整理醇化の問題
2　国語を外国語としていかに教へ込むかの問題
3　いかにして日本語を普及するかの問題

の三つの要素があり、1は国語学者の領域であるから自らは踏み込まないとし、2は教授法の改善、教材の編纂、教授者の養成で松宮ら実践家たちの領域で、実際この実践に努めているが、3については「日本語を相手国の社会に浸透させるための基礎工作が施されてゐない」現実に直面し、1、2とは別に、組織的に行なわれなければならないと考えるにいたったと述べている。三つの要素はいずれも不可欠だが、「先づ日本語が普及し得るやうな状態を相手国に持ち来らす工作が盛に行はれなければならない。これに伴つて教授者、教授法、教材等の問題を考慮し、国語の問題は更にその完成を待望し、差し当つては現在の国語を、そのまま普及すると言ふ方法に依るのが実際的である」（七頁）と考えた松宮は、自らこの領域に乗りだそうとする。本章1節で扱った国際文化振興会による「日本語海外普及に関する協議会」で発言を求められた時に、松宮は、この2のみが自分たちの仕事で、1と3は別の専門家が担当すべきであるとの考えを述べていたが、ここでは3にも踏み込み、むしろその専門家たる風格を備えたかのようだ。

松宮一也は、教授法や教材開発に先んじて行なわれるべき相手国への「普及工作」には、地域の特性、すなわち「相手国の国際的地位、文化の程度、我国との国交関係、その国に於ける第三国の勢力、日本語の必要程度」（八頁）に応じて異なるアプローチが必要だとし、対象を「対等国」「後

進国」「友邦支那」の三つに分けて論じる。松宮が「対等国」と分類したのはドイツ、イタリア、英国、米国などの欧米諸国で、日本語研究は概して学問的で、自発的であるから「押し付けがましい遣り方をしても効果が少い。それよりも穏かに先方の出方を待つて、それに対応して行く心構へが必要である」（一〇頁）と述べる。この地域に対しては、松宮は次のような方策を提案する。

欧米諸国の日本語教授機関と常に密接な連絡を保ち、その要求に応じて、資料の供給、教授者の派遣等を行ひ、更に進んでは諸大学に於て日本語の教鞭を採つてゐる者を、一年でも二年でも我国に留学させ、本格的に日本語、特に日本語教授法を研鑽せしめることは、私の年来主張してゐるところである。（一〇頁）

これは、国際文化振興会における国際文化事業の姿勢と重なるものである。

これに対して「南米諸国、蘭印、比島、泰国、支那、仏印等所謂第二流に属する国々、又は外国植民地」など「後進国」の場合は「組織と人と資金が整へば、国力に物を言はせて、もつと積極的に働き掛けることが出来る」とする。先に述べたように松宮一也は外務省嘱託としてタイ・バンコクに赴き、バンコク日本語学校の設立準備に貢献したことがある。アジアの数少ない独立国で、表向きは、対等な「友邦」とされたタイであるが、松宮は「後進国」の成功例としてあげ、同様の展開を他の「後進国」にも行なうのがよいと述べる。ただ、方法として、松宮は「文化の押売は品物の押売より結果が芳しくない」として「文化の押売」を戒めている。そうならないように、文化宣伝に努めて「日本の威容を示し」「目を惹き付け」る美しく立派な教科書を作成し、無理な押し付けをせずとも、学習意欲をそそるようにする必要があると述べるのである。たとえていうならば、イソップ寓話の「北風と太陽」の北風ではなく太陽の方法で、旅人に自発的に外套を脱ぐよう働きかけよというのだが、一方的な意図から旅人の外套を脱がせようとする点は同じであり、軍の宣撫工作に通うものがある。これを「文化の押売」でないと言えるかどうかは疑問である。が、この時、松宮一也はこのように考えた。

さて、「後進国」に「支那」が含まれていたにもかかわらず、松宮一也は、三つ目の分類項目として「友邦支那」を挙げている。歴史的にも交流の深い中国は近代日本の外交の上でも特別な位置にあり、外務省の文化事業として「国際文化事業」に先行したのは「対支文化事業」であった。「大東亜共栄圏」の建設についても、その理想を達成するには中国との「共存共栄の成果」を挙げることは大きな目標でありその成否の指標であるともいえた。三つに分類された日本語普及対象のなかでも、松宮一也がもっとも多くの紙数を割いたのはこの部分である。本章4節で述べたように、松宮一也は興亜院の日本語普及政策の策定にも深く関与していた。中国への日本語普及について「戒心を要する点」として挙げられたのは以下の五点である。文言をわかりやすく整えて示す。

（1）中国（支那）においては日本語は外国語であること。日本語は中国における外国語中、最も流通範囲の広い言語になること

（2）日本語を学習する意欲を起こさせる工作を盛んに行なうこと

（3）画一的な考え方を避け、各種の事情に対応するよう多角的な方策を実行すること
（4）過去に現地にキリスト教を布教した他の国との関係を慎重に考慮すること
（5）日本語教育機関の連絡の組織化を図ること

内容は本章4節で紹介した興亜院の「日本語普及方策要領」と重なっており、これに松宮一也が関与したことを裏づけている。日本語を浸透させるには、「幼少年の読み物、絵本（漫画の活用なども大いに考慮されるべきであらう）、玩具類（双六・歌留多・五十音ブロックの類など）、映画・演劇・音楽・蓄音機レコードなどを利用すること」（三一頁）とあるのは興味深い。現在、世界各地の多くの日本語学習者が日本のマンガ・アニメ・ドラマ・映画・Ｊポップなどを日本語学習のきっかけとして挙げるが、それに符合するような記述である。ただ因果関係は逆で、松宮一也の場合は、それら文化媒体が日本語普及のための工作と位置づけられていた。（4）でキリスト教に言及している点は、キリスト教徒として日本語教授を始めた松宮弥平の長男で、自らキリスト教徒であった松宮一也の面目躍如の感がある。中国においても、キリスト教は過去百年以上にわたって教育事業に多大な影響を与えていると述べ、新教は英国・米国の系統、旧教はフランス・イタリア・スペインの系統で、その影響のある地域ではその国の言語の影響も強く受けているので、これを意識して臨まなければならないと述べている。

『日本語の世界的進出』（一九四二）は三五七頁にわたる著作で、「まへがき」に「英語が現在のように世界各地で通用するようになるには、インド攻略を出発点として三〇〇年余りを費やした。

大東亜戦争は日本語の世界的進出の端緒を開いた。日本語が英語のように世界各地で通用するには、万全の努力をしなければならない。従ってその努力をいかにしてゆくかを説くのが本書である」とある。本書の序章に引用した幼児期の回想などエッセイ風の文章も含めて、松宮一也の日本語教育にかかわる活動、議論をまとめたものである。

ここでは、この本の眼目である第一部「日本語の世界進出論」に焦点をあてて見てゆきたい。議論のなかに、「国際文化事業」に触れた部分があるので、以下に引用する。

思へば平時に於ては、国際文化事業として、巨額の費用をかけて、我国文化の海外宣揚に苦心を払つたものである。日本語の海外進出についても、教授者を派遣するとか、教科書を贈るとかして、一人でも多くの日本語を理解する者の獲得に努めて来た。しかし日本語を習得する者の数は、寥々たるものであつた。ところが、今次大戦争の結果、日本語は今までの国際文化事業の概念を遙かに跳び越して、大東亜文化の基礎として、その迅速且徹底した普及が緊要となつて来たのである。と同時に大東亜共栄圏の将来を思へば、必然的に生じるであらう他の地域圏との関係から見ても、日本語は世界に進出すべき運命にあるのである。（八六頁）

「国際文化事業」の目的は、欧米諸国に向かって日本への「誤解」を解き、国際協調に寄与することであったから、対米英戦争の始まりはその破綻をも意味していた。キリスト教を通して欧米人との交流に「平時」より人一倍尽力したはずの松宮弥平、一也は、これをどう受け止めたのであろうか。

ここでの彼の議論は、「国際文化交流」の理想からは遠く、「強制力」(二七頁)をもって植民地・占領地への日本語普及を推し進めるほか、敵国俘虜に日本語を習得させることも大切だ(七九—九〇頁)と述べるなど、戦争の勢いに乗じて力づくで日本語普及を進めようという勇ましいものである。日本が「大東亜」に指導者として君臨するとき、日本語は「東亜の共通語」となり、その暁には、それは世界の強大な勢力になるであろうから、やがて日本が世界に君臨すると同時に日本語も「世界化」を果たす、というのが松宮一也の「日本語の世界的進出」論であった[39]。

釘本久春の『戦争と日本語』

釘本久春(一九〇八—一九六八)は、戦中戦後を通して日本の日本語教育施策の中心にあって日本語教育の振興に貢献した人物として知られる。戦時中は文部省図書監修官として教科書編纂に関わる任にありながら、日本語教育振興会の常任理事として同会の活動に積極的に関わった[40]。特に外地における日本語普及にあたっては興亜院や日本語教育振興会の主催による日本語教員養成講座などでは主として「文化工作としての日本語教育」「日本語普及史」など日本語普及の思想にかかわる講義を担当した。当時の日本の日本語普及のイデオローグあるいはスポークスマンの役割を果たしたと言える。

一九四四年という戦争のさなかに『戦争と日本語』という書名で刊行されたこの本に特徴的なのは、独得の叙情的な文体である[41]。冒頭の「はしがきに代えて」と添え書きされた「日本語と南方の新しき生活」という文章は、南方への視察旅行から帰国して間もない時期に書かれたようである。

釘本は日本語教育振興会から派遣されて一九四三年十二月半ばから約四カ月、南方諸地域の日本語教育を視察した。そこで見てきた日本語教室の様子がここでは高揚感をもって称賛されている。一部を以下に引用する。

私は、知つてゐる。大東亜共栄圏建設に関する生硬な書生理論を振り回すやうなことは、ヰノウへ教授達の日本語講習会にはない。そこに在るものは、あくまでも親切な学習上の手引きであり、強制を全く伴はない躾《しつけ》である。細やかな配意を以て、教室の中に満たされつつある日本的礼譲の慣習である。

また、そこに伸びつつあるものは、勤労後の一ときを遊惰から守り共に学ばうとする健康な上向的意欲である。たしかに、ここには生活がある。トテイロク青年の立場でいへば、学歴獲得のためでもなく、就職のためでもなく、何か新しいまことを学び、身につけるための空気があるのだ。

――ワタクシノ　ナマヘヲ　カンジデ　カキマセウ。

志願票を受理されて帰るとき、この安南〔ベトナム〕人青年は、私の手帖に、ゆつくりと力をこめて「杜庭禄」と書き付けた。

私は、漢字を書きつつある杜庭禄青年の頰に、一際紅味のさして来るのを見のがすことはできなかつた。

日本語普及は「思想戦」だといい、書名のとおり、戦時に臨んでの書物には違いないのだが、具体的な方略が述べられるわけではない。むしろ理性的思考を拒絶するかのように、「心」が強調される。おそらくは、日本語教員養成の場で釘本久春が講じたのも、このような調子のものではなかったろうか。(42) この本のなかの「大東亜戦争と文化の道」と題された文章からその「思想」の語られる部分を引用して示す。心地よいリズムで読者〔講義の場では「受講者」〕を酩酊させる文章といっては言い過ぎだろうか。

皇国文化の光が、今さんさんと東亜の各地域にそそぎつつある。皇国の文の道は、今遠く南海にまで達する。われらは、この光の一微粒子となり、この「道」に東亜の友人達を立たしめなければならない。

東亜の全地域に生を享くる者、凡そ十億。そこには、すくなからぬ文盲、未開の人間的「生」がある。一二の例をあげれば、かつて蘭領東印度の名により汚されたる地域には、約七千万の総人口のうち学校教育を経験せるもの僅かに二百万。ビルマに於いては、文盲なるもの、男子はその総数の約五割、女子はその総数の約九割。

これらの未開・未生を切りひらき、より高き人間的「生」へとひき上げること、これが私達にとりひとつの実践主題となる。〔中略〕

ことばをかへれば、東亜文化圏の建設とは、常に常に高まりゆかうとする人間の心の姿勢を、東亜各異民族の間に一般化することである。さうして、東亜文化圏とは、常に常に建設の過程

に在るであらう。凝滞することなく、固定することなき、高朗・凜冽な「文の道」の意識を骨格とするかぎり。（一七一一九頁）

戦時にあって、このような戦闘の悲惨さを忘れさせるような文章の果たした役割は大きかったのではないだろうか。当時、日本語教育に従事していた人にかつて聞き取り調査をしたおり、戦争で人を殺すのは嫌だが国に逆らうわけにはいかない、教育の力で国の役に立てるのなら嬉しいと思ったといった証言をいくつか聞いた。こうした「善意」「善行」への訴えは、今日私たちが想像する以上の魅力があったのではないかと推察される。

ちなみに、この時の南方視察旅行で、タイ・バンコクに立ち寄った釘本久春は鈴木忍と会っている。国際学友会の事務職員から努力によって専門性を高めた鈴木忍は『国際学友会会報』第四号（一九四一年六月現在）では、国際学友会で専門の日本語教師の職とされた「教授」となっている。鈴木忍は一九四一年七月に日本語教育の専門家としてバンコクに赴いた。事務手続き上は国際学友会を退職し、外務省文化事業部からバンコク日本語学校へ日本語講師として派遣されたことになっている。一九四三年七月にはバンコク日本語学校校長に就任している。情熱をもってタイ国での日本語教育に勤しんでいた二十代の若き校長鈴木忍に、釘本久春は好意と信頼を寄せたようである。まもなく、釘本久春の世話で、釘本の妻の妹智子が鈴木忍の妻となってバンコクに赴いた。

釘本久春は戦後も、一九六二年「外国人のための日本語教育学会」設立に尽力して理事に就任し、同年六月に刊行された学会機関紙の創刊準備号に「外国人に対する日本語教育小史覚え書[43]」と題した文章を書くなど、生涯を通して日本語教育の推進役であり続けたが、一九六八年五月に闘病の末、六十歳で亡くなった。「日本語教育学会」の学会誌『日本語教育』第一二号（一九六八年十月）は、二四頁にわたって「釘本久春氏追悼」の特集を組み、一六名が釘本を偲ぶ文章を寄稿している。それを読むと、釘本の情熱的な人柄が多くの人を動かしてきたことが察せられる。日本語教育学会は釘本の提案によるなど[44]、日本語教育振興の功労者として多くの人が謝意をのべるなか、一九四二年以来文部省図書局国語科で釘本とともに仕事をしてきた白石大二の文章が印象的である。「国立国語研究所の設立前後から」「行政機関、研究機関に対する考え方の相違」や「人間としての性格の違い」から、「全くの対立者のような立場」にあったとその関係を述べたうえで、釘本久春について次のように語っている。

釘本さんは、どんな時にも、どんな環境にあっても、自分を積極的に生かし、時の前後、事情の変化にかかわりなくはいっていける人であった。いわば、矛盾がまたたくまに統一でき、どんな時代にもどんな事態のときでも、意識の分裂なく飛び込んでいける人であった。釘本さんの周囲には、先輩にも同輩にも後輩にも、そういう人がいた。しかし、わたくしは、そういうことができなかった。（二四頁）

白石大二は「愛憎を越えていまも思いだされる人である。偉大な先輩、釘本さん。」と、この追悼文を結んでいる。

「外国人のための日本語教育学会」の設立にあたって陣頭指揮をとった釘本久春は、『日本語教育』第二号（一九六三年）に「日本語教師と外国人生徒――日本語の先生としての中島敦の場合」と題する文章を寄せている。友人であった文学者・中島敦をめぐる文章だが、釘本はここにおいても、「日本語教育は教育であり、人間と人間との触れ合いを、必須の要件とする。教授法の技術や、語学的知識・能力だけで、ほんとうの効果的な営みが出来ると考える人々がもしあるとしたら、それでは、のんき過ぎると言っていいであろう」と教育者の情熱や善意に訴えている。戦中戦後を日本語普及（教育）政策の第一線にありつつ、政策の変化に動じなかったように見えるのは、このように文学的修辞を用いた「心」の強調という釘本独得の調子がその構造的、政策的な問題性への思考を回避させ、戦争中も戦後も人々の耳に心地よく響いたからかもしれない。釘本は戦後も、戦争中の日本政府による日本語普及政策に積極的な評価を与えている。日本語への愛着の強い釘本久春にとって、日本語が多くの人々に学ばれ使われるようになる情景は憧れであり喜びであって、政策的背景は何であっても対応できたのかもしれない。

7　戦争中の日本語普及事業によって生まれた出版物

国際文化振興会「日本語普及編纂事業」七カ年計画の結果

一九四〇（昭和一五）年一月に発表された「日本語普及編纂事業」七カ年計画は、この変化の時期を乗り越えて、どのような形でいかなる成果を得たのだろうか。計画の項目順に確認しておこう。

1　基本語彙調査・選定

計画が発表されるといち早く語彙選定作業が始められ、一九四〇年十二月には一次調査を終えて二〇二八語を選出した[45]。その後、小説・戯曲・論説・随筆・国定教科書などの文章をこれらの語彙のみで書き換える、という作業を通して語彙の最終的な取捨、入れ替えを行ない、最終的な見出し語数二〇〇三の基本語を確定し、一九四四年六月『日本語基本語彙』が刊行された。同書は、選出した基本語彙について五十音配列でかな表記、漢字表記、品詞を示した上、その文例や慣用表現の例、同意語・反意語・類語などを掲げたもので、以下の国際文化振興会による日本語教材作成のための基礎作業でもあった。出版こそ遅れたが、内部資料としては計画通り一年ほどで完成しており、計画通り以下の教科書の編纂に活用されている。

2　文典の編纂

湯澤幸吉郎によって日本語で書かれた原稿が一九四二年四月に完成し、これを英語に翻訳した『A BASIC JAPANESE GRAMMAR』が一九四三年に刊行された。追って同年、元の日本語版も『日本語小文典』として出版された。品詞別に一四の章をたてて、日本語の文法の概要が平易な文で簡潔に説明されている。豊富に用意された例文は前記の「日本語基本語彙」の二〇〇三語の範囲で作られた。

同じく湯澤幸吉郎による『日本語表現文典』が一九四四年四月に刊行された。文型を中心に編纂されたもので、第一編は「口語の文法」、第二編は「口語の表現法」である。特に第二編は「事物の存在を表す言ひ方」「希望を表す言ひ方」「義務・当然の意の言ひ方」など機能別に表現文型を扱っており、日本語教育振興会の出版物のなかでも出色のものといえる[46]（戦後への影響については、後で改めて述べる）。こちらも豊富な例文がいずれも平易なことばで書かれており、『日本語基本語彙』の二〇〇三語が活用されたようである。計画にそった成果が得られたと言える。

3　読本の編纂

石黒修と石森延男[47]によって、上・中・下の三巻分の原稿が出来ていたということだが[48]、上巻のみの刊行に終わった。『国際文化』第三〇号（一九四四年三月）には、ほかにも二種の『日本語読本』が刊行される予定であると予告されているが、これも未完に終わった。国際文化振興会による読本として刊行されたのは『日本のことば　上』のみで、その指導書として『日本のことば　上（教師用書）』が刊行された。奥付がないが、一九四三年後半の刊行と推定される[49]。『日本のことば』は、植民地・占領地での子ども向けの教科書との違いを意識し、成人を対象とした「文化読本」をめざして編纂されたものだが、入門用の教材としては異色の仕上がりである。語彙は『日本語基本語彙』に基づき、平易な語法で「日本の姿、心、動きといふものを、具体的にかかげようとし」、日本

図５　国際文化振興会『日本語基本語彙』と『日本のことば』の表紙（東京外国語大学・長沼直兄文庫）

のことばの美しさを「ことばのひびきの上から、文字の形の上から、おのづから、それを味はせよう」[50]と意図され[51]、教師用書も、専ら表現の鑑賞法や感化すべき心情が解説されたもので、大陸向けの日本語教育振興会による『ハナシコトバ』(一九四一)の「学習指導書」[52]が、教室での指導法をシナリオのように丁寧に具体的に指南しているのと好対照をなしている。これらについては第四章で改めて考察する。

4　辞典の編纂

前記『日本語基本語彙』によって、多くの語の語釈を行なおうと企画されたものだが、時枝誠記《もとき》を中心に編纂作業の途中で敗戦を迎えて中断し、戦後再び作業が再開されて五年間にわたる編纂作業が行なわれたが、刊行には至らなかった。

当初計画に沿った出版物は以上がすべてで、一九四三・四四年に出版が集中している。そして、実はその前に従来の計画に割り込む形で、前節に述べた閣議決定と相前後して「南方諸地域」向けの「会話本」[53]がA6判の対訳付で緊急編集され、次々に出版されていた。

A6判の「会話本」は、一九四二年『Nippongo o hanasimasyo!』と題された仏印版が最初に出された。「仏印」こと「フランス領インドシナ」は「文化工作」上重要な地域であった。「日本語はやさしい――この第一印象を与へるために、能ふる限りの配慮が編纂当事者に依つてなされた」[54]ということで、使用語彙として、『日本語基本語彙』のなかからさらに一〇〇〇語が厳選された。会話・ことばの組み立て・単語集の三部立てで、ローマ字表記による日本語と相手の言語が並ぶ対訳形式である。最初の仏印版には、すべてのページにわたって、左にフランス語、中央に日本語、左にベトナム語が並べられている。その後間もなく、ここからフランス語を省きベトナム語にルビをつけたベトナム語版が出され、タイ語版（ルビなし）が続いた。当時、仏印とタイは、日本の対アジア文化工作の最重要拠点であったのでいちばんに整えられたのである。続いて一九四三年に『NIPPONGO』(55)と書名を変えて、インドネシア語版、マレー語版、ビルマ語版、フィリピン語版がそれぞれ出版された。同年に出た『日語会話捷径』は同書の中国語版である。

これらは、いわゆるポケットサイズで、書名こそ三種類あるものの内容はほとんど同じである。現地における日本語普及目的に加えて、日本人の現地語学習にも実用性をもつよう配慮されている点に特色がある。南方諸地域への「文化工作」のためには、日本人と現地人との意思疎通が図られる必要があったのである。これらの出版物の内容については、第四章で改めてとりあげ、今日的な考察を加えたいと思う。

日本語教育振興会によって出版された日本語教材

本章4節で、日本語教育振興会が一九四一年八月に、文部省内に改めて設立されるにいたった経過を述べた。前年、民間の財団法人日語文化協会内に設置された同名の機関が文部省に移され、文部省と興亜院の関係者が常任理事を務め、国家的機関として発展的に拡張されたものであった。

「昭和一九年十月現在」と書かれたA五判一〇頁の小冊子『財団法人日本語教育振興会沿革及事業概要』には、その沿革が次のように説明されている。

昭和十六年八月二十五日興亜院及文部省の意を承け、大東亜圏に日本語を普及し、日本語教育の振興を図るための諸事業の一元的組織的発展を期する目的の下に本会の創設を見、同年十月二日付財団法人東亜同文会より九月二十日現在を以て同会に於ける支那向け日本語教科書の刊行及頒布に関する事業並に右事業関係の財産及権利義務の一切を継承せり。同年十月六日財団法人日語文化協会より九月二十日現在を以て同会に於ける支那人に対する日本語の普及並に日本語教育振興に関する事業並に右事業関係の財産及権利義務の一切を継承せり。昭和十八年七月九日更に大東亜省及文部省の指令により南方諸地域の日本語普及並に日本語教育振興の事業を行ふこととなれり。

設立趣意書によると、改めて日本語教育振興会が実施することとなった事業は以下の八項目だが、それ以前に当該事業を行なっていた団体名を括弧内に記しておく。日語文化協会内に設置された同名の機関は、仮に「旧・日本語教育振興会」と書くことにする。

一、日本語の普及に関する諸般の調査研究（←旧・日本語教育振興会）
二、日本語教科用図書の刊行および頒布（←東亜同文会）
三、日本語教育資料の作成および頒布（←旧・日本語教育振興会）
四、日本語教師の養成および指導（←日語文化協会、興亜団体総連合会、青年文化協会、旧・日

本語教育振興会)

五、日本語普及ならびに日本語教育の振興に関する各種会合の開催(↑旧・日本語教育振興会)

六、日本語の普及ならびに日本語教育に関する雑誌の発行(↑旧・日本語教育振興会)

七、日本語の普及または日本語教育の振興に関係ある内外諸団体との連絡およびこれら団体の行なう諸事業の調整

八、其の他日本語の普及ならびに日本語教育の振興に関し必要なる事項

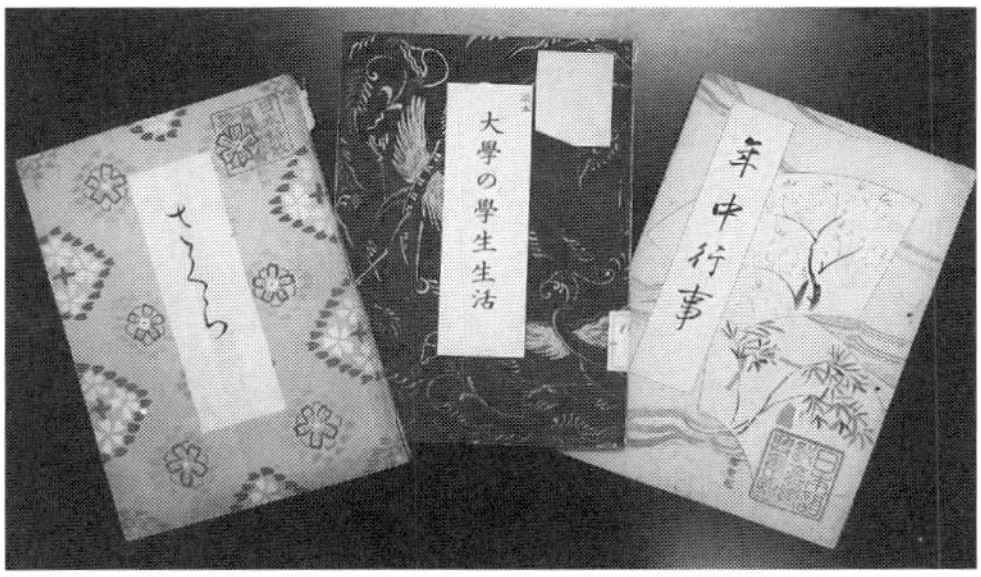

図6　日本語教育振興会の日本文化読本『さくら』『日本の学生生活』『年中行事』(東京外国語大学・長沼直兄文庫)

日本語教育振興会の出版物の成果については、日本語教育振興会の『沿革及事業概要』の目録に基づき、日本語教育振興会の会議録および月刊誌『日本語』の「彙報」などをつきあわせると全容がほぼ特定できる。[56]「東亜の日本語普及」を目的に作成された日本語教材は年少者向けのものが多く、国際文化振興会の出版計画にことさらに「成人向け」と書かれていることの意味がよくわかる。

(1) 文部省の著作による中国向け教科書

『ハナシコトバ(上・中・下)』(一九四一)、『ハナシコトバ学習指導書(上・中・下)』(一九四一・一九四二)、『日本語

図7　『コドモノセカイ』より（東京外国語大学・長沼直兄文庫）　日本語教育振興会が中国の子どもに日本を紹介しようと作成した「支那学童用絵本」より。全ページ，カラー印刷による美しい絵本。黒崎義介画。

読本（巻一―巻五）』（一九四一―四三）、『日本語読本学習指導書（巻一・巻二）』（一九四三）、『日本文化読本　大学の学生生活』、『日本文化読本　さくら』、『日本文化読本　日本の年中行事』（一九四二―四四）

（2）文部省著作による南方向け日本語教科書

『初等学校用日本語教本（巻一―巻三）』（一九四三―四五）、『初等学校用日本語教本　学習指導書（巻一―巻三）』（一九四五）、『中等学校用日本語教本（巻一―巻三）』（一九四五）、『中等学校用日本語教本　学習指導書（巻一―巻三）』（一九四五）、『成人用速成日本語教本（上・下）』（一九四三・四四）、『成人用速成日本語教本　学習指導書』[57]上（一九四四）、『日本文法教本』（一九四三）、『日本文法教本　学習指導書』（一九四五）

（3）文部省著作によるその他の学習書

『学習日本語（1・2・3）』（マライ、フイリピン、ジヤワ、ビルマ各編）（一九四四―四五）、『標準漢字便覧』（一九四三）、『文部省制定発音符号』（一九四四）

（4）大東亜省ノ指令ニヨルモノ

文那学童用絵本（『オホゾラ』『ガクカウ』『ヨイコドモタチ』『ハナ、ヤサイ、クダモノ』）『コドモノセカイ』『ニッポンノタテモノ』『ノリモノ』『ドウブツ』）（一九四二）、「ハナシコトバ教授用掛図」（一九四二）

（5）情報局編纂ノモノ

『ニッポンゴ』（「半島マレー語、島嶼マレー語、安南語、タイ語、ビルマ語、タガログ語」の六種類）[58]（一九四二）

（6）日本語教育振興会編纂ノモノ

『日本語教授法の原理』（一九四三）、『現代語法の諸問題』（一九四四）、『現代敬語法』（一九四四）

ほかに日本語教育振興会が企画して、育英書院から刊行された「日本語選書」のシリーズが一九四三年に刊行されている[59]。

日本語教育振興会から出された教科書には、その本体の何倍もの分量にわたる教師用指導書が刊行されているのが特徴だが、これは大勢の教員を短期間に育てて派遣するために、必要とされたものである。長くて二カ月の講習会を経て数千人の教員が中国・南方に送られたが、この手引書があれば現地の子どもたちに直接法（日本語だけで教える教授法）で教えることができるよう、特に入門段階のものは教室での教師のことばやふるまいがシナリオのように書かれている。『ハナシコトバ』の作成事業は、文部省の日本語教科用図書調査会によって進められたが、メンバーは近藤寿治、各務虎雄、釘本久春、小関昭夫、宮原民平、それに実務家として松宮弥平が加わっていた。

「～ハ～デス」という名詞文より「～ガアリマス」という存在文を先に提出すべきだという松宮弥平の主張（認識としてより基本的だというのが主たる理由である）に照らすと、『ハナシコトバ』は松宮流ではないが、易から難へ文型を積み上げる方法は、一般の小学読本の方法とは一線を画していて、日本語教育の専門家の知見が取り入れられていることがわかる。指導書は長沼直兄によって執筆された。長沼は他人の作成した教科書の指導書を書くのはやりにくかったと後に語っているが[60]、それをあまり感じさせず、直接法による日本語の授業が具体的に生き生きと描かれている。南方向けの『学習日本語』は定期刊行物としての出版が目ざされていたが、戦況の悪化により3まで終わった。支那学童用絵本は当代一流の絵本画家によって作成された全面カラー印刷の美しいもので、興亜院『日本語普及方策要領』に「各教科書ノ体裁、紙質及印刷等ヲ相当良好ナラシムルコト」とあったことが思いだされる。対欧米との文化競争に耐えるには、上質のものによって日本の文化の優位性を示し、学習意欲を刺激する必要があったのだ。『ハナシコトバ』にはレコードも作成された[61]。

第三章　国際学友会における日本語教育事業の展開

本章では、第二章と同じ時期の国際学友会における日本語教育事業の展開をたどる。中国以外の世界の国々から来た留学生教育を担当すべく設立された国際学友会も、前章で見た国際文化振興会と同じ時代の運命にあった。国際文化振興会がいよいよ本格的に日本語普及事業に取り組み始めたころ、国際学友会でも日本語教育事業が本格化し、教科書を編纂してカリキュラムを完成させるなど諸条件を整えて、一九四三（昭和一八）年度には、初めての非漢字文化圏出身の留学生を対象とした日本語学校の開校という大きな達成を実現する。しかしながら、時局の影響は、国際学友会にも当初の計画外の展開をもたらした。外務省文化事業部から内閣情報部へ移管され、やがて大東亜省の指導の下、大量の「南方特別留学生」を受け入れることとなり、状況は大きく変化した。そして敗戦を経験し、苦労の末開校した国際学友会日本語学校はわずか二年半ほどで閉校となるのである。本章では、この時期の非漢字文化圏出身留学生のための日本語教育事業の飛躍的な達成と無念の閉校への過程をたどり、現代の在日留学生のための日本語教育の原点を確認したい。

1　岡本千万太郎の日本語教育観

「国際教育」における日本語観

国際学友会の設立から三年余りが経った一九三九（昭和一四）年四月五日、日本語主任教授として岡本千万太郎《ちまたろう》（一九〇二―七八）が着任した。一九四三年四月の国際学友会日本語学校開校にいたる日本語教育体制の整備に中心的役割を果たした人物である。金子幸子「岡本千万太郎と日本語教育」によると、岡本千万太郎は、愛媛県松山市に生まれ、旧姓は山内、一九三三年に岡本と改姓した。(1)一九二五年に松山高等学校を卒業、東京帝国大学国文科に進学して国語学を学び、一九二八年三月に卒業後、同年四月より一九三〇年六月末まで横須賀市立高等女学校（現在の神奈川県立横須賀大津高等学校）で国語教師を務めた。そして、一九三二年四月に東京帝国大学大学院修士課程に進学し、二年後に修了、その五月からは横浜市立高等女学校（現在の横浜市立桜丘高等学校）の教員となり、一九三九年四月末に辞職するまで五年間を勤めた。岡本は、国際学友会には日本語学校の開校を見届けた一九四三年の夏まで勤めるが、やがて国際学友会に南方特別留学生がやってくるのとすれ違うように辞任し、北京師範大学へ赴く。(2)

岡本千万太郎は着任間もない一九三九年五月に『国語観――新日本語の建設』という著書を刊行し、国際学友会の日本語教育の組織化を精力的に進めていった。『国語観』には主として岡本が国際学友会の教員になる前に雑誌などに発表した文章が収められているが、(3)「あとがき」で岡本は、国際学友会での仕事への期待を次のように述べている。

わたしはこのたび前後七年にわたる女学校の教師をよして、国際学友会において、外国人に日本語ををしへ、又日本語教科書などの編纂にたづさはるみとなりました。むづかしいといはれる日本語、日本人でもてこずる日本の文字を外国人がどうおもひ、どうあつかふかも、うすうすはしつてゐましたが、これからはいやでも応でも毎日経験させられることでせう。

わたしは本書に主張したやうな国語観をこれからもますますみがき・つよめ、ただ日本国内の問題としてでなく、対外問題としても、新日本語の建設の必要なことを痛感し、やがては続「国語観」をもかきたくなるでせう。

昭和十四年五月のはじめ　おかもと（二六七頁）

図８　岡本千万太郎（金澤謹『思い出すことなど』口絵より）
掛図を使って授業をしているのが岡本千万太郎。

一見して、和語には漢字を使わないというルールに則って書かれたものとわかるが、こうした表記法については「まへがき」で「わたしはこのごろますます、わかりやすいコトバとモジとをもちひることをこころがけ、ヤマトコトバとカナとを、いかすことにつとめてゐます。このマヘガキでは字音語のほかには漢字をつかはずそのかはり、ときにはカタカナをつかつてみました」と説明されている。

「まへがき」で岡本は、高校時代から「国語・国字問題」を気にかけ、この問題を学問的に解決しようと東京帝国大学に入ったこと、大学では上田萬年《かずとし》、保科《ほしな》孝一、そして橋本進吉に国語学を学び、卒業前後からは「国文法の理論的研究に夢中になり」、「また音声学に熱心であった時代も」あったことなどを語っている。文中、不思議な印象を与えるのは、「わたしはまへから、国語観は世界観の一部で、国語・国字のナヤミも、つまりは人間のナヤミであることに、気づいてゐます」という部分で、「大学卒業まへから最近まで、いろいろな事件がつぎつぎにふりかかつてきて、おもひだすさへ、ムネもいたむほどの人間のナヤミ・クルシミをいくたびも経験し〔中略〕さうしてやうやくたどりついたわたしの人間観・世界観は、この書のいたるところに、にじみでてゐるとほりです」と説明されている。この鬱屈した文章に比べると、「あとがき」に見られる新しい職場への前向きの明るい姿勢は際立って見える。岡本は、日本語の問題への関心と、人間や世界への好奇心から、留学生教育の現場に新天地を求めたのかもしれない。

岡本は留学生に日本語を教えながら、松村明、武宮りえとともに教科書編纂に勤しんだ。彼らによって、一九四〇年から一九四三年までの短期間で非漢字文化圏出身の留学生用の入門から上級までの日本語教科書全六巻と漢字教科書が完成され、これが、日本で初めての非漢字文化圏出身の留学生を対象とした一年課程の日本語予備教育機関（日本の大学等高等教育機関への進学を目的とする）、国際学友会日本語学校の誕生を現実のものへと導いた。

岡本千万太郎の国際文化事業としての、あるいは留学生教育としての日本語教育観、また日本語観はどのようなものだったのだろうか。

第一章で見たように、岡本が着任した頃の国際学友会では英語が用いられることが多かったが、岡本は英語の多用を好ましく思っていなかった。日本の高等教育において「国文学科など以外では日本語で教へてゐるか、外国語〔ここでは英語を指すものと思われる〕で教へてゐるか、怪しい学科が多い」(九五頁)というような現実について、これをむやみな「外国崇拝・外国語礼賛」であるとして嘆き、日本における高等教育は日本語でなされるべきだと主張している。岡本は日本語において漢字・漢語が多用される現実も「支那崇拝の精神」(六二頁)であると問題視し、『国語観』の「まへがき」で実践していたように漢字使用を制限した易しい表記体系を模索しつつ、日本語の復権を唱えている。進歩的日本語改良論者として「国語愛」を説く岡本は「国家主義者」であり、かつ「国際主義者」でもあった。それが端的に示されている部分を同書より引用する。

私は何も国粋主義をあふるのではない。国家主義と国際主義との調和を計るために、前述のように「日本ではよい日本語、国際的にはよい国際語」を理想とする。その国際語としては、今のところエスペラントを推す。今のように英語をありがたがりながら、英・米と覇を争うようなやりかたは、私にはわからない。(一〇三頁)

岡本は同書の別のところでも、「私は日本では日本語、国際的には国際語を理想とする」(九七頁）と述べ、「この場合の国際語はエスペラントのような中立的でたやすい人工語を採るべきで、そうすることがやがて国際間の意思の疎通を助け、いたずらな国際紛争をよして、世界を結びつける力ともなるのである」（九七頁）と述べている。

これは、一国一文化（一言語）を前提とする当時の国家観に基づいて国際社会の協調を考える限りにおいて理の通った理想論で、この時期の外務省文化事業部の「国際文化事業」観にも、適合するものであった(4)。岡本は、日本の高等教育機関では、英語より日本語が使われることを望ましく思い、日本で学ぶ外国人留学生にも日本語で学ぶことを期待し、そのために、学びやすいシステムを整えることに力を注いだのであった。

筆者はかつて当時の国際学友会の関係者に聞き取り調査をしたが(5)、そこで口々に語られる岡本は、好奇心が旺盛で外国好きで、留学生には優しくサービス心旺盛である反面、日本語には厳格で国語学を専門に学んだ者とそうでない者を区別し、教科書編纂は国語学の専門家だけで行ない、そうでない教員（戦後の日本語教育を牽引する一人となる鈴木忍も含まれる）、外国語を専門に学んできた教員にはそれはさせなかったということである。

日本語予備教育における「日本文化」観

外務省文化事業部による「国際文化事業」の実務機関として設立された国際学友会の留学生教育には、留学生を日本の理解者に育てるべく「日本文化」を知らしめることが期待されていた。日本の名所旧跡や自然の美しいところにたびたび旅行に連れていったり、芸術に触れさせたりといった体験学習もふんだんに盛り込まれており、岡本千万太郎が代表編纂者である『日本語教科書（巻一―五）』（一九四一―四三）においても、「日本人と日本文化とを知らせることにも努力しました」（前がき）と述べられている。岡本千万太郎が、日本語予備教育の現場で取り入れようとした「日本文化」とは何だったのだろうか。

国際学友会で日本語を学ぶ留学生は大きく東洋人と欧米人に分けて考えられた。岡本千万太郎「留学生の国語教育」によると、東洋人学生は、実用的な「欧米的技術」を学びにくる者が大部分だが、欧米人は「日本の精神文化」を研究にくる者が多かった（四三―六〇頁）。岡本は、こうした学生のニーズに合わせて、それぞれが希望の進学を果たせるように必要な日本語を教えようとした。

一九四二年三月の日本語教育振興会『日本語』に掲載された岡本による「日本語教育と日本文化」には、「日本文化を教えることの目的については、今さらゆうまでもあるまいが、大東亜文化圏を建設するため」であると書かれている。戦争中に書かれたものであってみれば、日本語教育の現場でも、戦時の国是を前提としないわけにはいかず、岡本の議論もその枠組みのなかで展開された。しかし、そのなかで岡本が教師としての現場経験から次のように述べていることは注目される。

まず大東亜の諸民族が、大東亜の構成員として必要とするものは、なんであるかを考えなければならない。むやみに日本側から、かれらの必要としないものまで、おしつけてはいけない。地理的にも歴史的にも、いいかえれば、風土も風俗も日本とちがう諸民族に、日本文化をそつくりそのまま、おしつけることはできない。日本にとつては、日本人にとつては、第一義的でありﾞ、もっともすぐれたものであっても、かれらには、そのままでは、採用させることのできないものもあるのである。（一四八頁）

岡本は、日本文化には、「日本的なもの、支那的なもの、インド的なもの、西洋的なものが、それぞれまったく別々にあるのではなくて、お互に影響をうけて、あるいわ《ママ》混在し、あるいわ融合しているのである」（一四九頁）と述べ、外国人が日本文化を学ぶときには、それぞれが自分にないものを求めるのだと説明する。すなわち、西洋人は「純粋に日本的なもの、または支那的なものとインド的なものとの日本化したもの」を珍しがり、精神的、芸術的なものに目をつけるが、東洋人は、日本化した西洋文化、つまり政治・経済上の組織と科学と技術を学びたがる、というのである。そして、「かれらに与へるべき日本文化には、純粋に日本的なものや日本化された東洋的なものに限らず、西欧的なものをも含めるべきである。なぜならば、かれらにも、それらはみな必要であり、それらがなければ、日本が世界的日本となることができなかつたように、かれらも世界的となることができず、大東亜的となることさえできないからである」（一五四頁）とまとめる。諸外国のそれとは一線を画した固有のものとしての「日本文化」の典型を諸外国に向けて発信していこうとする当時の「国際文化交流」に関する考え方の主流とは異なる論理である。

本書でも見てきたとおり、当時の「国際文化事業」における「日本文化」は、主に欧米人を対象とするものであった。それを東洋の留学生に教えよといわれても現実的ではないことを、岡本は現場の学生と接するなかで実感したに違いない。総力戦体制下のこと、岡本の文章も必ずしも自由に書かれたものではないに違いないが、当時の教育現場に外側から期待されていた「日本文化」を、現場の実態や学生のニーズに合わせて補正しようとする姿勢には真実味がある。

日本語による「国際教育」観

岡本千万太郎は、「日本文化」を以上のように捉えた上で、日本語教育を通して「日本語で日本文化を教えること」を実践したいと述べる（岡本「留学生の国語教育」一五三頁）。こうした岡本の留学生教育観は、岡本が松村明、武宮りえとともに編纂した国際学友会『日本語教科書』の『巻一』（一九四一年一月）、『巻二』（一九四一年九月）、『巻三』（一九四二年三月）の本文に反映されている。例えば、

かれらにまず教えたいことは、日本語よりも、むしろ勤勉と研究心とである。その上に崇高な精神を持つようにさせたい。〔中略〕――わたくしが教科書に杉田玄白の「蘭学事始」（緒方富雄訳）の一部を採用したのも、研究心、ことに言語的研究心の見本としてである。――崇高な精神に至つては、かれらをして何物かに感動させ、感得させ、その上、すこしでも実践させなければ、体得させることができない。（岡本「留学生の国語教育」一五二―一五三頁）

と書かれるように、「勤勉」「研究心」「崇高な精神」は、彼らに教えられるべきものであった。これは「日本文化」であり、かつ東洋全体ひいては世界に広めるに足る普遍的価値を持つものと考え

られた。世界各地から来た留学生に日本語を通して普遍的価値を教育することが、国際学友会において岡本のめざした「国際教育」であった。杉田玄白（『巻三』第十一課）のほかに『日本語教科書』には、野口英世（『巻二』第二十四課）、小泉八雲（『巻三』第十五課）が登場するが、彼らは、いずれも母国を離れて外国で新しい知識を学び自己実現を果たした人物である。岡本は留学生に目標にしてもらおうとしたのかもしれないが、そこには岡本自身が留学生教育に託した夢や期待もうかがえる。

ほかに、『日本語教科書』から、国際学友会における「国際教育」の思想の反映の見られるものとして、編者の書き下ろしによる「手紙――先生へ」（『巻一』第十九課）、「友達」（『巻三』第一課）、「海外放送」（『巻三』第九課）、「送別会」（『巻三』第十六課）などが挙げられる。多国籍の出身の学生が一堂に会して友好関係を結ぶという国際学友会における「国際教育」の理想的な姿が、実例に基づいて語られているものである。

一部を紹介すると、「手紙――先生へ」は、留学生による故国の恩師への近況報告だが、文中に「国際学友会館には日本へ勉強に来ている各国の留学生がたくさんいます。〔中略〕このごろはどこの国の人々とも友達になって楽しく暮らしています」とある。「友達」は、「隣人愛や人間愛ということは、先ず友達の愛から始めなければならない」と語りはじめ、「同じ国、同じ年頃、同じ研究をする人達の間でも、真の友達を得ることは難しいものである。まして国籍が違い趣味も異なった人達の間に真の友達を得ることはもっと困難である。こう考える時、我々がこの国際学友会で勉強できるとともに、広く世界各国の学生達と、本当の意味の友達としておつきあいできるのは、この上ない喜びと言わなければならない」と結ばれている。また、「海外放送」は日本人学生の部屋に、ブラジル、イタリア、安南（ベトナム）からの留学生が集まって、「楽しそうに話してい」るという設定の戯曲仕立てで、ブラジル出身の学生がＮＨＫからの依頼で南米向けの放送に出演しスペイン語で日本の俳句を紹介したという話をきっかけに、毎日十六余りの言語で行なわれている海外放送を通して地球のさまざまな地域にみなが思いをいたす。「送別会」は、日本留学を終えて帰国するそれぞれタイ・ビルマ・インド出身の三人のために国際学友会で開かれたパーティの実況中継のような文章だが、学生代表の挨拶に「国際学友会における生活で最も大きな収穫は、アジアを始めヨーロッパやアメリカなど、世界各国の若い学生と生活を共にし、最も親しいお友達として交際し、語り合うことができたことでございます」というくだりがある。

「国際文化事業」という国策を背景に推進された留学生教育だが、ここに描かれる個人としての留学生同士の日常的な交流には、岡本千万太郎はじめ、当時の国際学友会関係者たちの、「国際教育」としての多文化交流に対する理想がうかがえるようである。

こうした理想をもった岡本はどんな教師だったのだろうか。当時の岡本の教育実践について、元タイ人留学生からの証言を紹介する。一九四二年十月に国際学友会に入学した元招致学生のチュムシン・ナ・ナコーンによると、岡本千万太郎は「体が小さくて痩せていて、冗談をよく言ってやさしい明るい人でした。歌をよく歌ってくれました。岡本先生は保土ヶ谷に住んでいました。(6)学校で〈家族〉について勉強すると、私たちのクラス全員七人を、みんな保土ヶ谷の先生のうちに連れて行ってくれて、奥さんが作ったご飯を一緒に食べて、ほんとの先生の家族を紹介してくれて、その雰囲気を体験させてくれました」ということである。その教育についてチュムシンは「短期間で上達したと思いますが、教え方が、ストレスを与えるものではなく、その反対で楽しく、ストレスのかからない方法で教えてくれたのです。それがすごいと思います」と振り返っている。(7)

2　国際学友会の日本語教育課程の本格化

日本語教育課程の整備

設立当初は国際学友会館の寄宿生へのサービスに過ぎなかった日本語学習支援だったが、学生のなかには熱心に学ぶ者があり、高い日本語力を獲得するにいたる者も現われた。一九三六（昭和一一）年度の寄宿生のうち、アフガニスタンの六名は、国際学友会が最初に受け入れた招致学生であったが、その一人、アブドラ・ジャンは特に高い日本語能力を身につけた。

岡本千万太郎「留学生の国語教育」が、留学生の日本語の習得は、本人の積極性や努力に負うところが大きいことを述べ、「その証拠に、いくら日本語・日本文がむづかしくても、優秀で勤勉なものは、一・二年の短時日にそれをかなりものにすることができる。これはアフガニスタンの留学生などが証明している」（一八五頁）と述べているのは、彼らを指している。(8)

アブドラ・ジャンの書いた日本語は、『国際学友会誌I』（一九三九）に寄せた彼の文章で読むことができるが、(9)選ばれて実現した国費留学の高揚感を伝えて達者である。一部を引用する。

顧るに過去一年余国際学友会館に於ける私達留学生の生活は誠に愉快なものでした。在館中の勉強の賜として徐々に日本語を知り、日本文を知るに及んで興味津々として起り、殊に日本名勝地の風景に接しながら実地に自己研究を応用した当時の生活は若き日の感激として今猶私達留学生の懐かしい思出であります。

次に私達にとつて大きな祝福は官立帝大の門戸開放と云ふ事実であります。之こそ私達留学生に取り天来の福音でなくて何でありませう。一昨年以来斯うした総べてに恵れた環境のもとに東大へ通つて居りますが、未だ日本語は充分でないので完全な理解力、観察力を欠く憾みがありますが、ともかく日本の経済等種々の文化に接するに従つて漸次未熟な私の観察力が啓いて、以つて益々興味が湧いて来るのであります。（八頁）

日本語教室はもともと国際学友会館で暮らす希望者に対して開かれたのだが、一九三六年度には二名、一九三八年度には五名の会館寄宿生以外の通学生がいたことが報告されており、館内のサービスに止まらず独立した機能を持ちつつあったことが認められる。国際学友会の創立五〇周年を記念して出された『思い出』（一九八六年）に原稿を寄せた古い修了生の一人K. V. Navain（一九三八年五月来日、国際学友会で日本語を学び、後にインドのヒンズー新聞社の極東支局長）のエッセイには、当時の様子が次のように書かれている。

会館にはタイ、ビルマ、インドネシア、インド、フィリピン、メキシコ、ブラジル、アルゼ

図９　国際学友会1938年１月１日新年会（村田重次氏のアルバムより）
国際学友会会館。後ろに広田弘毅による「萬邦協和」の額が見える。
前列１が金澤謹，６が渡邊知雄，９が村田重次。

ンチン、ウルグアイ、アメリカ人の二世、二人のインド系のケニア人もいた。昼間はみなそれぞれ外の学校や大学に通い、その間、新しく来た人たちが国際学友会の先生に日本語を習っていた。だから昼間は比較的静かで、国際学友会館が生き生きと輝きだすのは、みながここに戻ってくる夕方からであった。（二一〇頁、原文は英語、河路訳）

この時期まで、国際学友会の留学生は多くが私費留学生で[10]、少数の交換・招致学生を含めて、留学の動機は本人の側にあるのが普通であった。一九三六年度・一九三七年度は午前中二時間、一九三八年度は午前中三時間となった国際学友会館の日本語教室で学んだ学生は、この時点で少なく見積もっても一〇〇名を超えていたと思われる[11]。国家を超えた人の移動が今日よりはるかに特別なことで、留学生の総数が現在とは比べものにならないほど少なかった当時、学生たちには相応の緊張感もあったものと思われる。初期の国際学友会の日本語教育は、学生たちの意欲によって支えられ、育てられてきたと言える。

国際学友会では、創立からここまで三年ほどの経験から、（1）留学生の日本での勉学には高い日本語能力が必要であること、（2）留学生たちの間で日本語学習への意欲が高く、日本語教育の充実への期待が大きいこと、（3）学生の熱意さえあれば非漢字使用圏出身の学生が読み書きを含めた高い日本語能力をつけることは一・二年で可能であること、を確認した。そして、次の一九三九年度から、日本語教育事業は、国際学友会の主要な事業の一つとして、より本格的に推進されることとなったのである。

日本語教室から「日本語教育部」へ

岡本千万太郎が着任した一九三九年度より三学期制が導入され、日本語能力別クラス編成が実施されるようになる。学籍簿も整備され、日本の高等教育機関へ入学するための予備教育としての日本語教育機関としての事業が本格的に動きだした。そのために必要とされたのは国際学友会で学ぶ留学生に即した教材の開発で、岡本を中心に教科書編纂への取り組みも始まった。それまでの「日本語教室」に替わって「日本語教育部」という名称が、国際学友会関係の資料に現われ始めるのもこの頃からである(12)。

国際学友会における日本語教育事業の本格的な取り組みはこの時期に認められ、それは一九四三年度の国際学友会日本語学校の開校という結実をもたらした。本書では、一九三九年度から一九四二年度までを「日本語教育部時代」と呼ぶことにする。

この間、国際学友会は一九四〇年十二月に財団法人として組織を改めた。『コトバ』第三巻二号（一九四一年二月号）には国際学友会の財団認可に関して次のようにある。

学生による国際間文化の交換及び日本留学外国人学生の保護善導をはかり国際親善を増進することを目的とする同会は、昭和十五年十二月六日財団法人の認可があつた。役員は会長近衛文麿、副会長森村市左衛門、長與又郎、理事長宮川米次、専務理事矢田部保吉、常務理事渡邊知雄、主事国友忠夫の諸氏。尚、十月には国際学友会女子寮を開設、昭和十六年一月十五日役員会を開き、泰国学生の大量招致、仏印との学生交換、日本人学生と外人学生との親密化、会館寮舎の拡張などについて協議した。（八九頁）

同じ一九四〇年十二月には、内閣情報局が設置され、外務省文化事業部の担当業務は、情報局の「対外宣伝」を扱う第三部の第三課「対外文化事業」の管轄に移された。国際学友会の財団法人化は、所管官庁が外務省から情報局に移ることと同期していたのである。それは、国際情勢の緊張を反映して、「国際文化事業」の管理・指導が強化されてゆくことを意味していたが[13]、情報局担当者は国際学友会の実務に関して「外務省管轄当時の方針を継承して学友会当事者と密接に連絡して」[14]活動の拡充を図りたいという姿勢を示し、日本語教育事業は継続的に進められた[15]。先に引用した『コトバ』の記事を見ても、この時点の国際学友会には業務の拡張へ向けて動き始めた様子こそうかがえるものの、「南方特別留学生」の受け入れを予知していた様子は見られない。「日本語教育部時代」は、教科書編纂事業の計画およびその実現に代表されるように、計画された事業を精力的に成し遂げた時期であった。

国際学友会は一九四二年度までに体系的な教科書を完成し、設備の備わった建物に校舎を移転して学校設立の条件を整え、一九四三年度に国際学友会日本語学校を開校した。後年、国際学友会当局が戦時体制下の日本語教育事業をふりかえるとき、一九四三年の日本語学校開校までが「学校としての基盤を固めるための実験時代」であったと説明されることがある。[16]それは正しいはずであるが、この時期の国際学友会の日本語教育事業の整備には、二つの異なる力が働いていたことに注目しておかなければならない。一つは、国際学友会の設立時の理念に即して、外務省時代に計画された留学生の学習支援としての日本語教育を体系的に整備し安定的に運営していこうとする力。もう一つは、情報局への移管後顕著になる「南方諸地域」への日本語普及事業の拠点にしようとする国からの新たな力である。日本語学校開校という大事業が短期間に実現したのは、この二つの力の危うい均衡あってのことである。一九四二年十一月に大東亜省が設置されると、国際学友会の主たる所管は大東亜省に移った。[17]やがて後者の力が徐々に増し、前者を著しく圧迫することになってゆくのである。その意味で、国際学友会が設立当事の理念を保ったまま日本語予備教育の組織化を計画し、着々と準備を進めた「日本語教育部時代」は貴重である。聞き取り調査によると、当時の関係者は異口同音に、この時期の国際学友会が最も国際学友会らしい時期、すなわち外務省時代の国際文化交流としての国際教育への志に支えられていた時期であったとの認識を語っている。

「日本語教育部」時代の学習者と日本語教育

この時期に日本語を学んだ学生の人数を国別に示したのが表8である。学籍簿をもとに、入学年

表８　日本語教育部時代の日本語授業の受講者（学籍簿より河路作成）

	1939	1940	1941	1942	計	備考（専攻分野）
タイ（シャム）	16	30	20	26	92	
アメリカ	5	2	1	0	8	(2名は日系米人，1名は作家) 日本文化・商業学・陶器
イギリス	2	0	0	0	2	(1名は夫が日本人)
ドイツ	4	1	1	2	8	(1名はスキー教授) 日本学，法律，政治経済，歴史，教育
イタリー	0	0	2	0	2	(1名はローマ大美術史助教授) 日本美術，日本文化研究
ハンガリー	0	0	1	0	1	(ブタペスト国立博物館員) 日本考古学と芸術
白系ロシア	0	0	0	1	1	(建築請負人) 経済
ポーランド	0	0	0	1	1	(商人) 音楽研究
ボリビヤ	2	0	0	0	2	工学，医学
ブラジル	1	1	0	0	2	(1名は弁護士) 日本文化
メキシコ	2	1	0	0	3	(1名は母が日本人) 漁業研究・医学・建築
ウルグアイ	0	1	0	0	1	日本文化
安南（ベトナム）	0	0	3	4	7	医学
フィリピン	4	2	0	1	7	水産，医学，窯業
ビルマ	4	0	0	0	4	工業，缶詰製造
インド	4	3	3	0	10	(1名は東京医専在学中) 経済学，化学，陶器，日本文化
インドネシア(18)	1	3	0	1	5	医学，水産，農業，商業
日本	0	2	2	3	7	
不明	0	1	0	1	2	
計	45	47	33	40	165	

表９　日本語教育部時代の国際学友会の留学生の傾向

（学籍簿と岡本千万太郎「留学生の国語教育」を参考に河路作成）

	アジア諸国からの留学生	欧米諸国からの留学生
留学の目的	専門学校や大学への進学。	進学目的とは限らない研究心。
希望する学習・研究の分野	大半が自然科学系の技術。また，文化系では商業・経済が多い。	日本の精神文化が多い。中南米の出身者のなかには技術を学ぶ人もある。
年齢	10 代から 20 代半ば。	20 代から 30 代の後半。
身分	多くが未婚の学生。	研究者や作家，弁護士など，既に職業をもつ成人，また日本人と結婚した外国人配偶者など。
来日時の日本語能力	大部分は日本語を全く知らない。初歩の知識を持っていても，会話のできる者はほとんどいない。	日本についての知識は持っていても，日本語は全く知らないのが普通。
日本語学習の目標	進学のため，日本の中学校卒業程度の総合的な日本語力を必要とする。ただし，古典や漢文は入学試験以外には必要としない。	研究は英語などで行なえる場合もあり，あまり高い日本語力は必要としない。しかし，真に日本文化を研究しようとする者は古典・漢文も含む高度な日本語力を必要とする。

別に分けたが、一九三九年度には前年より受講している五名が含まれている。当時の留学生の状況を概観するため、留学の目的の専門領域や特記事項を備考欄に記しておく。

この時期には日本語授業の受講者は会館寄宿生に限らず、通学生の割合が増加しており、日本語教育事業が名実ともに会館運営とは独立した事業になったといえる。当時の日本留学事情と国際学友会設立の事情を反映してタイ人が全体の半数以上を占めるが[19]、それ以外の内訳は、アジア諸国からの留学生（日本を除く）[20]が三三名、欧米諸国からの留学生が三一名と、ほぼ拮抗している。学籍簿を見ると、アジア人留学生と欧米人留学生では、異なる傾向を持つことが指摘できる。その傾向の相違を表9にまとめて示す。

これを見ると、アジア人留学生は科学技術や経済を専攻するものが多く、欧米人留学生は日本の文化に関心を持つ者が多いという傾向――それは、現在も見られるものである――が、顕著にみられる。欧米人と東洋人の日本に対する関心や期待の違いについて、渡邊知雄は、『国際学友会会報』第一号（昭和十一年二月―昭和十二年十月事業報告）のなかで、日露戦争における日本の勝利に対する反応の違いを例に、次のように解説している。

欧米諸国民の受けた衝動乃至感激と、東洋諸国民のそれとは、全然別種のもので、一方前者にあつては、不可能事と固く信じられてゐたことが次々に実現され、日本国民の底知れぬ勇敢さと精神力を眼のあたり見て、驚異の程度を越した一種の脅迫感を抱くに至つたのだが、他方後者は長く白人優越感の呪縛に身を委ねてゐた誤謬から卒然として覚醒せしめられ、日本の実力の前に限りなき憧憬と渇仰を感じ始めたのであつた。

日露戦争の日本の勝因を、欧米人は日本の人々の精神性に求め、東洋人は技術や科学の軍備の実力に求めた。対照的に見える両者であるが、国際学友会で学ぶ彼らには共通点があった。日本語学習を通して初めて漢字を学ぶという点である。この点において、既に実績のあった中国人留学生の場合と大きく異なっていた。多く出版されていた中国人留学生用の教科書や教材が、国際学友会で使用できなかった最大の理由はここにある。これは、日本語学習にとって決して小さい問題ではない。中国人留学生用の日本語教材においてはほとんど配慮が払われることのない漢字の導入が、国際学友会の日本語教育においては大きな課題で、それを念頭においた教材開発が求められたのである。

この時期の国際学友会の日本語教育の最も大きな特色は、非漢字文化圏出身の留学生に対し、日本の高等教育機関への進学準備の日本語教育を行なう一年制の日本語学校の開校を実現したことにある。今日では驚くに値しないかもしれないが、当時としては不可能を可能にしたといってよい大きな達成であった。

日本語教科書の編纂・出版

国際学友会では、初期には教材として第四期国定教科書『小学国語読本』(「サクラ読本」)を使ってきた。一九三八年三月二日の『アサヒグラフ』の紹介記事では「一年間に小学校の巻一から巻十二までのテンポで教へる」(一二頁)とあるが、岡本「留学生の国語教育」によると実際には、一年間では巻八までがせいぜいで、勤勉で優秀な学生でも、「およそ一年前後の学習では、専門学校以上の学校へ入学して、その講義をよく理解し、教科書や参考書や雑誌を読みこなすことは、すくなくとも初めのうちは、おぼつかな」(四八頁)かった。進学前の日本語学習期間は短い方が望ましいが、求められている日本語能力は(旧制)中学校卒業程度の学力に対応するものである。専用の教科書開発がなされない限り、それは不可能と言ってもよかった。

そこで、岡本千万太郎は、一年間で中学校卒業程度の日本語能力を習得させるのに必要な日本語学習教材の編纂を計画した。岡本は「国語学と外国語教授法とに基いて科学的な方法」(六六頁)

でこれを実現しようと意欲的に取り組んだ。

岡本の理想とした教授法は、「新教授法・合理法・耳からの方法・自然法なども呼ばれ」（三〇頁）ていたナチュラル・メソッドとしての「直接法」で、「子どもが自国語を自然に、直接に、耳と口とで覚えていくのに、できるだけ近い方法によって、外国語を教えていくやりかたであ」った（三〇頁）。教科書編纂の具体的な構想は、『日本語教科書』の『巻三』か『巻四』までには小学読本全十二巻の程度を終え、『巻五』には中学校レベルの文章を入れて日本語予備教育の全課程とするものであった。

一方、一九四〇（昭和一五）年ごろから高いレベルに達する学習者が増え、国際学友会では日本語教育の可能性に自信をもちはじめたようである。日本語学習の成果として第一回学芸会が、一九四〇年十二月十四日に国際学友会館の講堂において日本語授業受講生全員参加のもと開催された。『コトバ』第二巻一号（一九四一年一月号）には「タイ、インドネンア《ママ》、ブラジル、米国など学生が日頃学習の日本語で、劇、朗読、対話、詩吟などをやった」とある。そして、一九四一年五月三十一日には同じ場所で第二回が開かれた。プログラムによると、初期の国際学友会で日本語を学んだインド、タイ、ビルマ、インドネシア、アメリカ、アフガニスタンなどの出身の学生たちが一堂に会して、それぞれに講演をしたり、劇や狂言を演じたりした。[21]『コトバ』第三巻七号（一九四一年七月）に「タイインドネシアの学生の狂言『末広がり』は特に好評」とある。[22]外務省や情報局の関係者も招待され、終了後は茶話会がもたれた。「学生の平素の学業成果の発表と、学生相互の親睦の増進[23]」が目的とされたが、関係者に成果を披露する役割も果たしたものと思われる。

岡本千万太郎の構想に基づいて完成した日本語教科書は以下の七点で、これらが一九四五年の終戦までに発行された国際学友会による日本語教科書のすべてである。

『日本語教科書　基礎編』　一九四〇年十二月
『日本語教科書　巻一』　一九四一年一月
『日本語教科書　巻二』　一九四一年九月
『日本語教科書　巻三』　一九四二年三月
『日本語教科書　巻四』　一九四二年十一月
『日本語教科書　巻五』　一九四三年四月
『重要五百漢字とその熟字』　一九四一年七月

『基礎編』は岡本による単著だが、一九四〇年度、岡本は教科書編纂担当を兼ねる新任教員として、横須賀高等女学校の同僚であった武宮りえと母校東京帝国大学の後輩で卒業したての松村明を専任教員（教授）として迎えた。松村明の談話[24]によると『巻一』『巻二』は国語学を専門とする松村が、『巻三』から『巻五』は、国文学を専門とする武宮が主として編纂し、岡本は全体のまとめ役であった。一九四二年十二月には松村明は軍隊に召集されて国際学友会を離れたため、『巻五』にはほとんど関わらなかったということである。

その編纂の具体的なプロセスや内容、現場での使用法などは前著『非漢字文化圏留学生のための

表10　国際学友会『日本語教科書』の編集方針（河路作成）

	目的	レベル	内容	備考
基礎編	第一部は日本語の発音・アクセントの練習。 第二部は基礎的な「文の型」を会話によって習得する。	基礎。	単語は「基礎的で手近」で翻訳しなくても「実物や絵や身振り」で理解させられるものを選んだ。聞く・話すが主。	文法用語は，教師の参考のためで，学習者に教える必要はない。仮名遣いは表音式。発音符号であって書き言葉用のものではない。
巻一	ひらがなに慣れること。単語や語法の意識をはっきりもつこと。	小学読本巻一から巻五程度。	大体小学読本から採用し，編者の作成による留学生の生活に即したものを加えた。	小学読本から採用したものに，文字・言葉遣いなどを変えた部分がある。 各課の終わりに練習（「問い」と「言い方」）を添えた。
巻二	生活場面に即した日本語を使えるようになること。	小学読本巻六から巻八程度。	なるべく学生生活に即したものを選んだ。小学校の教科書から採用したものは少なく，大半が編者の書き下ろし教材。	各課のあとに，練習（「言い方」）や参考（関連語彙や知識情報）を添えた。 日本の文化，俳句・狂言を提出。
巻三	実際生活に即した日本語を習得すること。文学作品などによって日本人の精神を理解すること。	小学読本巻九から巻十二程度。	編者による書き下ろしが主。留学生の生活に即したものを中心にし，日本人の精神を知らせる文学作品を加えた。	日本文芸の形態として川柳・短歌・小説を提出。
巻四	日本の文化的・風土的特色を理解すること。文語文を理解すること。	中学校1・2年程度。	各方面の人々の文から教材を採用。主として日本の文化的・風土的特色を示す材料を選び，新たに文語文を加えた。	文章は原文に忠実にと心がけたが，漢字のあて方などの他，文章にも多少変えた部分がある。
巻五	日本の高等程度の学校で勉強するために必要な日本語を修得すること。	中学校の中級以上の程度。	各方面の人々の文から採用した。日本文化を知らせるような教材を多くした。	『巻四』に同じ。

日本語学校の誕生』（二〇〇六）に詳述したので、ここでは完成した教科書の概要のみ掲げておく。それぞれの巻の「まへがき」に書かれた編者による編集方針を項目別に整理してまとめたものが表10である。

なお『巻二』から『巻五』の「前書き」に共通している全体の編集目的と方針は以下のようにまとめられる。

（1）「外国人とくに日本で勉強する外国人学生」に日本語を教えることを目的とする。

（2）全五巻で「日本の高等程度の学校」での勉学に必要な日本語を扱う。

（3）「語彙・表現・文字・内容」に、「日常的、文学的、文化的、科学的」なものなど各種採用した。

（4）教科書を通して日本人と日本文化とを知らせることにも努力した。

編纂にかけた期間は短いものであったが、全六巻の各巻が目的の達成に向けて緻密な計画のもとに構築されていることがわかる。学籍簿を追跡してみると、計画通りほぼ一年間、入門から「（旧制）中学校の中級以上の程度」までの日本語を身につけることを体現した留学生が複数存在したことが確認される。

一九四二年に来日したタイのチャラームの思い出によると、[25]「国際学友会の日本語の教え方はすばらしかった。十六カ月ここで学んだだけで、早稲田大学の試験に合格できたのだから。このことは日本人の友人たちを驚かせた」という。学籍簿によると、一九四二年度は、入門から始めて十カ月で『日本語教科書　巻三』を学習しているとあるが、『巻三』というと、例えば芥川龍之介の

「蜘蛛の糸」などが原文で収められている。一年で中学卒業程度というのはなお困難に見えるものの、一年半もすると中学校用教科書『国語二』と新聞を併用して学ぶ程度になっている。

一九四一年九月に入学したタイのサワン・チャレンポンは、バンコクを発つときは日本語が白紙状態であったのが、三カ月後には少国民新聞が読めるようになり、半年後には一般の新聞がほぼ読めるようになったと語っている。[26] 小学国語読本を使用していた時でも先に例にあげたアフガニスタンからの学生のように、短期間で高いレベルに達した学生がいたことを思うと、留学生らの達成は、何より本人の意欲と努力の賜物であるが、その学習を援けるのに、新しい教科書が大いに役立ったのは確かである。

なお、『日本語教科書』と併行して岡本千万太郎が松村明と作成したのが漢字教材『重要五百漢字とその熟字』(一九四一年七月)で、一九三七年六月号のカナモジカイによる雑誌『カナノヒカリ』に発表された「漢字五百制限案」の字種を採用して作成されている。

岡本はこうした日本語教育現場での教育、教科書編纂と並行して、雑誌などで日本語の問題や日本語教育に関する発言を行ない、一九四二年九月に『日本語教育と日本語問題』を出版、同十月に『現代日本語の研究』(国語学振興会編・代表岡本千万太郎、白水社)を出版した。後者は、岡本が東京帝国大学の橋本進吉門下の学者たちに現代語に関する論文を募ったものだが、国語学といえば古典語研究が主流であった当時、現代語の論文集というのは画期的であった。岡本は、国際学友会を現代語研究の拠点と考えていたようである。[27]

さて、国際学友会では、一九四一年十月より「日本語教育部」の事業のひとつに、日本語教科書の編纂に加えて「辞書編纂」を加えた。かねて懸案のタイ人留学生のための日タイ辞書の編纂が直接の動機でまずここから着手されたが、他にも辞書の整備されていない学習者言語について順次整備してゆこうという計画であった。

岡本は留学生のための日本語教育の効率化のために日本語教科書のほかに、「日本語副読本各種、日本語文法教科書、日本語簡易辞書、基礎日本語の調査（他の発表されたものを参考にして新に資料を蒐める）なども将来行う予定[28]」であった。また、特に「タイ国人などにとつては、きのどくなことに、まだタイ語－日本語の字書がない」（岡本「留学生の日本語教育」一八五頁）と留学生の不便を思いやり、実用的な日本語学習辞書の必要性を訴えていた[29]。辞典編纂事業は、こうした岡本の指摘に応えるものであった。しかし、授業の傍ら日本語教科書の編纂を行なっていた岡本らが、さらに辞書編纂に携わることは不可能であった。そこで国際学友会では一九四二年一月より大西雅雄を「辞書編纂主任」として招き、七、八名の「辞書編纂係」を雇って一室を用意した。この事業の詳細や顚末も前著に書いたので省略するが、結果的にこの事業は成果を結ばなかった。その後、奥野金三郎が八万語におよぶタイ日辞書をほとんど完成させていることを知った当時の専務理事・矢田部保吉が、これを（成果の出せなかった自前の辞典編纂事業の代わりに）国際学友会で出版することを決定したのだが、校正を済ませたところで印刷所が戦火に焼け、印刷準備中のすべてが焼失してしまった。幸いにも残った校正刷りをもとに奥野金三郎著・国際学友会監修『タイ日大辞典』（刀江書院）が刊行されたのは、戦後もかなりたった一九五八年のことだった。

校舎の移転・設備の充実

念願の日本語教科書は完成したものの、学校としての正式な認可を受けるためには、校舎・設備の整備が必要であった。もともと留学生の宿舎として淀橋区（現・新宿区）西大久保に建設された国際学友会館は手狭で、学校として必要な設備を満たしていなかった。

校舎の整備は数年来の懸案で、一九四一（昭和一六）年三月二十六日開催の第二回理事会において「財団法人国際学友会館新築小委員会」の設置が決議され、検討が進められていたのだが、[30] 一九四二年六月、目黒の高台にあって近代的な装備を誇る建物と広大な校庭に恵まれた「財団法人アメリカン・スクール・イン・ジャパン」の施設借用の契約が成立し、移転をしたことで、学校としての条件を整えることができた。

「アメリカン・スクール・イン・ジャパン」は、一九四一年十二月八日の日米開戦をきっかけに学校を閉鎖し、敵産管理法の適用を受け大蔵大臣によって管理されることになっていた。「アメリカン・スクール」の代表者J・R・ダーギンは、適当な組織に賃貸することを希望していたが、国際学友会が名乗りをあげたので順調に交渉が進んだという。[31] その背景には、当時国際学友会の総主事を務めていた国友忠夫が日系アメリカ人で、ダーギンとはYMCAなどを通じて長く親交があったこと、ダーギンはかねて国際学友会が援助していた日米学生会議（日本英語学生協会主催）の顧問で、国際学友会の事業に理解が深かったことがあった（金澤『思い出すことなど』五一—五二頁）。国際学友会が、アメリカとの親交の深い「国際文化事業」であった当時の実績がここでは良い方向に作用したことになる。[32] 条件が整ったので、国際学友会は一年間課程による各種学校としての日本語学校設置認可申請を東京市に提出し、一九四二年六月に引っ越しをすませた。

国際学友会日本語学校の開校

国際学友会では、一九四二年八月に日本語学校開講準備の手続きを完了したが、設立認可の下りたのは一九四三年一月であったため一九四三年度の始まりをもって開校と決め、一九四三年四月一日に国際学友会日本語学校の開校式を行なった(33)。

「財団法人国際学友会日本語学校学則」(34)の「第一章　総則」は次のとおりである（原文はカタカナ漢字交じり。濁点、句読点なし）。

第一条　本校は外国人留学生に対し、日本の諸学校に入学せしむるために必要なる日本語及び他の諸学科を教授し、以て日本文化の真髄を知らしむるを目的とす。
第二条　本校に本科と特別科を設く。
第三条　本科の修業年限は一年とす。特別科においては修業年限を設けず。

ここに、非漢字文化圏出身の留学生を対象とした日本語予備教育一年課程が正式に産声をあげたのである。この「学則」には、以下、学期は春、夏、冬に休みをはさんでの三学期制であること、一般学校に準ずる休日のことなどが書かれている。「第三章　学科課程、授業時数」の部分は、この学校の特色を示していて興味深いので、引用しておく。

第八条　本科の課程を分ちて初級、中級、上級とし更に各級をその学力及び人数に応じて若干の組に分ち得るものとす。

第九条　本科においては学科を分ちて必修学科と随意学科とす。必修学科は日本語及び日本歴史とす。

日本語は次の科目につきて分科的且つ総合的に教授す。

会話、読解、習字、書取、作文、文法
随意学科として次の如き諸学科を必要に応じて開講し日本語により教授す。

日本文化、漢文、外国語、地理、数学、理科、文科など
地理は日本地理を主として東亜地理、世界地理にも及ぶことあり。

理科は物理、化学、動物、植物、鉱物などとす。

文科は法制、経済、哲学、心理、論理などとす。

日本歴史及び随意学科は中級以上に之を課す。

第十条　本科の各級による各週授業時数は次〔頁〕の表による。


以下、「財団法人国際学友会日本語学校学則」は「第四章、入学、休学、退学」、「第五章　課程の修了及び卒業の認定」、「第六章　授業料」、「第七章　賞罰」より成る。三学期制による一年制といっても、「入学期は毎学年始めとす。但し中途より入学を許可することを得」（第十四条）、「入学

必修学科各週時数表

<table>
<tr><td colspan="2"></td><td>初級</td><td>中級</td><td>上級</td></tr>
<tr><td>日本語</td><td>会話</td><td>6</td><td>6</td><td>3</td></tr>
<tr><td rowspan="3"></td><td>読解</td><td rowspan="3">22</td><td>7—10</td><td>10—13</td></tr>
<tr><td>習字</td><td>3</td><td>3</td></tr>
<tr><td>書取
作文
文法</td><td>2</td><td>2</td></tr>
<tr><td colspan="2">計</td><td>28</td><td>18—21</td><td>18—21</td></tr>
<tr><td colspan="2">日本歴史</td><td></td><td>2</td><td>2</td></tr>
<tr><td colspan="2">計</td><td>28</td><td>20—23</td><td>20—23</td></tr>
</table>

随意学科各週時数表

	初級	中級	上級
日本文化		1	2
漢文			2
外国語		2—4	2—4
地理		1	2
数学		3	3
理科		4	4
文科		4	4

せしむべき学生の数は之を限定せず、事情の許す限り之を許可す」（第十三条）とあるように、いつでも人数に制限なく入学でき、従来の実施形態との連続性が配慮されていることがわかる。教育現場では、日本語学校の開校前後にさほど大きな変化があったとは、とらえられていなかったようである。

学則第一条の「外国人留学生に対し日本の諸学校に入学せしむるために必要なる日本語及び他の諸学科を教授」するというのは、今日にいたるまでいわゆる「日本語予備教育」の一般的な定義であると言える。しかし、そのあとに「以て日本文化の真髄を知らしむるを目的とす」とあるところ、また、必修学科として「日本歴史」が課されているところなどは、外務省文化事業部の「国際文化事業」が設立当初から世界各国に対する日本理解の促進を使命としていたことに符合していることが確認される。

3　開校当初の国際学友会日本語学校

戦時中の国際学友会日本語学校といえば南方特別留学生の受け入れ機関として語られることが多いが、実際には、一九四二（昭和一七）年夏に目黒の元アメリカン・スクールの広い校舎に移転し、各種学校として開校の認可がおりた一九四三年一月の時点では、関係者は「南方特別留学生」事業については知らなかった。

同年四月一日に開校式が挙行されたと「財団法人国際学友会第八回理事会議事録」（昭和十八年四月十三日）の「報告事項」にはあるが、この時期、この学校に在籍していた教員や学生に行なった聞き取り調査では「開校式」の記憶を持つ人はなく、一九四三年四月にそれまでの日本語教育部から正式な日本語学校の開校へと制度的な変化があったことも、さほど認識されていないようであった(35)。それよりも、関係者の印象に強く残っているのは、移転先の広々とした美しい校舎の思い出と、それから約一年後に南方特別留学生の大量受け入れにともなって学校の雰囲気が変わったことであった。

元アメリカン・スクールの校舎への移転後、南方特別留学生を受け入れる前の国際学友会日本語学校の様子を、当時の文献や関係者への聞き取り調査資料から抜き出してみたい。

関係者が口々に美しかったと語る元アメリカン・スクールの新校舎の様子について、雑誌『日本語』の第三巻七号（一九四三年七月）に掲載された「国際学友会日本語学校参観記」には、次のよ

うに描写されている

市電の中目黒駅からまつすぐアスファルトの大通りを横切つて、だらだら坂をのぼると、その中途右側に、蔦《つた》に一杯蔽はれた石垣があり、右手のくゞりを通って階段をのぼると、左一面に緑の芝生がひろがり、正面に三階建の、これもあをあをとした蔦に蔽はれた洋館が見える。（七〇頁）

一九四〇年四月に東京帝国大学文学部国文学科卒業と同時に国際学友会の教授に就任した松村明は、教室で日本語を教えつつ教科書編纂に尽力したが、一九四二年十二月に召集されて衛生兵となり、一九四三年八月に病気のため除隊、国際学友会に戻ってきた。そのときの国際学友会の様子の変化を、松村は次のように語った[36]。

〔元アメリカン・スクールの建物は〕三階建てのきれいなクリーム色の学園でした。敷地の半分以上はグラウンドで、広々としていました。中目黒駅から四・五分のところです。今は千代田生命本社になっているようです。

ここに移ってしばらくして、十七（一九四二）年の十二月一日付けで私は軍隊に取られ、昭和十八（一九四三）年八月二十一日ごろ除隊になるまで、九か月ぐらい軍隊にいて、そのあと帰ってきたのです。兵隊に行く前は、学生はそれほど増えないのに校舎がとても広くなってのびのびしました。校庭で事務の人と一緒に野球をしたりもしました。これはありがたいと思ったら、兵隊に行くことになり、帰ってきたら、学友会は軍事色が濃くなっていて、様子が大きく変わっていたのです。

一九四一年六月から一九四五年の秋、閉校まで国際学友会日本語学校の日本語教師を務めた中村（旧姓・永島）愛子は、同じ時期のことを次のように回想している。[37]

〔元アメリカン・スクールの建物に〕引っ越したときは、南特〔南方特別留学生〕は来てないのよ。人数は少なくて、国際的にいろんな人がいて、一人でも教えたの。たとえば、イタリア人の女の人、一人でも教えた。特別に国が呼んだ招致学生などがいたのよ。そういう人が一人ずつ来るの。

アメリカン・スクールに移ったときは、とてもよかったわね。その前〔の校舎〕ががたぼろのところでしたからね、ずいぶん、よくなりました。日本語学校の開校っていうけど、そんな大げさなことがあったかしら。〔開校式のことは〕全然覚えてないわね。校舎が大きくなったから、認可されたってだけでしょ。それから、またぼつぼつベトナムやタイから招致留学生が来ました。ベトナム人は交換留学生や招致留学生。南特が来るとね、ちょっと雰囲気が変わったわね。

タイ国から来た当時の留学生サワン・チャレンポンは、次のように記憶していた。[38]

あれ〔アメリカン・スクールへの引っ越し〕はね、たぶん、昭和十八（一九四三）年の一月からですよ。十二月に「これからここは閉鎖します。中目黒のアメリカン・スクールに移りますから、今度からそちらに行って下さい」と言われました。[39]目白から渋谷で乗り換えて、代官山、そして終点の中目黒。そこからちょっと歩いた。広い運動場があって、運動会をやりました。建物も大きくて、柔道の授業も始まりました。女子学生の寮も中にありました。昔の学友会は木造三階建てで庭もないし、狭いところでした。それが、急に広くなってね。池もあって、グランドもあって。とても広かった。

（河路　うれしいと思いましたか？）

いいや、そうは思わなかった。前は新宿だったからね、買い物もできた。でも、中目黒は何もないから、買い物もできない。そして、とても静かです。雰囲気はいいですが、なんだか静かすぎてさびしい感じがしました。前は、部屋は狭いが人がいっぱいいました。アメリカン・スクールは、部屋は広い、学校は広い、でも、学生は少ない。心細い感じがしました。

（河路　きれいな建物だったそうですね。）

そう、そう。きれいでしたよ。あのとき、写真機がありませんから、写真はありません。

（河路　そのあと、南方特別留学生が来たら人数も増えて、にぎやかになったのでしょうね。）

そうね。でも、あのときは、学生が少なかったからね。静かだった。

学籍簿を確認すると、アメリカン・スクールに移った時点の学生数は二四名に過ぎない。出身国の内訳は、当時の学籍簿の記述に従うと、タイ一五名、ベトナム四名、インドネシア二名、フィリピン一名、ドイツ一名、イタリー一名である。日本語のレベル別のクラスは六つであったが、十月一日に第一回タイ国招致学生が到着すると、彼ら六名に同時期に入学した私費留学生一名を合わせた七名のための新しいクラスができ、学生数は三一名となった。一九四三年三月の国際学友会の卒業式に優等生として褒賞状を授与されたサワンは、この時点で最もレベルの高いクラスにいたが、クラスメートはインドネシアのウマルバラックとドイツのフーバートであった。「そのとき、特にフーバートさんと親しくなった。日曜日に二人で高尾山に遊びに行ったのも、そのころでしょうね」とサワンは語った。

また、第一回タイ国招致学生として一九四二年十月一日に入学した六名には女子学生が二名含まれていたが、そのうちの一人、スダー・ミンプラディットは、この新校舎の構内にあった女子寮について、次のように語った(40)。

国際学友会の女子寮にはピアノがありました(41)。いけばな、お茶、それから扇子を使った踊り、日本舞踊、ピアノなどの先生が、夕方、女子寮に来て、私たちは選んでお稽古をすることができました。わたしと(もう一人の女子学生)チュムシンさんは、生け花とピアノを選んで習いました。これは女の子のためだけです。うれしいことだったと思います。男の学生はスポーツなどをしていたのだと思います。

見せてもらった写真のなかに、女子寮のひろびろとした洋間での集合写真があった。女子学生がみな髪をきれいにカールしているので聞いてみると、「自分でするんです。プラスチックの棒のような道具があって、熱くして、巻きます」とのこと、また着ている洋服が見るからに上質であることについては、チュムシン・ナ・ナコーンが次のように説明した。

図10　タイ国招致学生（チュムシンさん所蔵）　国際学友会で撮影されたもの。前列左がチュムシンさん。

洋服は、洋服屋さんが作りに来てくれます。また、身体が大きくなったときには、そう言えば、また学校が洋服屋さんを呼んでくれます。自分の好きな服を作ってもらうことができます。好きな生地を選んで、好きなデザインで作ってもらいます。それぞれの季節に二着ずつ、作ってもらう権利があります。その予算はもう用意してありますから、頼まないともったいないので、作ってもらうようにしていました。冬はコートもいいのをもらいました。

「招致学生ですから」とのことで、一般の日本人の生活水準をはるかに超えた厚遇を受けていたようである。

ちなみに南方特別留学生は男子に限られていた。女子寮は、従って南方特別留学生には必要なかった。このような恵まれた女子寮が構内にあったことからも、アメリカン・スクールに移転した当時の国際学友会は、設立当初の「パリのユニベルシテール」（国際大学都市）のような文化的な留学生のための学園を志し、束の間それを実現したと考えられる。

4 「南方文化工作」と国際学友会

南方特別留学生の受け入れ

見てきたように、国際学友会の日本語教育の現場の雰囲気は、南方特別留学生が実際に大量に入学してくる一九四三（昭和一八）年七月まで、外務省時代の雰囲気を残していたようである。

国際学友会理事会で南方特別留学生育成事業について初めて取り上げられるのは一九四三年四月十三日のことである。[42] 同年二月に大東亜省の指示により、「南方文化工作特別指導者育成のための特別留学生」の招致・教育が行なわれることになったと報告された。国際学友会では一九四三年二月に金澤謹らが大東亜省南方政務局文化課に呼ばれて初めてその説明を受けた（金澤謹『思い出すことなど』五七頁）。

理事会議事録によると、この後「南方特別留学生」と呼ばれることになる「南方文化工作特別指

導者育成のための特別留学生」の趣旨は、以下のように説明されている。(43)

南方諸地域より有為なる人物を簡抜し我国に留学せしめ、可能なる限り短期間に我学芸および実務を習得せしむると共に我が国民性の真髄に触れしめ以て帰国後は原住民を率ひ、大東亜共栄圏建設に協力すべき人材を育成するものとす。

「研究科目並びに留学期間」は「来朝後一ヵ年間日本語を専修し、その後約二ヵ年間現地の要求する専攻科目（日本語、機械学、農林学、応用化学、医学、薬学など）を修めしむるものとす」とされた。彼らの指導は、大東亜省が「陸軍省、海軍省、文部省及び情報局その他関係官庁と密接なる協力の下に」行なうが、「留学生宿舎、日本語教育、上級学校への斡旋等は差当り財団法人国際学友会之に当るものとす」ということになった。

学生の宿舎の運営、日本語教育、上級学校への斡旋は、国際学友会が従来行なってきた業務にあたるし、広い校舎を構え一年課程の日本語学校の開校をひかえていた国際学友会では、積極的にこれを引き受けた。国際学友会ににわかに緊張が走り、教員の増員、宿舎の確保、寄託団体との協議など、受け入れ準備が整えられた。(44)

前章で国際文化振興会について見たように、「大東亜戦争」中の「国際文化事業」はすべて「大東亜共栄圏」建設のための文化工作事業に関わることなしに活動できなくなっていた。国際学友会にもその影響は及んだ。国際文化振興会が日本語普及事業の主たる対象をそれまでの欧米諸国から

表11　1943年・1944年入学の「南方特別留学生」（出身地域は当時の名称のまま）
（国際学友会学籍簿より河路作成）

	1943/7/5	1943/7/24	1943/7/25	1943/9/10	1944/4/8	1944/6/10	1944/6/19	計
マライ	8	0	0	0	0	0	4	12
スマトラ	7	0	0	0	0	0	9	16
ジャワ	20	0	0	4	0	0	20	44
ビルマ	15	0	2	0	0	0	30	47
フィリピン	0	27	0	0	0	0	24	51
セレベス	0	0	0	11	0	0	0	11
南ボルネオ	0	0	0	7	0	0	0	7
セラム	0	0	0	3	0	0	0	3
タイ	0	0	0	0	11	1	0	12
北ボルネオ	0	0	0	0	0	0	2	2
計	50	27	2	25	12	0	89	205

東南アジアに転換したのに比べると、目の前の学生を対象としていた国際学友会では一九四三年の初頭までは外務省時代の体質を残していたが、南方特別留学生の育成事業を引き受けた頃から、その影響ははっきりと現われるようになった。

最初の南方特別留学生は一九四三年六月二十八日、第一陣の五〇名が来日、七月五日に国際学友会日本語学校に入学した。南方特別留学生の受け入れは一九四三年度と一九四四年度にわたるが、国際学友会日本語学校への入学時期を見ると、一九四三年度は七月と九月、一九四四年度は四月と六月で、一年に満たない期間に、総勢二〇五名が入学してきたことになる。来日時期、出身地と人数をまとめたものを表11に示す。

南方特別留学生の第一陣五〇名（マライ、スマトラ、ジャワ、ビルマ）の来日、国際学友会への入学は、新聞雑誌でも紹介された。日本軍政のもと現地での訓練を経ての来日で、「元気な体を揃いの国民服、国防服の半袖に包」み、軍隊式の行進でやってきたという[45]。

大東亜省による指導の強化

『日本語』一九四四年二月号に、設立当初から国際学友会の職員であった金澤謹[46]による見開き二頁余りにわたる国際学友会の事業説明が掲載されている[47]。設立以来の経過を説明したあとで、金澤は「こうした変遷を辿つて見るとき国際学友会の留学生事業にも、大東亜戦争勃発を契機として内容的に著しい変化を遂げたものと見なければならないが、翻つて昭和十年当時、文化事業創設者の秘やかな意図を省みると共に、去る九月十一日閣議決定を見た留学生処遇方針を思ふとき、その余りにも急激な変化発展に驚かないものはないであらう」と述べている。一九四三年九月十一日に閣議決定をみた「留日学生の指導に関する件[48]」には、「学校（補導機関の予備教育施設を除く）又は研究施設に於ける留日学生の指導は、其の関係官庁之に当り補導機関の指導監督及其の他の指導は大東亜省之を行ふものとす」とあり、大東亜省が留学生教育全体を統率すること、特に「補導機関の予備教育施設」にあたる国際学友会日本語学校はその指導を大東亜省に仰がなければならないことが明確に打ち出されている。一九四一年十一月に文部省専門学務局長によって示された「留日学生指導方針（案）[49]」と比較すると、統制の著しい強化が確認できる。「留日学生指導方針（案）」では、その趣旨が、留日学生の指導は、東洋を初め世界の諸地方より有為なる青年を我国に留学せしめ、積極的なる指導訓育の下に優れたる我学芸につきて学ばしむると共に、我が国民性の真髄に触れしめ、我新秩序建設の理想の実現こそ又彼等の母国の繁栄の至善の道なる所以を感得して率先我に協力せんとする人材を養成するを以て本旨とす。

と説明され、「新秩序建設」への政治的意図が打ち出されているものの、「世界の諸地方」からの留学生が意識されていた。「留日学生の指導に当りては、形式的画一的なる取扱いを避け、母国の政情・国民性・歴史・風土等に応じ、夫々適切なる配慮を加へ、以て指導の実効を挙ぐるを期すべし」と画一性を排し、「入学すべき学校の選定」については「国別の事情及び本人の志望」を考慮して適切に指導するよう書かれており、国際学友会が外務省文化事業部の所管事業として行なってきた実績と矛盾をきたさない配慮が見られた。

それに対し、一九四三年の「留日学生の指導に関する件」は、冒頭の趣旨説明から「大東亜地域内各国各地より皇国に留学せしむる学生（以下単に留日学生と称す）」と括弧書きされているように、「留日学生」といえば、「大東亜地域内各国各地」出身者を指すとされており、「指導の重点」も

（1）東洋本来の道義精神を振作昂揚すること
（2）皇国に対する深き理解と信頼とを得しむること
（3）大東亜建設に関する正しき認識と挺身之に当るの意欲を啓培すること

（4）優れたる皇国の学術技能を修得せしむること

とあり、「大東亜戦争」目的一色となっている。ここにおいて、国際学友会日本語学校の性格の変化は決定的になったというべきであろう。国際学友会日本語学校の日本語教育は陸海軍の圧力下にある文部省の、[50]留学生教育は大東亜省の指導を受けて実施しなければならなくなった。

金澤謹による戦後の回想記『思い出すことなど』（一九七三）では、この時期金澤ら外務省時代からの職員たちが、いかに時代の困難と闘ったかが語られているが、先に引用した戦時下の文章では、時代の急激な変化への戸惑いが述べられるばかりで、「既にして大東亜宣言も厳かに宣せられた。我国に来り我国に学ぶものの使命も亦判然として来た。と同時に国際学友会の使命も愈々重且大を加へて来たのである」と結ばれている。国際学友会の国家的使命は確かに設立当初は誰も想像しなかったほど大きくなったのである。

この頃には、国際学友会日本語学校の教員たちも、文部省関係の南方向け日本語普及事業に関わることが多くなった。一九四三年十二月の「南方向け日本語教本編纂会議」には文部省図書監修官であった釘本久春をはじめ、岩淵悦太郎、神保光太郎、福田恆存、浅野鶴子らとともに、国際学友会教授の林和比古も出席した。[51]また、「文部省南方派遣日本語教育要員養成所第七回講習会」のスケジュールには国際学友会見学が含まれている。[52]日本語普及に関する座談会などに国際学友会の関係者が参加する機会も増えていった。一九四四年八月には、国際学友会の日本語教科書の編者の一人であった松村明が、釘本久春とともに南方向け日本語教科書の編纂を行なう人材として文部省図書監修官補に就任した。

教員体制の強化、職員の異動

鈴木忍は一九四一年七月よりタイのバンコク日本語学校に赴いており、一九四二年度末に国際学友会に在職していた日本語教師は、依田《よだ》千町《ちまち》、岡本千万太郎、松村明、武宮りえ、弓削田万寿美《ゆげたますみ》、永鳥愛子、水野清、林和比古《はやしかずひこ》、若杉文代であった。国際学友会では、南方特別留学生の大量受け入れへの対応として教員の増員を行なった。採用は順調に運んだ。高等学校や中学校、女学校で外国語の授業が不自由になったことに圧迫を感じていた外国語の教員たちが、新たに日本語教育に参入してきたケースも多かったという(53)。

この時期に新しく国際学友会日本語学校の日本語教師となった顔ぶれには、高橋一夫、石川道雄、村岡成美、川俣晃自、菊地靖、辻昶らがいた(54)。また、日本語教育振興会より日本語教師として「山口」「鵜川」が派遣されている(55)。ほかに、国際学友会に所蔵されている一九四三年当時の学生の所持品に書いてある時間割にはハマダという教師の名が見える。これは南方特別留学生事業を目的とした人員拡充であったので、このときに加わった教員たちのなかには、例えば菊池靖『留学生とともに』が後に「たとえ積極的に戦争に協力したわけではないにしても、今次大戦の占領政策に自ら進んで協力した事実は、決して消し去ることはできない」(九頁)と述べたように、国際学友会への就職を戦争への協力とみなすべき事情が存在し、外務省時代から在職した教師たちとは異なっている。

新たに採用された日本語教師のなかには、日本語教員養成講座の受講経験者が含まれていたことにも、時代の反映が見られる。一九四三年七月に国際学友会の日本語教師となった高橋一夫は、一九四二年の初め、府立玉泉中学校の国語教師時代に東亜学校で開かれた日本語教育振興会主催の日本語教育講座を受講した（高橋「戦中戦後のあれこれ」）。また、一九四三年、南方特別留学生の受け入れに際して、本郷寮に住み込んで日本語学習支援を含む学生の世話係を任ぜられた上遠野《かどの》寛子も、同じころ財団法人青年文化協会の日本語教師養成会に参加した。その後タイ大使館で教えていたところ、大東亜省から話があり、南方特別留学生の仕事を引き受けることになったという（上遠野「私と国際学友会」）。これらの日本語教師養成講座は、南方へ派遣する日本語教師養成を目的として開かれたものであった(56)。

一方、「日本語教育部」時代に主任として中心的役割を果たし、教科書編纂などに成果を現わした岡本千万太郎は、南方特別留学生の最初の大量受け入れの時期に重なる一九四三年夏に北京師範大学に転出した。以後、国際学友会日本語学校では、岡本の後任として教育部長を石川道雄(57)が務めた。また、国際学友会の事務の総主事で学生たちの信望の厚かった日系二世の国友忠夫は、日米開戦後の一九四三年一月に国際学友会を辞職し、タイのバンコク日本文化会館に教育部長として赴任する。国友は、かつてハワイ大学から国際学友会の奨学金を受けて日本文化研究のために来日した元留学生であった。元在タイ日本大使で特にタイの学生には慕われていた矢田部保吉専務理事も、一九四四年三月に国際学友会を去った。

こうして外務省時代の人物が去ると、一九四三年十一月には陸軍の命で校長として陸軍中将の竹内寛が着任した。竹内は幼年学校長などの経験も有したが、国際学友会日本語学校に「女の先生が何人もいて、しかも着流しで教壇に立っている風景などを見て、少なからず驚いたらしかった」

（金澤『思い出すことなど』七二頁）。金澤謹は「私たちとしては、竹内氏は校長として就任された以上、積極的に反対ないし不服従の態度に出たわけではないが、ここは陸軍でも戦場でもなく、普通の教育をする場であるから、陸軍の教育様式とは当然違っていいと言う考えが役職員各人の心の底に横たわっていたことは否めなかった。中将を「さん」呼ばわりするのだって、そう言った気持の上の最小限度の抵抗の産んだものだったろう」（七二頁）と書いている。菊池靖『留学生とともに』も「校長といっても竹内退役陸軍中将は、この〈南特〉の留学生が、学友会に来た年の十一月に陸軍が勝手に押し付けてきた校長で、私のような一介の日本語教師とは、なんの関係もなかった。日本語学校の教員は教育部に属していたので、部長の石川道雄先生のもとにあった」（六頁）と述べ、高橋一夫「戦中戦後あれこれ」も「戦時中のこと、しかも国の丸がかえであってみれば、学校長が中将閣下という一時期もあったが、教官側としてみれば、その親玉は教育部長の石川道雄さんであった」（七頁）と述べている。中村愛子や松村明によると、現実に組織は変わっても、教師の仕事は以前からの流れのままに行なわれたという。教室での活動や教育内容に制限や指示が与えられることもなく、日本の学校と違って教育勅語などにも縛られず、「授業中は戦争中だということも忘れていられるような呑気なところがあった」（松村明の談話）ということである。

国際学友会の目的・名称変更案

さらに時局の緊張が高まると、大東亜省は、国際学友会の名称や事業目的の変更を要請してきた。一九四四（昭和一九）年四月二十四日付の外務省条約局第二課による「国際学友会ノ寄付行為変更問題ニ付テ」には、大東亜省から要請のあった国際学友会の目的と事業（寄付行為第四条）の変更案に対して、外務省が大東亜省に反対意見を申し入れ、結局それが聞き入れられることになった経緯が書かれている。

問題になった国際学友会寄付行為第四条の原文と変更案を並べて示す。

（原文）本会は、学生に依る国際間文化の交換、及び本邦留学外国人学生の保護善導を図り、以て国際親善を増進するを目的とす。

（変更案）本会は、主として我国と大東亜共栄圏南方諸地域間に於ける留学生に関する一切の事業を実施し、本邦留学の学徒に対し肇国《ちょうこく》の精神に基き適切なる輔導《ほどう》を行ひ、以て共栄圏建設に須要なる各民族の指導的人材育成に資し、互助敦睦《とんぼく》の実を挙ぐると共に、大東亜の文化を昂揚し延て世界の進運に貢献するを目的とす。

国際学友会の生みの親にあたる外務省は、「国際学友会の従来の性格を一変して、単に南方留学生の輔導にあたる団体たらしめむとする」ことに異議を唱える。すなわち「国際学友会本来の使命は将来とも存続せらるべきもの」と考え、「現に少数と言ひながら欧州諸国よりドイツ三名、ハンガリー一名、イタリアから一名」と相手国との文化協定に基づく交換学生が在籍するのを無視しては「欧州盟邦との文化交流に対し日本がすこぶる冷淡と為りたるやの印象を与へる」として、条約局の湯川第二課長が大東亜省の神吉参事官に反対を申し入れたのである。その折りに湯川は国際学友会が欧米を含む諸外国との学生交換事業を国家間の文化交流として正式に行なってきた実績を述べて、「寄付行為の変更に関し再考を要望」したのであった。神吉との間でいくらか問答があるが、結局神吉は外務省からの意見を「熟慮研究すべきことを約し」た。「国際学友会」の名称についても「留日南方学生補導会」といった名称への変更要請があったが、湯川はそれについても同じ理由で「「国際学友会」の名称は必ずしも固執せざるも、前記意見の趣旨に依り「留日南方学生補導会」の如き名称には反対なる旨」を申し入れた。

その後の詳しいいきさつは不明だが、結局「国際学友会」という名称はその後半世紀以上を経て二〇〇四年四月に合併改組されて日本学生支援機構の「東京日本語教育センター」となるまで、変わらず、寄付行為の第四条も内容を変えることなく引きつがれた(58)。

5　国際学友会日本語学校のカリキュラム・教授法

学習者とクラス編成

国際学友会日本語学校の教育現場の様子を伝える資料としては、雑誌『日本語』に掲載された二つの文章がある。

（1）国際学友会「日本語教授三ヶ月」（日本語教育振興会『日本語』第三巻四号、一九四三年四月、八〇―九〇頁）

（2）（編集部）「国際学友会日本語学校参観記」（日本語教育振興会『日本語』第三巻第七号、一九四三年七月、七〇―七一頁）　以下、「参観記」として示す。

これら二つの文章に、聞き取り調査の内容、また学籍簿、南方特別留学生関係の資料を加えた情報から、この時期の日本語学校の教育現場の様子は、ある程度知られる。

「参観記」は、一九四三（昭和一八）年六月の国際学友会日本語学校訪問記だが、南方特別留学生の受け入れ前の様子を伝えていて貴重である。このとき、生徒総数は三〇名で、うち「安南人」ことベトナム人が一二人、タイ人が一二人、フィリピン人が一人、フランス人が三人、ドイツ人が二人、とある。[59] クラスは日本語のレベル別に初・中・上と分けられている、との説明のあと、それぞれのクラスの見学報告がなされている。

（1）一九四三年三月入学の「安南人」のクラス（七名）。担当教員・林和比古

『日本語教科書　巻一』第十四課「浦島太郎」を学習中。

（2）一九四二年十月入学のクラス（タイ招致学生六名）。担当教員・武宮りえ

部首を中心とした熟語集の解説（『重要五百漢字とその熟字』を使用か）。

（3）日本語レベルの高い「安南人」のクラス（五名）。担当教員・永鳥愛子

『日本語教科書　巻四』第六課芥川龍之介「蜜柑」を学習中。

（4）不明　担当教員・村岡成美　漢字の書き取り。

（5）個人指導　担当教員・弓削田万寿美

一九四三年七月から入学した南方特別留学生は、それぞれ地域別にまとまって入学し、地域別の

クラス編成がなされ、一クラスの人数は二〇名にも及ぶことがあった。南方特別留学生は地域ごとに現地での準備教育がなされ、宿舎もそれぞれ地域別に寄託団体に任されていたため、国際学友会においても地域別に集団行動をさせていたようである。担当教員はそれぞれ二人配属された。寺川喜四男『東亜日本語論』(一九四五)によると、一九四四年三月に来日したタイ国からの一二名の南方特別留学生の担任は松村明であった。(60)

日本語学校開校後は、一九四三年四月十日発行の『日本語教科書　巻五』をもって全六冊が完成した国際学友会編『日本語教科書　基礎編』および『巻一』―『巻五』が主教材として使われた。

大量の南方特別留学生の受け入れのほかに、タイ、仏印からの招致学生、交換学生の受け入れがあった。一九四二年一月十九日に結ばれた「日本泰《タイ》両国間学生交換協定」と「泰国学生招致に関する交換文書」、また一九四二年六月二十三日に結ばれた「日本仏領印度支那《インドシナ》間学生交換協定」と「仏印青年学生招致に関する文書」に基づくもので、交換学生については日本側からも三名ずつ派遣した。(61)タイからは一九四二年秋、一九四三年夏に招致学生を六名ずつ(男子四名、女子二名)と交換学生三名、仏印からは一九四三年春に招致学生八名(うちフランス人が二名)と交換学生三名(うちフランス人一名)を受け入れた。

この時期に新しく入学した私費留学生はわずかに四名のみ(タイ一、ドイツ一、ベトナム一、フィリピン一)であった。第二次世界大戦中のヨーロッパからの来日はますます難しくなり、世界的な混乱のなか、初期に積極的に受け入れていた中南米からの受け入れもなくなった。対戦国である連合国側、アメリカ、イギリス、そして(イギリス領)インドのみならず、枢軸国側で日本の協力

表12　タイ国招致学生6名の初めの3カ月の時間割（1942年）

1	2	3	4
9：10—10：00	10：10—11：00	11：10—12：00	13：10—14：00
読解（文法）	読解（文法）	会話	副読本・作文・習字

国とされたイタリア、参戦はしないものの連合国軍に反対の立場をとっていたハンガリー、ロシアなどからも新たな受け入れはなくなった。また、それまで使われていた「インドネシア」という名称は使われなくなり、日本の軍政に従って「ジャワ」「スマトラ」「南ボルネオ」といった名称に切り替えられた。

これ以前に入学した学生で、継続して在籍して日本語学校で学ぶ者はわずかで、例外的な存在となった。なお、学籍簿の残る最後の入学生は一九四四年六月十九日、フィリピン、マライ、スマトラ、ジャワ、ビルマ、北ボルネオからの南方特別留学生八九名で、それ以降の入学生の学籍簿は確認できていない。同じく学生簿で確認できる授業の記録は、一九四五年三月までである。が、関係者の証言によると、このあとも授業は行なわれていたようである。元教員であった高橋一夫は「〔昭和二十年四月の〕あとは終戦まで、あまり授業は行われませんでした。やってはいたんですけれどね[62]」と語っている。当時の留学生への聞き取り調査では、学籍簿で確認できない学生の存在が語られることもあった[63]。

いよいよ敗戦に近づく時期、および混乱のなかの敗戦直後について、国際学友会の活動実態はあったようだが、記録はほとんど残っていない。

時間割とカリキュラム

時間割に関する資料としては、国際学友会「日本語教授三ヶ月」に一九四二年

表13　1942年10月入学のタイ国招致学生6名に対する日本語予備教育（作成河路）

	年月日（期間）	時数	学習内容・使用教科書	日本語以外の科目
入学	1942年10月1日		1名をのぞいて，皆無	
1	1942年10月1日―1942年12月28日	264	国際学友会『日本語教科書基礎編』・同『日本語教科書巻1』・文部省『よみかた1』・日本語教育振興会『日本語読本1』ほか	なし
2	1943年1月6日―1943年3月25日	301	国際学友会『日本語教科書巻2』・同『日本語教科書巻3』（3分の1）	英語
3	1943年4月1日―1943年7月23日	381	国際学友会『日本語教科書巻3』・同『日本語教科書巻4』	英語・歴史・物理・化学
4	1943年8月11日―1943年12月28日	508	国際学友会『日本語教科書巻5』	体操・音楽・数学・物象・歴史・外国語
5	1944年1月1日―1944年3月28日	277	国際学友会『日本語教科書巻5』・岩波書店『国語1』・新聞	体操・音楽・数学・外国語（英語）
卒業	1944年3月28日		4月に全員，進学*	

（＊進学先は、福岡高等学校理科3名，横浜高工機械科，東京女子師範保育科，日本女子大学家政科各1名）

十月来日のタイ国招致学生六名のクラスの、日本語の知識の全くないところから始めた最初の三カ月の時間割が掲げられている（表12）。

四カ月めからは日本語がさらに一時間増やされ、高等教育機関の入学試験や入学後の勉学のために一週間に三時間英文和訳と和文英訳も加えられた。

彼らの一年半におよぶ国際学友会日本語学校での学習を、学籍簿から整理したのが表13である。

学籍簿からは、このようにそれぞれの学生の学習の経過が割り出せるが、それら個々の実例を見ると、本章2節に掲げた

表14　1942年10月入学のタイ国招致学生の用いた初級の教材

書　名	開　始	終　了	編　者	備　考
日本語教科書基礎編	10月1日	11月4日	国際学友会	外国人学生用
同　巻1	11月5日	12月24日	同	同
ハナシコトバ　上・中・下	10月1日	10月28日	日本語教育振興会	
同　掛図			同	同
よみかた1	10月29日	12月5日	文部省	国民学校用
コトバノオケイコ巻1	10月29日	12月5日	同	同
よみかた2	12月6日		同	同
コトバノオケイコ巻2	12月6日		同	同
日本語読本　1	10月21日	12月7日	日本語教育振興会	中国大陸用
同　巻2	12月7日		同	同

「国際学友会日本語学校学則」の週時数表と必ずしも一致していない。「日本語教育部」時代から、学生のそれぞれに合わせて時間割・学習科目など、柔軟に対応されてきたが、この期間も時間割には柔軟性が保たれていたようである。初級レベルでは日本語のみを集中的に学習するというスタイルは安定していたようである。

教材とその教授法

初級の教材の進め方については、「日本語教授三ヶ月」から、一部、用語を現在通用しているものに改めて示したのが表14である。

この報告は一九四三年の一月末に書かれており、終了日が空白のものはその時使用中であることを示している。これは表13に示した一年半の学習課程のうちの最初の三カ月を示したものである。「日本語教授三ヶ月」の筆者は岡本千万太郎である可能性が高いが、この記述をもとに、この時の国際学友会日本語学校の日本語の指導法を整理してみよう。岡本千万太郎は、国際学友会における教授法について日本語のみで教える直接法がいちばん適切であるとしてこれを採用していた（岡本「留学生の国語教育」三〇頁）。

○初めは『日本語教科書　基礎編』によって日本語の音韻を五十音順に教え、かたかなの書き方を教える。しばらく『基礎編』に従って、日本語の最も基本的な型を対話によって練習させる。この間は書き取りも作文もさせない。これは、『基礎編』が表音仮名遣いで書かれているのを、歴史的仮名遣いと混同するのを避けるためである。

○読本は、前もって新出漢字の読み方と意味を教え、予習をさせる。教室ではまず学生に音読させ、次に範読、斉読。問答や、種々の用例の説明によって、教室では日本語だけで授業を進めるが、場合によっては英語を用いたり、英語・タイ語の辞書を指し示したりすることもある。動詞の活用は必ずもとの終止形を確認し、活用形を整理する。

○ことばの意味の理解確認には、短文を作らせる。読本を読むとき、会話体の部分は役割分担させて会話の練習をしたりもする。習った課は書き取らせ、表記の定着を図る。読本の文章は暗誦させる。教材に関連する日本に関する知識は、ことばの練習をしながら積極的に教える。

○平仮名は三カ月目から毎日五から十ずつ導入する。導入の終わった頃、ちょうど『日本語教科書　巻二』の平仮名の課に入る。漢字の導入の際は「とめはね」、筆順などを厳しく教え、見当がついてきたら部首名や音訓を教えたりして、字書をひく準備をしてゆく。

○会話教材としては『ハナシコトバ』を使い、掛図を見せて、学生たちに観察したことを話させたり、問答を練習させたりする。
○聞き方の練習には日本の昔話を聞かせたりする。
○作文は、一カ月半ほどのところで「私」という題で書かせ、その後「日本の第一印象」「私の教室」「私の国」など、また自由題でも作文を書かせる。年末には年賀状の書き方を教えて教師に出させ、教師からも彼らに一人ずつ違うことばを書いて送る。冬休みの宿題は、年末年始の三日間の日記と日本の様子を知らせる手紙文。作文は添削して返したあと、清書して提出させる。
○漢字の書き取り、仮名遣い、文章の書き取り、短文つくりは毎日行なう。
○教科書にある「君が代」「富士山」「春が来た」はみんなで歌う。

会話教材に日本語教育振興会が大陸向けに作成した『ハナシコトバ』が使われていることは注目に値する。国際学友会では入門書として『日本語教科書　基礎編』を作成したが、これは岡本千万太郎が急いで作成したもので、実際には使いにくいものだった(64)。そのためであろう、最初の導入には中国大陸用、国民学校用の教科書が併用されており、苦労のあとがしのばれる。特に日本語教育振興会による中国向けの入門教材『ハナシコトバ（上・中・下）』は、それ自体は文字の少ない絵本のような小冊子だが、それぞれA５判約二〇〇頁から三〇〇頁ほどの詳細な『日本語教科用　ハナシコトバ学習指導書』が合わせて発行されていた。『ハナシコトバ学習指導書』の執筆者は、当時

図11　『ハナシコトバ　上』（東京外国語大学・長沼直兄文庫）直接法で，日本語の話し言葉の基礎を大陸の子供たちに教えるための教材で，教師用に詳細な学習指導書が用意されている。初めの頁は絵のみで，次第に少しずつ文字が現われる。

日本語教育振興会理事であった長沼直兄である。直接法によって運ばれる授業の教師の発話と想定される子どもたちの反応が、シナリオのようにていねいに書き込まれたものである。日本語教育振興会『日本語読本』にも同様の教師用のマニュアルともいえる『学習指導書』があった。戦前戦中の国際学友会の教師であった高橋一夫、鈴木忍も『ハナシコトバ』とその指導書を高く評価している。鈴木忍は一九三六年九月に創立間もない国際学友会に就職し、初期の日本語指導に加わったが、一九四一年七月にはタイのバンコク日本語学校に赴任し、一九四三年七月には二十九歳にして校長に就任した。戦後は収容所生活を経て一九四六年七月に帰国し、国際学友会の日本語教育再開とともに復職した。戦時中の国際学友会日本語学校時代はバンコクにいたが、そこで日本語教育振興会『ハナシコトバ』と国際文化振興会『日本語表現文典』（湯澤幸吉郎）の影響を受けたという。[65]『日本語表現文典』がバンコク日本語学校の現場で期待どおりに活用され、その成果が戦後の日本の留学生教育に生かされたことが証言されていて興味深い。また、高橋一夫は、現役の国際学友会の教員であったときに『ハナシコトバ』とその『学習指導書』の恩恵を受けたことを次のように述べている（河路「戦時中の鈴木忍・高橋一夫と日本語教育」所収の一九七四年の座談会録音テープの文字化原稿より）。

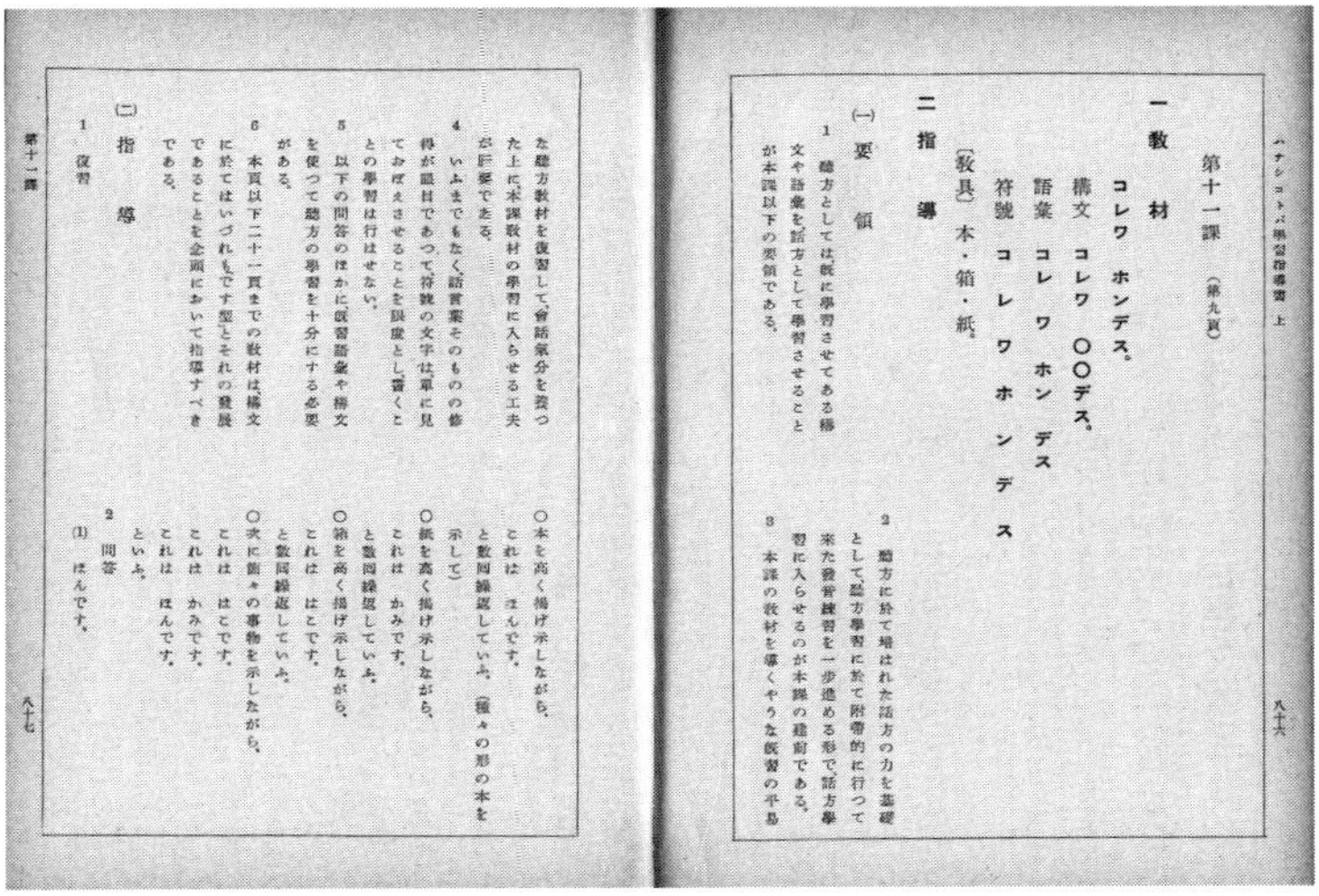

ハナシコトバ學習指導書 上

第十一課 （第九頁）

一 教材

コレワ ホンデス。

構文 コレワ ○○デス。

語彙 コレ ワ ホン デス

符號 コ レ ワ ホ ン デ ス

〔教具〕本・箱・紙。

二 指導

(一) 要領

1 聴方としては既に學習させてある構文や語彙を話方として學習させることが本課以下の要領である。

2 聴方に於て培はれた話方の力を基礎として、話方學習に於て附帶的に行つて來た發音練習を一歩進める形で、話方學習に入らせるのが本課の建前である。

3 本課の教材を導くやうな既習の平易

八十六

な聴方教材を復習して、會話氣分を養つた上に本課教材の學習に入らせる工夫が肝要である。

4 いふまでもなく、話言葉そのものの修得が眼目であつて、符號の文字は單に見ておぼえさせることを限度とし書くとの學習は行はせない。

5 以下の問答のほかに、既習語彙や構文を使つて聴方の學習を十分にする必要がある。

6 本頁以下二十一頁までの教材は、構文に於てはいづれも「です」型とそれの發展であることを念頭において指導すべきである。

(二) 指導

1 復習

○本を高く揭げ示しながら、

これは ほんです。

と數回繰返していふ。（種々の形の本を示して）

○紙を高く揭げ示しながら、

これは かみです。

と數回繰返していふ。

○箱を高く揭げ示しながら、

これは はこです。

と數回繰返していふ。

○次に個々の事物を示したがら、

これは はこです。

これは かみです。

これは ほんです。

といふ。

2 問答

(1) ほんです。

第十一課 八十七

図12 『ハナシコトバ学習指導書 上』（本冊の９頁に相当する部分より，東京外国語大学・長沼直兄文庫） あと３頁，直接法による授業のシナリオのような記述が続く。中国派遣教員のみならず，各地で日本語教授の貴重な指南書として使われた。

高橋 〔戦時中の国際学友会で使った教科書を、今も〕持っていますよ。入門に使ったのがその『ハナシコトバ』です。『ハナシコトバ』には教授指導書の非常に詳しいのが付いていました。それは丁寧に、いちいち問答を文字化してあるんですよ。それで、それを頼りにして教えていました。ほかの先輩の授業を見る機会にはあまり恵まれませんでしたから。

（三〇七頁）

中国へ大量に派遣する教員のために作成された長沼直兄による教師用指導書（図12）が、直接法による日本語の入門指導のマニュアルとして広い範囲で使われていたことがわかる。

当時のタイ国招致学生への聞き取り調査によると、彼らが十代の少年少女であったこともあって教師と生徒には親密で和やかな関係が築かれ、笑い声の絶えない愉快な授業であったという。宿題の日記によると、お正月に日本語教師の自宅に遊びに行っている。(66)

なお、「参観記」に書かれている『日本語教科書　巻二』第十四課「浦島太郎」の授業（担当・林和比古）では、教科書の内容についての問答のあと、生徒同士に問答をさせている。「この浦島の話はどういうことを言っていますか」、「玉手箱をあけるとなぜ煙が出たのですか」、「浦島が帰って来たときどんな気持がしましたか」など互いに活発に質問しては答え合っている様子に、参観した『日本語』編集部の記者は感心している。この授業ではそのあと、教師（林和比古）が主に助詞を誤読するのを生徒に指摘させ、文法の指導を行なったと報告されている。学生の発話の多い活気ある授業であったようである。

国際学友会日本語学校では、教材ひとつひとつの教え方については教師個人の工夫に任されていたようで、授業は学生と教員相互の熱意に支えられ、和やかな雰囲気のうちに行なわれたようである。これは南方特別留学生についても同じであった、と関係者は言う。

指導の強化

しかし、学籍簿を見わたすと、書き込まれる情報が次第に増加してくるのが一目瞭然である。これは学校としての管理システムが整備されたことを意味していると言えるだろう。国際学友会日本語学校となった一九四三年度以降は書式の一部が変わり、所見が詳しく書かれるようになる。また、日本語が会話、読解、作文、書き取り、習字、文法の六科目、それぞれ一〇〇点満点の点数で示され、平均点が書かれるようになった。これによって、クラス順位が示され、成績優秀者には優等賞が与えられ、出席率の高い学生には精勤賞も与えられた。体操、音楽、武道は優・良・可で示された。英語、歴史、物理、化学、数学など基礎科目は点数の場合と優・良・可で評定される場合とがあった。

目を引くのが所見欄で、一九四三年度入学者分では一部の学生について書かれただけだったが、一九四四年度入学者分ではほとんど全員に書き込まれている。一九四四年度以後の学籍簿はフィリピン駐日大使の子息一名を除いて全員が南方特別留学生である。例をあげると、「明朗進取的にして向学心に富む」、「温良快活にして気品あり」、「温順にして稚気あり」、「素朴穏健なるも消極的なり」、「孤独を好む。寡黙にして善良。漢字をよく知るが会話等拙し」、「温良なるも少々生意気、時に教師の命を聴かず」、「着実・剛毅にしてきかぬ気のところなり」、「柔和・態度不良にして女子に交渉多く反抗的なるところあり」、「派手なる服装をし軽率なるも温良なり」、「些か軽率にして怠惰のきらいあり」といった類である。担当教師によって書き方に温度差が認められるが、態度や性格にかかわる記述が目立つのが特徴的である。なかには配慮を欠く表現もあり、一部の教員に支配的な態度の現われが認められる。総力戦体制下の日本のさまざまな場面に見られた統制的な教育の姿勢が、この時期の国際学友会日本語学校の成績表にもうかがえるのは否定できない。

6　戦争末期の国際学友会日本語学校

戦争末期の国際学友会の様子については資料が少なく、関係者の証言によって推測するほかはない。高橋一夫「戦中戦後あれこれ」によると、終戦間際になって、新たな教科書編纂の仕事が始まり、国語学専攻の林和比古を中心に同じく国語学の高橋一夫、それに結城信一と宮崎という女性がこれに従事することになったが原稿を集めるだけに終わったという（八頁）。『日本語教科書　基礎編』から『同　巻五』までの教科書が完成して間もないにもかかわらず、新しいものが計画されたのだとしたら、前者が「国際文化事業」としての色彩の濃いものであったのに対し、「大東亜共栄圏の共通語」普及に目的を絞り込むことを大東亜省が求めた可能性が強い[67]。

敗戦に近づいたころ、国際学友会ではそれまで以上に留学生の保護に力を尽くした。寮の関係者は、留学生たちの食糧や衣料品を確保するため奔走し、学生の身の安全のため、空襲が激しくなると学生寮へ教師が出向いて出張授業を行なった。中村（旧姓・永島）愛子は、一九四四（昭和一九）年ごろ、川俣晃自とともにビルマの学生が住んでいた吉祥寺のビルマ協会孔雀寮まで出張授業に行った思い出を語っている[68]。

中村愛子は戦後も元学生と交流を続けているが、当時から課外の時間にベトナム人学生からベトナム語を習い[69]、休日には日本人のＹＭＣＡ会員の屋敷で行なわれたガーデン・パーティなどに連れていったりして、交流を心がけたそうである。教授法としては国際学友会の方針とされていた直接法が効果的だと思って採用していたが、課外での学生との交流には外国語を用いることが多かった。津田英学塾で学んだので英語は使えたが、それだけでは足りないと思い、学生たちの母語をすべて習得しようと思っていたという。ベトナム語は会話に不自由のないレベルに達したが、ほかにもインドネシア語、タイ語を学生たちから聞き覚え、学生たちの私語を多少は理解した。(70)戦況が悪化しても教室での話題は自由で、「この戦争、日本は負けるよ」などと平気で言う学生もいたといい、英語の教師となった友人たちが活動を制限された時代に「自由な会話のできる数少ない貴重な場だった」と回想している。松村明も、国際学友会では「いろんな国の人々に日本を理解してもらおう、しかし押しつけるんじゃないという姿勢がはっきりしていた」と語った。

学生側の証言を見ると、先に示したタイからの第一回招致学生の日本語学習については、家庭的な和やかな雰囲気のうちに教員も学生も満足できる成果が得られたと報告されているが、約一年後の一九四三年の秋に来日し、南方特別留学生と同時期に在籍した第二回タイ国招致学生の場合は、事情はかなり変わっていたようである。

南方特別留学生も招致学生も政府の厚い保護のもと大切に遇されたこともあって当事者からは良い印象が語られることが多く、特に日本人研究者が行なう対面調査では否定的な証言はなかなか得にくいものであるが、第二回招致学生の一人、プラシット・チャチップが後にタイ国元日本留学生会の会誌にタイ語で三回に分けて連載したエッセイ「東京発の最後の船」(一九九四)には、当時の統制の強化とそれに対する彼らの反発、さらにそれに対する国際学友会およびタイ国大使館の対応についての証言が述べられていて貴重である。(71)これに呼応するかのように、この時期にはすでに函館高等水産学校に進学していたサワン・チャレンポン宛てに、国際学友会の教員の武宮りえから届いた葉書(72)には、「第二回の招致学生たちが寮でも学校でも命令に服せず、大東亜省の指示を待って処分しなければならぬような状態です」と書かれている。プラシットのエッセイからは、これまで語られてこなかった戦争末期の、大東亜省の指導が強化された時期の国際学友会日本語学校の様子が浮かび上がってくる。

プラシットによると、一九四三年九月に入学した当時の国際学友会の印象は「〔もと在タイ日本大使であった〕矢田部校長は大使的な方法で学校を営んでおり、先生方も親切でよく面倒をみてくれた」ということだが、「一九四四年の初めごろから学校のシステムに変化があった」という。男子留学生全員が「兵士のように」坊主頭を強制され、「カーキ色の制服や脛に巻く布」が配布された。そして、「このような強制はエスカレートし、我々は日本のこの命令に耐えられず、ついに反抗した」という。まず担任の教師に相談したが、教師は「校則なのだから、従わなければならない」と言うばかりであったという。プラシットの記述によると、

我々はその校則が最初からあるならば文句をいわずに従うが、突然新しい校則ができ、それが実行されるのは許せないと先生と口論をした。校則を認めないならタイに帰国させるしかないと先生に脅かされたが、我々はそんなことは全くかまわないからどうぞすぐに帰らせてください、と言ったらそれが火種となり（まさかそこまでいくとは思っていなかったが）、校長の矢田部先生の怒りが爆発し、しばらく脅かされ続けた。（「東京発の最後の船」）

という。やがて校長が軍人の竹内寛に代わり、この傾向はいっそう確かなものとなったようである。プラシットは、「タイの学生が反抗しているからと、他の国の留学生も反抗し始めた」とも書いている。「それは個人の問題にはとどまらず拡大し、ついにはクラスの全員が欠席するまでに至った。我々タイ人学生は、我々に対しての日本の扱いについて、日本と交渉するようにと何回もタイ政府に懇願したが、完全に黙殺された。在日タイ大使館も同様であった。仕方なく、我々は自分の小さな力で日本に反抗し、日本側からの命令を無視した」ということだが、坊主頭の一件は国際学友会側が折れたということである。しかし、さらに以下のような事件が起きた。

一九四四年、春の晴れた日、毎日そうしていたように、一〇〇人に達する留学生が学校の芝生で朝礼し、日本国旗を掲げた。教室に入る前、天皇の肖像に礼をし、先生の言葉を聴き、みんなで会釈した。その時、来たばかりの新しい軍人の先生が、プラーモートに「もっと頭を下げろ、もう一回やれ」と大きい声で命令した。プラモートはもう一度やり直したが、その先生は認めなかったうえ、「もう一回やれ」と再び命令を下した。プラーモートは二回目の命令を無視し、やり直しをしなかった。先生の怒りが爆発したようで、プラーモートが立っているところにまっすぐ小走りしてプラーモートを殴ろうとした。が、この学校は日本の普通の学校と違ったから、殴れなかった。この反抗事件は留学生みんなの前であったから、大事件となった。〔中略〕その後、我々はすぐに停学となり、監禁された。〔中略〕差し迫った状況の中、頼れる人が一人もおらず、学校以外の世界と連絡できず、心細くてしょうがなかった。運が悪い場合は、刑務所のようなところに送られる可能性もあった。もし、そういう目に合わされたら、お仕舞いである。うわさによると、南方から来る運搬船の数も急に少なくなっていた。むろん、運搬船が来なくなると、海外からの食べ物も手に入れなくなる。監禁されているうち、バンペンさんとカンチャナーさん〔同じ第二回タイ国招致学生六名のうちの女子学生の二名〕が、お菓子をこっそりとくれたが、学校の外の状況について聞くチャンスはなかった。（同上）

プラシット・チャチップには二〇〇五年十月にバンコクで会って話を聞くことができた。このエッセイの記述の一部には事実誤認、または創作的な脚色があることも確認されたが[73]、多少誇張があったとしても引用部分は事実に基づく記憶であると確認された。一九四三年九月に閣議決定をみた「留日学生の指導に関する件」の発効後は、学生の指導の重点を「皇国に対する深き理解と信頼とを得しむること」、「大東亜建設に関する正しき認識と挺身之に当るの意欲を啓培すること」に置くよう大東亜省から指導されていたことは間違いなく、プラシットの思い出はそれを生徒側から証言するものである。

プラシットを含む第二回タイ国招致学生は、学業半ばに一九四五年二月の船で帰国した。

一九四四年十二月には留日学生教育非常措置要綱が決定した。留日学生は身の安全のために、危険の多い大都会をさけ、可能なかぎり地方へ分散させることになり、東京に残る学生は減少した。一九四五年四月には国際学友会日本語学校の在学生はわずかに一二名となるが、国際学友会では中村愛子らによって、この学生たちに終戦直前まで普段のとおりの授業が行なわれ、七月二十七日から八月五日までは群馬県での夏季練成寮も実施された。授業を続けようという姿勢を堅持したまま、国際学友会は敗戦を迎えたのである。

第四章　日本語普及（教育）事業と敗戦

ここまで、一九三〇年代半ばに外務省の「国際文化事業」として出発した国際文化振興会（KBS）の日本語普及事業、また国際学友会の留学生に対する日本語教育事業を主に、「東亜のための日本語普及」を目的とする日本語教育振興会との関係にも触れながら、その戦争中の活動をたどってきた。主として欧米人を対象とした「国際文化事業」の日本語普及事業にも、「大東亜共栄圏の共通語」を目的とする日本語普及事業にも、同じ人物が関わっていたということも確認された。独自の教材開発を行なった国際学友会でさえ、その現場では日本語教育振興会の『ハナシコトバ』が併用されていたりもした。

それぞれの活動の場や目的は違っていたはずではあるが、戦争末期にはみな「対南方文化工作」に巻き込まれていった。それらの機関がどのように一九四五（昭和二〇）年八月の「敗戦」をむかえたのだろうか。その活動は、どのように戦後に影響を及ぼしたのか。戦後早期のそれぞれの機関の状況をたどりながら考察してみたい。

1 国際文化振興会

日本語普及事業からの撤退

戦後間もない一九四五年十月四日の『朝日新聞』に「日本語普及や古典紹介——国際文化振興会の再出発」という見出しで国際文化振興会の戦後の事業計画が発表された。「戦前までKBSの略称で米国その他各国に華やかな活動をつゞけてきた国際文化振興会が新しい視野に立つて再出発する」と始まる記事で、「対外文化事業」としてあげられた筆頭が「正しい日本語の普及」である。そのあと「世界各地にインフォーメイション・ビューローの設置」「文化再興の挺身隊としての清新な人材を養成」「英文の日本百科辞典の刊行」「英文日本語辞典の上梓」「代表的日本古典の翻訳」と続き、「常に「文化一等国」たるの矜持をもつて進む」というのが記事の結びの文である。一九四〇年当時の国際文化振興会の計画していた事業とほとんど重なる内容であるが、これが計画どおりには実施できず、「南方文化工作」に吸収されることになった経過は、前章までに見てきたとおりである。敗戦直後の国際文化振興会のこの言挙げは「米国その他各国に華やかな活動」をしようとした外務省時代の「理想」の復活をめざしたかのようである。しかし、敗戦の日本社会に及ぼした影響の大きさは、この時点の関係者の思いをはるかに超えていた。明治生命館七階にあった国際文化振興会の本部は連合軍によって接収され、渋谷の分室に移転したものの、創立以来の会長近衛文麿は一九四五年十二月に自ら死を選び、副会長の岡部長景《ながかげ》は辞任するなど、組織の根幹がゆらぎ、活動の存続が危ぶまれる状況となった。

すでに見てきたように、一九三〇年代半ばに外務省の国際文化事業として活動を開始した国際文化振興会は元来、戦争目的の組織ではなかった。しかし、一九四〇年十二月に所管官庁が外務省文化事業部から内閣情報局に移ると、事業対象は欧米を中心とした独立国から、日本の実質的な支配下にあった地域へ移り、戦争末期には「南方」向けの日本語普及を専らにしていたのであるから、敗戦時の国際文化振興会が戦争協力団体のひとつとしての様相を呈していたことは否めない。

しばらくの活動停止期間を経て、一九四六年一月、国際文化振興会はその後の活動方針を検討するための理事会を招集した。そして、「創立当時よりの目標を変えず」事業を存続することを議決した[1]。一九四六年十一月に作成された「国際文化振興会将来の事業計画案」によると、(1)当面の着手すべき事業、(2)講和後の活動に関する準備事業、(3)将来の事業、に整理されたなかの(3)に「従来の本会事業の本格的再開」と書かれているのが目を惹く。しかし、「日本語教育事業」への言及は見られない。

国際文化振興会の戦後最初の出版事業としては、一九四八年に『Introduction to contemporary Japanese literature』(日本現代文学解題)(一九三九)が再版され、その続編で敗戦前に原稿が完成していた『Introduction to classic Japanese literature』(日本古典文学解題)が続いて出版された。これは戦争中に「対南方文化工作」への変更を余儀なくされる以前の仕事の復活で、「従来の本会事業の本格的再開」を印象づけるものであった。敗戦で中断していた英文『日本百科事典』とともに、『日本語辞典』の編集も再開されたが、この二点は、いずれも出版されることはなかった。嶋津拓《たく》『言語政策としての「日本語の普及」はどうあったか』によると、戦後の国際文化振興会への日本政府補助金の復活は一九五三年であるというから、資金面の問題があったのだろう(四六頁)。国際文化振興会『KBS三十年のあゆみ』(一九六四)によると、同会は一九五〇年の末に、日本に在住する外国人向けの日本文化講座を開いたが、使用言語は英語であった(三一頁)。以後、一九七二年に国際交流基金の設立へと発展的解消を遂げるまで、国際文化振興会は英文による日本紹介や海外における展覧会の開催などに力を入れた。国際文化振興会が設立当初、専ら外国語による発信に力を注いだことが思い出される。「従来の本会事業の本格的再開」というとき、国際文化振興会は、日本語普及事業に手を染める以前の原点に立ち返ったかのようである。

第二章において、国際文化振興会が「日本語普及」に着手することになった理由を、「外国からの日本研究・日本語学習への関心が高まっていたこと」、「外国語による発信を専らとして活動してきた結果必ずしも芳しい結果が得られず、この方法では限界があると感じられたこと」、「外国人(特に欧米人)に対する日本語教育が実現可能だという感触を得たこと」の三点にまとめたが、敗戦後は、占領下にあって海外からの学習希望が聞こえなくなるばかりか、日本語そのものが不安定な状況におかれたこと、外国語による発信では限界があるとして日本語普及を試みたが敗戦という最悪の事態に終わったこと、などから、日本語普及への期待や希望は失われたのかもしれない。

嶋津拓は、日本政府による日本語普及事業は一九四五年八月の敗戦とともに中止され、「日本政府は戦後の約十年間、海外で日本語教育を実施することも、あるいは海外の日本語教育と関わることもしなかった。すなわち、日本の対外的な日本語普及事業には約十年間の空白期間があるのである」（前掲書、三八―三九頁）と述べ、日本政府による日本語普及の再開を、経済協力または技術協力としての「コロンボ計画」に日本も援助国として加盟し（一九五四年）、海外から技術研修生を受け入れ、開発途上国への日本語教育専門家の派遣事業を開始した一九五〇年代半ばとしている。

国際文化振興会の日本語普及事業が戦後に遺したもの

国際文化振興会の日本語普及事業が戦後に遺したもののなかで、今日私たちが実際に見ることのできる具体的な成果はその出版物である。このなかには、戦後の日本語教育の現場に積極的な影響を与えたものもある。この時期の国際文化振興会が刊行した日本語普及関係の出版物は以下のものであった。

1　一九四〇年「日本語普及編纂事業」七カ年計画に基づくもの

（1）『日本語基本語彙』（一九四四）

（2）『A BASIC JAPANESE GRAMMAR』（一九四三）

（3）『日本語小文典』　前記の日本語版

（4）『日本語表現文典』（一九四四）

（5）『日本のことば　上』・『日本のことば　上（教師用書）』（一九四三）

2　一九四二年の閣議決定に応じた「南方諸地域」向け日本語普及用の教材

（6）『Nippongo o hanasimasyo!』（一九四二）仏印版、ベトナム語版、タイ語版

（7）『NIPPONGO』（一九四三）島嶼マレー（インドネシア）語版、半島マレー（マレーシア）語版、ビルマ語版、タガログ語版
（8）『日語会話捷径』（一九四三）　前記の中国語版

これらの教材は、完成してほどなく敗戦を迎えたため、当事者たちの意図したとおりに使われることはなかった。国外で使用される目的で作成されたにもかかわらず、戦況の悪化により現地へ安全に輸送することさえ難しくなっていたのである。(2)

従って、ここに考察するのは、その出版時点での目的にかかわるものではなく、出版時点では想定されなかったであろう戦後の日本に遺した影響についてである。このうち、戦後の日本語教育の復興・発展に最も貢献したと思われるものは、湯澤幸吉郎の執筆による『日本語表現文典』である。鈴木忍は一九七四年に、戦後の国際学友会の教科書で国内外で広く使われた自著『Nihongo no hanasikata』の編纂に関して、「一番拠り所にしたのは、『ハナシコトバ』と『日本語表現文典』です」(3)と語っている。

国際学友会『Nihongo no hanasikata』（試用版は一九五四、一般市販用は一九五九）は、それに続く一連の教科書『日本語読本　一―四』（試用版は一九五四―五五、一般市販用は一九五七―六二）(4)とともに鈴木忍と阪田雪子によって編纂され、問答形式によって基本語彙を提出しながら、難易度の低い方から順に文型を積み重ねてゆく方式で構成されている点に特色がある。鈴木忍は戦争中はタイのバンコク日本語学校で中心的役割を果たしたが、(5)その経験から得た知見をも盛り込んで、学習

者が整理しやすく習得しやすい順に基本文型を並べた。「〜は〜です」(一課)に始まり、終わりは受身「れる・られる」(五六課)、使役「せる・させる」(五七課)、授受表現「あげる・くれる・もらう」(五八課)、「〜てあげる・〜てくれる・〜てもらう」(五九課)、仮定・条件「〜ば・〜たら・〜ても」(六〇課)の全六〇課によって、基本文型が一通り学習できるよう構成されている。

「あとがき」には、これらの提出文型が「事物の一致・不一致を表す言い方」(一一四課)、「事物の存在と非存在を表わす言い方」(七一八課)ということばで示されており、『日本語表現文型』の「一事物の一致を表す言ひ方」「事物の存在を表す言ひ方」などの影響を受けていることがわかる。一九七四年の座談会において鈴木忍はこの話題に及び、「湯澤〔幸吉郎〕さんの『日本語表現文典』。あの本のいわゆる種々の場における表現のあり方は画期的でした」(河路「戦時中の鈴木忍・高橋一夫と日本語教育」三〇六頁)と語っている。

『Nihongo no hanasikata』は「学友会の赤い本」と呼ばれ、一九七〇年代後半まで、長沼直兄による『Basic Japanese Course』(一九五〇)とともに、日本国内はもとより世界各地で広く使われた日本語学習の入門書で、戦後の日本語教育の復興に大きな役割を果たした。国際文化振興会の調査研究の成果を活用して選ばれたこの入門用教科書の文型は、初級文型として定着し、今日の日本語能力試験の基準を定める上で参考とされた。そうした戦後の日本語教育のための基礎的な調査研究は、戦時期の国際文化振興会、日本語教育振興会において行なわれたと言える。

言語教育の効率を上げるには語彙の選出とその計画的な提示が重要である。戦争中の関係者が労力をかけて選出した国際文化振興会の『日本語基本語彙』は、文化庁『外国人のための基本語用例辞典』(一九七二)の編纂にも利用された。その後、語彙調査はさまざまに行なわれ、今日では電子媒体によるコーパスを含めて当時と比べものにならないほど充実しているが、同書は一九九五年に第三版が発行され、二〇〇〇年にその第三刷が出ている。結論からいえば、この時期の国際文化振興会の日本語普及に関する出版物のうち、戦後に目に見える形で影響を遺したのは、『日本語表現文典』と『日本語基本語彙』の二点であった。

そのほかは、戦後に直接的な影響を与えることはなかった。それはなぜだろうか。国際文化振興会によってほぼ同じ時期(一九四二年、一九四三年)に刊行された対照的な二種の日本語入門教材、当初計画に基づく『日本のことば　上』と、当初予定になかった「南方向け」の『NIPPONGO』のシリーズについて考えてみたい。それぞれ、前半から特徴的な部分を引用してみよう。特に『日本のことば　上』は原文は縦書きで、その視覚的効果が重要視されている。

『日本のことば　上』より

十二

飛ぶ、

飛ぶ、

飛ぶ。

鳥が飛ぶ。

青い空を飛ぶ。

十三

泳ぐ、
　泳ぐ、
　　泳ぐ。
さかなが泳ぐ。
川を泳ぐ。

十四

走る、
　走る、
　　走る。
馬が走る。
草原を走る。

別冊の『日本のことば　上（教師用）』には、次のように解説されている。

十二

〔前略〕動詞をその働きのままに、視覚的印象として読みとらせようとしたものである。即ち「飛ぶ」といふ鳥の動作を、低いところから、しだいしだいに高いところへ飛びあがっていくやうな動きにみたのである。文字を、一字づつずりあげて排列したのは、そのためである。「飛ぶ」といふ動詞が、五回くりかへされるので、おのづから、韻文のやうな形をつくつてゐる。

十三

ここは「泳ぐ」といふ動詞を、主として取り扱つた。水面で泳いでゐた魚が、だんだんと水底深くもぐりながら泳いでいくやうすを、文字表現の上にとらへてみたのである。前課では、低いところから高いところへのぼつていくのであつたが、本課は、その逆の動きである。そのために、一字づつさげて記してあることも、おのづから理会《(ママ)》されるであらう。「泳ぐ」といふ動詞が、五度くりかへされてゐて、韻律がこもつてゐることなども、前課同様である。

十四

前二課をうけて、ここでは「走る」の動詞を取り扱つてある。平な「草原を走る。」かたちを、「走る」を三回くりかへし、肩を並べて書いてあるところに、それをあらはしてある。

かういふ目で見れば、平地を走る意味にもとれるが、元来、文字表現の場合には、常に肩を並べて書くのが本体である。しかも動詞や形容詞などの動き、感情の波、移動などは、すべてこの平板に書かれた文字の中に、ひそんでゐることを読み取るやうに導くことが大切である。

一方、『NIPPONGO』シリーズは、基本的に同じ内容の日本語に、それぞれの言語による対訳が付けられたものである。現地における日本語普及目的に加えて、日本人の現地語学習にも実用性をもつよう配慮されている点に特色がある。最初に刊行されたのは『Nippongo o hanasimasyo!』と題された「仏印」用のもので、シリーズのなかでは唯一、三つの言語（フランス語、日本語、ベトナム語）が並べられている。二番目に出されたベトナム語版は、フランス語を除いてベトナム語に片仮名によるルビを振ったものであったが、片仮名によるルビは、日本人のベトナム語学習のためのものであった。外国語への片仮名ルビには限界があるということで、その後ルビは付されなくなったが、中国語版には日本人の中国語学習への配慮として冒頭に「中国語の発音符号について」という解説がある。ローマ字で表記された日本語の右側にローマ字を用いた中国語の発音符号が示され、漢字は括弧の中に示されている。基本語彙一〇〇〇語が使われたため、話題や語彙に特殊性や偏りは見られず、すぐに役立つ会話用の実用書として、要領よくまとめられているといえる。最初は「Toi（問い）」とされ、疑問詞を順にとりあげて簡単な会話文を示してゆくが、その冒頭部分から日本語文を引用する。代表として最初の仏印版の本文を引用し、括弧内に現代の表記に書きかえたものを示す。

Dare, Donata　〔だれ、どなた〕

A.（Anata wa）Donata desu ka?　〔(あなたは) どなたですか。〕

B.（Watakushi wa）Le Nam desu.　〔(わたくしは) レ　ナムです。〕

A. Kono Bōsi wa Dare no desu ka?　〔この帽子は誰のですか。〕

B.（Sore wa）Watakushi no Bōsi desu.　〔(それは) わたくしの帽子です。〕

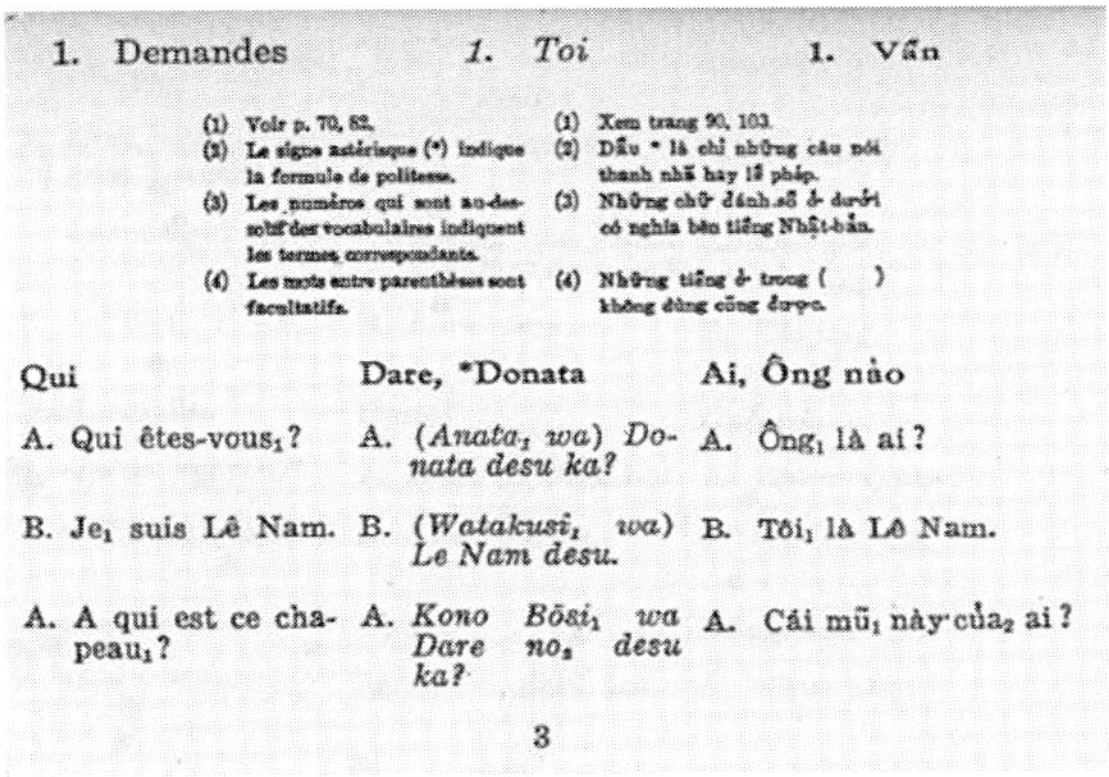

1. Demandes	*1. Toi*	1. Vấn
(1) Voir p. 70, 82.	(1) Xem trang 90, 103.	
(2) Le signe astérisque (*) indique la formule de politesse.	(2) Dấu * là chỉ những câu nói thanh nhã hay lễ phép.	
(3) Les numéros qui sont au-dessous des vocabulaires indiquent les termes correspondants.	(3) Những chữ đánh số ở dưới có nghĩa bên tiếng Nhật-bản.	
(4) Les mots entre parenthèses sont facultatifs.	(4) Những tiếng ở trong (　　) không dùng cũng được.	
Qui	Dare, *Donata	Ai, Ông nào
A. Qui êtes-vous$_1$?	A. *(Anata$_1$ wa) Donata desu ka?*	A. Ông$_1$ là ai?
B. Je$_1$ suis Lê Nam.	B. *(Watakusi$_1$ wa) Le Nam desu.*	B. Tôi$_1$ là Lê Nam.
A. A qui est ce chapeau$_1$?	A. *Kono Bōsi$_1$ wa Dare no$_2$ desu ka?*	A. Cái mũ$_1$ này của$_2$ ai?

3

図 13 『NIPPONGO O HANASIMASYO !（仏印版）』（国際交流基金図書館所蔵）左から，フランス語，日本語，ベトナム語。他の版は左に日本語，右に現地の言語。

Nan (i)　〔なん、なに〕

A. Kore wa Nan desu ka?　〔これは何ですか。〕

B.（Sore wa）Dourien desu.　〔(それは) ドリアンです。〕

A. Kore wa Nan no Hon desu ka?　〔これは何の本ですか。〕

B.（Sore wa）Nippongo no Hon desu.　〔(それは) 日本語の本です。〕

こうした基本文の練習のあと、場面別の会話文、そして媒介語による文法解説がつく実用的な小冊子で、内容はほぼ同一といってよいが、固有名詞など

表15 『日本のことば　上』と『NIPPONGO』シリーズとの比較 （河路作成）

	日本のことば	NIPPONGO
刊行年	1943	1942・1943
版の大きさ	B5版	A6版（ポケットサイズ）
バージョン	1種類	対訳の言語の異なる8種類
使用語彙	基本語彙のみ（固有名詞を除く）	基本語彙のみ（固有名詞を除く）
目的	学習者が日本語の美しさを味わうこと	学習者が日本語を使うこと
対象学習者	欧米をはじめ諸外国で日本語学習を希望する成人	中国、東南アジアのすべての人
日本語の表記	漢字・ひらがな・かたかな	ローマ字
内容の特色	韻文形式で書かれた読み物中心	基本的な語法および日常会話
媒介語の有無	なし（日本語のみ）	あり（日本語とのバイリンガル形式）
日本人の外国語学習への配慮	なし	あり
背景にある言語教育観	言語民族主義的な言語教育観	言語帝国主義的な日本語普及観

がわずかに異なっていることに気づく。仏印版による引用部分では、最初の「どなたですか」の答えが「レナムです」、「これは何ですか」の答えが「ドリアンです」となっているが、島嶼マレー（インドネシア）語版と半島マレー（マレーシア）語版では、それぞれ「アリです」「バナナです」、中国語版では「チャン（詹）です」「オレンジです」と、それぞれの地域で一般的な人名や果物の名前に差し替えられている。

このように、両者は同じ国際文化振興会からほぼ同年に刊行された日本語入門書でありながら、およそ対照的である。その際立った違いを中心にそれぞれの特色を表15に示す。

前者が文学性・視覚的美しさに重

点を置き、学習者が「日本語は美しい」と感じて日本文化や日本に愛情をもつことを目標として漢字仮名交じりの日本語のみで書かれているのに対し、後者は、実用性・効率性に重点を置き、学習者が「日本語は易しい」と感じて生活語として日本語を使用することを目標として、現地語の対訳つきのローマ字で表記されている。

理念としては、前者は「国際文化事業」であって、国籍など特定せず学習を希望する成人を対象とし、学習者に求められているのは日本語の運用ではなく専ら理解であるのに対し、後者は「南方文化工作」で学習者は南方諸地域の人々に特定され、学習希望の有無にかかわらず現地の生活語として日本語を使わせようとするのであるから、明らかに「侵略的」である。

それにもかかわらず、出来上がった教科書を見ると、前者は「日本語の美しさ」という価値観を一方的に学習者に押しつけ、個々の学習者の主体的な使用への配慮が示されていないのに対し、後者は学習者が生活のなかで使いやすいようにさまざまな配慮がなされており、今日、どちらが外国語としての日本語教科書として使いやすいかというと、後者に軍配があがる[6]。今日の外国語学習では口頭でのコミュニケーション活動が重視され、学習言語を話せるようになることが目指されるのが一般的だからである。

現地の生活言語として日本語を浸透させようとした日本語普及観は「言語帝国主義」的なものであると言えるが、運用力をつける目的にかなう性格をもっていた。その一方で、「国際文化事業」として計画された『日本のことば』について、われわれはどう考えることができるだろうか。『日本のことば』は、教師用指導書が通常の日本語のみで書かれているのを見ると、初学者の自習用にはふさわしくないし、日本語の自由な、おそらくは日本人が教えることが想定されているものと考えられはするものの、具体的な学習場面が想像しにくい。視覚的・音楽的な要素を重視し、教師の才覚如何では学習者の興味をひくことも可能だろうが、日本語の運用力をつけることはできない。国際文化振興会の月刊誌『国際文化』では、欧米人の日本語学習が話題にのぼることが多いが、欧米で欧米人が（たとえ日本人が相手だとしても）日本語を話すことは想定されず期待されてもいなかったようである。国際文化振興会が日本語普及事業の具体的な指針を得ようと実施した「日本語海外普及のための協議会」でも学習者代表の欧米人たちは、日本語の学習というのは読み書きを学ぶのだと話していて、生活会話には関心がないようである。これらの意見を受けて編纂された『日本のことば』は、学習者に日本語の運用は求めず、「美しい日本語」を鑑賞してもらいたいという言語民族主義的な言語教育観に支えられていたと言えるだろう。

戦争中に刊行された『日本のことば』には、計画された時点では強調されるはずのなかったであろう戦争目的が、濃い影を落としているのも事実である。『日本のことば　上』の最後の課文と、それに相当する「教師用」の記述を示しておく。

三十一

古い　着物　を　今　脱がう　と　して　ゐます。
古びた、よごれた、着物を　脱がう　と　して　ゐます。
からだ　に　あはなく　なった　着物　を　脱がう　と　して　ゐます。

さうして、
さっぱり　と　した　着物　を　着よう　と　して　ゐます。
明かるい　感じ　の　着物　で、
幸福　の　模様　の　ついた　着物、
からだ　に　よく　あった　新しい　着物。

世界　は　今、
古い　着物　を　脱がう　と　して　ゐます。
新しい　着物　を　着よう　と　して　ゐます。

（教師用）三十一

古い着物を脱いで、新しい着物を着ようとする気持、これを旧套を脱して、新しい前途に向つて出発していかうとする意図に比喩し「世界は今、古い着物を脱がうとしてゐます。新しい着物を着ようとしてゐます。」といふやうに、現在の世界の動きと結び付け、われわれの覚悟と歓喜と、信念とを強くいひ表したものである。
「明かるい感じの着物」「幸福の模様のついた着物」「からだによく合つた新しい着物」といふことばは、東亜新秩序の建設を意味し、さらに真の世界平和を象徴し、人類永遠の幸福といった様々な形を比喩してあるが、要するに、これは八紘一宇の現れに過ぎないのである。
第一課より学んで来た、様々な日本のことばは、ここに至つて一まづ集成結晶され、枢軸国、ドイツ、イタリー両国を初め、東亜諸国と極めて親愛なる提携によりて、この一大理想に向つて前進することを誓ひ合ひたいのが、本課の趣旨である。

日本語で話すことこそ強いないが、「東亜新秩序」の「一大理想」を押し付ける以外の何ものでもない。「日本語の美しさ」が「日本の国体の美しさ」「戦争目的の遂行」に繋がっているようである。芸術的な言語教材の魅力は今も否定されるものではない。新たに出会う発音やリズムを味わうことは言語学習の楽しみの一つである。音の響きやリズム、文字のレイアウトの工夫などによって言葉のおもしろさが際立つこともあり、そうした工夫に興味をひかれる学習者もいることであろう。しかし、言語学習以外の目的にそれが利用されるとしたら、その時点で言語教材としての本質を見失う。『日本語基本語彙』『日本語表現文典』は日本語の研究、またその資料として時代を超えるものを持ち得たものの、『日本のことば』はそうではなかった。そこに、当時の「国際文化事業」としての「日本語普及」の限界が見えたと言えるのではないだろうか。
なお、一九七二年に国際文化振興会の解散前に、同会の機関誌『国際文化』第二一九号において鈴木一郎は、その戦争中の出版物について次のように述べている。

日本語教育については、戦時中に主として中国ならびに東南アジア向の教育資料の作成が企画され、「日本語基本語彙」「日本語表現文典」「基礎日本文典」などが出版され、更に「日本語会話」が中国語、インドネシア語、マレー語、安南語などで作成されている。他に「日本語辞典」の編集が企画され、厖大な資料が作成されているが、未完のまま現在に至っている。

これらは戦時中の仕事ではあるが、その作成当事者の態度の中には、学問的な熱意が見られ、その規模や理想は、今日新しく、別の観点から再検討さるべきであらう。（鈴木一郎「KBSの出版事業」一九頁）

ここでは日本語教育関係の出版物が「主として中国及び東南アジア向」の成果と一括されていて、敗戦直後（一九四五年十月四日）の新聞記事では「米国その他各国に華やかな活動をつゞけてきた」と説明されていたのと対照的である。外務省時代の「理想」に全く触れられていないのは、その経過をたどってきた立場からは複雑な思いを禁じ得ないが、ここに挙げられている出版物が今日の日本語教育の基礎を築いたものとして意味ある仕事であったことは、以上に考察してきたとおりである。『日本のことば』には触れず、『日本語基本語彙』『日本語表現文典』に並べて『日本語会話』（『NIPPONGO』のシリーズ）を評価されるべき成果として挙げているのが興味深い。本書では、ここで提言されている「再検討」を、遅ればせながら試みたことになる。

最後になるが、国際文化振興会の「海外への日本語学習支援」についてはどうだろうか。海外の日本語教師に手当を補助したり、教師派遣を支援したりといった国際文化振興会の事業が「仲介的、事務的」（小川誉子美『欧州における戦前の日本語講座』二五七頁）に過ぎなかったことを思えば国際文化振興会の活動の成果とは言えないまでも、小川によると、当時のヨーロッパにおける日本語学習者のなかには戦後、日本研究や日本語の専門家となって教壇に立ったり、来日して日本人の恩師との再会を果たしたり、日本と自国との交流に関する仕事をして、「当時の学習成果や信頼関係を発展させていった者もいた」(二六五頁)ということである。

やがて日本が経済復興を果たすと、海外における日本への関心や日本語学習への需要も増え、これに応える国家的な「国際文化交流」の必要が改めて認識されるにいたった。一九七二年に国際文化振興会が発展改組された国際交流基金[7]では、一九八九年に付属機関として日本語国際センターを設立し、海外の日本語教師の招聘研修、海外派遣日本語教師の派遣前研修、日本語教材の開発・制作、海外における教材開発・出版の支援、日本語教材の海外への寄贈、日本語教育専門図書館の運営、海外の日本語教育に関する調査などを行なっている[8]。これらは、国際文化振興会『世界に伸び行く日本語』(一九三九)における日本語普及の具体的提案に通じるもので、海外からの日本語学習への需要に浮沈はあっても、基本的に一九三〇年代の議論における理念は今日に引き継がれているといえる。

2　国際学友会

国際学友会日本語学校の閉校

一九四五年九月に函館高等水産学校を卒業し、敗戦直後の国際学友会日本語学校に挨拶に訪れたタイ国留学生サワン・チャレンポンによると、同年十月ごろ、一面焼け野原となった東京に思い出のアメリカン・スクールの校舎は残っていて、学生の姿こそ見かけなかったが、教員は来ていた。担任だった武宮りえのほかに、元タイ国公使の矢田部保吉がいたという。矢田部保吉は、一九四〇年六月から一九四四年三月まで国際学友会の専務理事を務めたが、同年三月に辞任し、その後任として大東亜省から予備陸軍中尉の竹内寛が送られてきたのだった。サワンの言うように、敗戦後の国際学友会に矢田部がいたのだとしたら、それは職務を超えた矢田部保吉の国際学友会に対する愛着の現われであったのかもしれない。武宮りえが矢田部保吉にサワンを紹介すると、矢田部はサワンに励ましのことばをかけた。サワンは矢田部のこの時のことばを「日本も戦争に負けて、これからは三等国です。あなたがタイに帰ったら、やっぱり茨の道だと思います。日本精神をもってがんばってください」と強く言ったと記憶している(9)。同じとき、武宮りえは、ことば少なくサワンの努力を労《ねぎら》い、以後も連絡を絶やさないようにと声をかけたという。学生がいなくなった国際学友会日本語学校は一九四五年十二月十五日に閉校となり、教員たちは国際学友会を去った。

この時まで国際学友会に勤め続けた元教員の中村(旧姓・永島)愛子に、二〇〇五年五月三日、敗戦前後の国際学友会の様子を聞いた。貴重な証言と思われるので、談話資料を少し長めに引用する(10)。

敗戦のときは、みんなで集まってラジオを聞いてね。学校で聞いたんだから、もしかしたら学生も一緒だったんじゃないかしら。八月十五日までずっと学生はいたのよ。学友会で食べさせてたわけだから。疎開するようにということで、地方にいった学生もいたけど、東京に残ってた人もいたのよ。

〔河路　ベトナムからの留学生フォンさんは、日本人のお宅に下宿していて、そのお母さんと一緒に長野に疎開したんだそうです。〕

それは、運がよかったわよね。そういうことができない人も多くて、東京にずいぶんいたのよ。〔中略〕玉音を聞いてから、どうしてだったか忘れたけど、学友会の教員の友達と皇居まで行ったの。何か気持にけじめをつけたかったんじゃないかしら。あたしはアメリカ人にも親しい人がいたし、この戦争はほんとにいやだったの。学友会はそういう人が最初は大勢いたのよ、雰囲気はインターナショナルだったの。あたしは最後までそうだったし、天皇をかわいそうに思ったのよ。〔私たちは〕普通の人たちとは違うの。

学友会の庭でさつまいもを育てたのよ。お百姓さんが来て、「船底植え」なんとかいうのを教えてくれました。それで、みんな植えてね。大きいおいもがたくさん採れましたよ。みんな一人一人自分の畑をもらってね。それは自分たちのため。採れたおいもは背負って帰るの。

〔中略〕

〔河路　占領時代になって、留学生の受け入れはなくなりますね。どんな様子でしたか。どんなお気持でいらっしゃいましたか。閉校は十二月ですね。〕

残ってる学生のために、学友会はやったの。ベトナムの学生とか、残ってた学生たちのために、寮の運営もしてたのよ。外務省が対外的なことも考えて、それはきちんとやったんじゃないかしら。戦争が終わっても、毎日通いました。

〔河路　学生の態度が変わったということはありませんでしたか。〕
そんなことはなかった。前から仲がいいんだから、そんなことはありませんでした。でも同じ気持で日本語を勉強しようと思ったかどうか、ほんとのところどう思ってたかは、わからないわね。学友会のみんなは戦争に協力したのよ。いろんなところが爆撃でやられたりしたら、留学生たちが助けに行ったりしたのよ。困ってる人を助け出したり、いろいろしてました。日本にいる留学生たちは、そんなことを自主的にやってました。言われてやったんじゃありません。そんなこと、してたのよ。
〔戦争が終わっても〕わたしたちは、時間どおりに学友会に行って、時間どおりに帰ったと思う。給料ももらいました。〔中略〕
〔国際学友会は〕アメリカン・スクールから、恵比寿のほうに移ったんだけど、それで、そこにあたしは通って、それで辞めたのよ。
〔河路　タイ人留学生の卒業生サワンさんは、戦争の終わった十月ごろアメリカン・スクールを訪ねたようですが〕
残務処理だったかもしれないわよ。学校は恵比寿に移ったのよ。十月ねえ。その前には、学校は引っ越したわよ、小さいところにね。そんなことがなかったら、ずっと続けたい仕事だったわよ。でも、仕方がなかったし、それで、その後はずっと〔学生たちと〕文通を続けたのよ。
中村愛子は戦後しばらく家庭に入り、三十年余りを経て一九七九年五月から七年ほど、昔の同僚で当時日本語学校長を務めていた鈴木忍と同理事の金沢謹の勧めで非常勤講師として再び国際学友会日本語学校の教壇に立った(11)。その時、雰囲気はあまり変わっていないと感じたそうである。

国際学友会は、外務省文化事業部の「国際文化事業」の実務機関として生まれたが、敗戦間際には、国家が軍事力を背景に推し進める「南方文化工作」の歯車のひとつとなっていた。これは、国際文化振興会と同じく、戦時体制下の「国際文化事業」としての日本語教育（普及）事業のたどった運命であった。

国際学友会では、創立時には予算化されていなかった日本語教育事業が、必要に応じて実施するうちに成果を上げ、やがて主要な事業のひとつとして重点的に取り組まれ、一年課程の各種学校、国際学友会日本語学校の開校という達成を成し遂げた。学習者の努力とそれに応えようとした教師らの力あってのことではあるが、教材開発、教科書の刊行にはしかるべき費用や環境整備が必要で、南方特別留学生の大量受け入れに繋がる「南方文化工作」に協力することで国家による強力な後押しを得て実現したのも事実である。

そのため、敗戦時には、関係者も組織の存続を危ぶんだ。戦争末期の国際学友会は「南方文化工作事業」に力を入れ、戦争に協力したのは明らかであったからである。そう見なされれば、GHQから解散命令を受ける可能性もあった。しかし、そうはならなかった。

戦後、陸軍省、海軍省、大東亜省は解散となり、国際学友会の所管は外務省に戻ったものの、占領軍の民間情報教育局（CIE）によって、留学生団体が次々に解散を余儀なくされ、中国人留学生のための東亜学校を経営していた日華学会や満洲の学生のための満洲国留日学生会、蒙疆《もうきょう》学生関係の善隣協会などはいずれも解散を命じられた。しかし、国際学友会は解散を免れた。そして、解散した関連諸団体の残務も含めた戦後処理を任された。国際学友会が解散を免れた理由について、役員のなかに公職追放に該当する人が数人しかいなかったことのほかに、戦争中、陸海軍当局から何度も改めるよう要請されていた「国際学友会」の名称を守り通したことも役に立った、と金澤謹は述べている（『思い出すことなど』一〇〇頁）。同著によると、調査を進めているうちに国際学友会がアメリカ人をも含む欧米人や南米諸国の学生たちをもその事業の対象にしていたことを知ったCIEは、逆に国際学友会に好感を示すようになった、ということである。

しかし、それが決定的な要因であったとも思われない。国際学友会のみが事業を継続する形で、日本の留学生教育が戦後を迎えたことの意味を考えておく必要があるだろう。留学生の保護善導を目的に敗戦まで機能していた財団法人は、満洲国留日学生会、善隣協会、日華学会、そして、それら三団体の担当地域以外の世界各地からの留学生を担当していた国際学友会と、四団体が存在したが、戦後他の三つが解散させられるなか、何ゆえに国際学友会だけが残ったのだろうか。

戦時体制への協力責任が問われるならば、国際学友会も決してその責任を免れるものではない。創立の精神に審判を下すのなら、「満蒙」政策を前提とする満洲国留日学生会と善隣協会の敗戦にともなう解散は当然として、元来留学生の支援を目的に設立された日華学会は、国際学友会と事情が似ている。

そう考えると、国際学友会だけが継続したのは、現実的な必要によると考えるのが妥当であろう。戦後も残留した留学生への対応や残務処理は必要で、事情のわかる機関にそれを託すのが合理的であった。在来の四団体のなかで国際学友会のみが対象とする学生の出身地域を特定していなかった。このとき、日本に残っていた中国三二九名、「満洲」八七名、蒙古四一名、そして南方特別留学生一〇七名が、国際学友会の管轄下に入り、その戦後処理を国際学友会は行なうこととなった。日本語を学ぶ学生がいなくなったため国際学友会日本語学校は一九四五年十二月に閉校となったが、留学生の戦後処理のために、国際学友会は残ったのである。

戦後、国際学友会館に住んでいた元学生の一人、ベトナムから来たチェン・ドク・タン・フォンに、当時の様子を聞いた(12)。フォンは、一九四三年十二月にベトナムからの（この時期には珍しい）私費留学生として十六歳で国際学友会日本語学校に入学した。戦時中の学籍簿に残る最後の留学生の一人である。現在は米国で暮らしている。

フォンは父の知り合いの日本人、久我宅にホームステイして国際学友会日本語学校に通っていたが、一九四五年の春から久我夫人とともに長野に疎開し、戦後東京にもどって国際学友会館の住人となった。久我はフォンが来日して二週間ほどして、日本に亡命していたベトナム・グエン朝のクォン・デ侯のところに挨拶に連れていったという。フォンは戦後、国際学友会館で生活しながら、進駐軍で働いた。そのころの国際学友会館の様子の語られた部分を談話資料より引用する(13)。

戦後はね、インドネシアの学生とベトナムの学生はいちばん仲がよかったです。国が同じような目にあっちゃったでしょ。だから、いっしょにデモをしました。フランスが悪いとかオランダが悪いとか、日本で。いちばん最初のデモは一九四五年、終戦の年の十一月ですよ。日本人もついていく、アメリカのＧＩもついてくる、というデモです。インドネシアとベトナムはいちばん仲がよかったですよ。フィリピンはアメリカが勝ったから、すぐにアメリカになっちゃいましたね、アメリカ風の生活をしてるでしょ。フィリピンの人だけですよ、英語でね。ぼくたちは、オランダ語とかフランス語とか、ちがうでしょ。

（河路　国際学友会館の食事などはどうでしたか。）

食事は、だって、食べ物がないでしょう。だから、何を出したっておいしいですよ。食事があるだけで、もう、食事の文句なんて言えないですよ。

（一九四五年東京大空襲のあと長野に疎開し、戦後東京にもどったが）疎開したとき、ぼくはクォン・デ殿下と連絡できなくなりました。〔中略〕だいたい一九四六年の二月か三月、戦後初めて会いに行きました。ですから、疎開してから八か月くらい、会わなかったですね。

（河路　そのころは、国際学友会館に住んでいらしたのですね。）

そうです。そして、進駐軍に勤めていました。国際学友会館に住みながら、進駐軍に通っていました。進駐軍の中には学校もありました。大学と同じですよ。だからぼく良かったですよ。ただで勉強できました。ぼくは占領軍のところに勤めたでしょう。これがいちばん大事なこと。食べ物や日常のものが買えるでしょう。あれを買ってクォン・デ殿下に持っていったりもしました。

戦後、国際学友会館は日本に残った元留学生の住居として機能はしていたものの、日本語学校は閉校で、もはや教育機関とは言えず、元教員も専ら事務的な戦後処理に追われていたようである。この時期の国際学友会に勤務していた高橋一夫[14]は、当時の思い出を次のように語っている。

終戦になってしばらくして、国際学友会があちらこちらの関係団体を統合することになったんですね。例えば満州国の留学生会館とか、東亜学校とか、それが〔GHQの指導で〕つぶされて経営ができなくなったので、残った学生を国際学友会で面倒を見ることになったんです。あれは、恵比寿へ移ってからですかね。学生だけでなく、一応財産なども引き継いだのかな。それで、とにかく面倒を見る学生の範囲が非常に広がったわけです。その一方で従来からいた職員や教官がどんどん辞めていくんです。それで私が学生部長だったか主事になったんです。教官から主事になったわけです。それで、齋藤健治さんが寮舎部長だったでしょうか。私も学生部長をしながら、水道橋の後楽寮といった元の満州国留学生会館で寮長なんかもやりました。

（鈴木忍　あ、そうですか。そちらでも日本語を教えられたんですか。）

いいえ、そうじゃありません。もっぱら〔留学生の〕生活の面倒をみるのが仕事でした。善隣協会も学友会の傘下に入っていましたね。そういうことで、私は〔昭和〕二二〔一九四七〕年の秋、文部省に移るまで学友会にいたわけです。

戦争中に、合法的に購入したはずの元アメリカン・スクールの敷地と校舎は、戦後進駐軍に接収され、国際学友会は恵比寿に移った[15]。そして、一九四八年三月三十一日をもって、国際学友会への政府補助金は停止された。
以上のように敗戦によって、国際文化振興会も国際学友会も、「国際文化事業」としての日本語普及、日本語教育の実務機関としての役割を一度、失ったのだった。

国際学友会日本語学校が戦後に遺したもの

国際学友会日本語学校における日本語教育の内容およびその成果について、簡潔にまとめてみたい。敗戦へ向かう日本の、自国中心の対外政策と深い関係をもって推進された留学生教育および日本語普及の一翼を担ってこその結果とはいえ、非漢字文化圏出身の留学生に対する日本語予備教育の一年課程という、それまで不可能と思われてきたことを可能にしたのは、国際学友会が戦後に遺した大きな成果である。

それまでの非漢字文化圏出身の日本語学習者のための日本語教育機関といえば松宮弥平らの日語文化学校ほか数えるほどしかなく、それらは主として欧米人の宣教師や外交官などを対象としていた。彼らのニーズに合わせ、教材は会話が主で、読み書きは後回しにされがちであった。米国大使館で長沼直兄が作成した『標準日本語讀本（巻一―巻七）』は、米国語学将校が高い日本語の読み書き能力も習得できるように作られた例外的なものだが、これは米国大使館内のみでの使用とされ門外不出であったため、外部での使用は不可能であった。留学生のための日本語予備教育機関といえば、専ら中国人留学生を対象として最初から遠慮なく漢字をつかった教材が多く開発されていた。そんななか、非漢字文化圏出身の国際学友会館の寄宿学生への日本語支援から成果が生まれ、日本語学校の開校にいたったことは、日本における日本語教育の高い障壁を崩すほどの大きな一歩であったと言える。

国際学友会の日本語教育は日本の高等教育での勉学の準備を目的としていた。留学生たちは、進学をめざして大変な努力をしたのである。それを思うと、開校後わずか二年半ほどで日本が敗戦を迎えたことで、留学生事業が続けられなくなり、約束されていた留学生への奨学金も打ち切られたことは、悲劇的な展開であったに違いない。留学生たちは計画どおりに学業を続けられなくなった。戦況の悪化から、進学そのものを断念した学生も多かった。その意味では、この時期の国際学友会日本語学校は計画どおりの成果を上げたとは言えない。

戦後処理のため事務部門は存続したものの、国際学友会の日本語教育は一九四五年十二月に日本語学校が閉校して以来、休止状態にあった。狭い部屋に引越したり日本語教育の継続の可否が不明であったりした戦後の混乱のなかで、戦争中に出版された『日本語教科書　基礎編』、『巻一』―『巻五』の残部は処分されたのではないかということである[16]。

一九五一年九月サンフランシスコ講和条約が調印され、戦後日本の復興のきざしが見えてくると、東南アジア諸国との技術協力や経済援助が始まり、また留学生が日本にやってくるようになった。国際学友会は外務省経済局第二課に移管され、一九五二年四月から政府補助金が復活し、一九五三年には鈴木忍・阪田雪子による国際学友会の教科書の編纂が始まった。

阪田雪子は教科書について、国際文化振興会の『日本語表現文典』や『日本語基本語彙』を参考に書いたと語り[17]、鈴木忍は、これに加えて特に入門用の教材『Nihongo no hanashikata』（後の市販版ではローマ字表記がヘボン式から訓令式に変わった）の編纂にあたっては、日本語教育振興会の『ハナシコトバ』を参考にしたと語っている。二人とも戦時中の国際学友会の教科書についてはほとんど言及していないが、実際には鈴木忍・阪田雪子によって編纂された戦後の『日本語読本（一―四）』は、一九四〇年から一九四三年にかけて岡本千万太郎を中心に矢継ぎ早に刊行された『日本語教科書（巻一―巻五）』の影響を受けて作成されており、全体で二七編の文章が引き継がれている。

『日本語教科書（巻一―巻五）』の全体で、留学生のために書かれた編者による書き下ろしの文章が三三編あるが、そのうちの約半数、一七編が戦後の教科書に継承されているのは、特に興味深い。例として、国際学友会の留学生の送別会を描いた文章を比べてみると、唐突に現われる「大東亜共栄圏」を含む文章だけが削除され、あとはほとんど同じである。戦後の教科書から引用すると、「わたしが、国際学友会における生活で最も大きな収穫は、世界各国の若い学生と生活を共にし、最も親しく交際し、語り合うことができたことでございます。国際学友会は、わたしどもの生がいに、非常に得がたい経験と機会を与えてくださいました。帰国後、わたしどもの将来に必ず大きな効果をもたらすことと信じております」（『日本語読本　巻三』二一七頁）と、国際学友会の「国際文化事業」としての特色が謳われる部分について、仮名遣いなど戦後の国語改革による表記の基準変更の反映を除いて、ほとんど異同がない。同じく、国際学友会で学ぶことの意味を述べた「友達」についても、戦後の教科書に「同じ国、同じ年ごろ、同じ研究をする人たちの間でも、真の友だちを得ることは容易なことではない。まして、国籍がちがい、風俗習慣もまた趣味も異なった人たちの間に真の友だちを得ることは、もっと困難である。こう考えるとき、私たちが今、この日本語学校で世界各国の学生たちと共に勉強できるということは、また、広く世界各国の学生たちとほんとうの意味の友だちとしておつきあいできるということは、このうえない喜びと言わなければならない」とある部分は、ほぼ同一である。

当時の日本語教科書のなかには、渋谷で「ヴァカーリ語学研究所」を開いていたイタリア人ヴァカーリによる『日本語会話文典』(一九三七)のように、戦後も全く内容を変えないままに版を改めて生き延びたものもあった。ヴァカーリの日本語教育が、日本の国策と適度な距離を保っていたことが、それを可能にしたものと思われる。[18] しかし、国際学友会『日本語教科書』はそうではなかった。「国際文化事業」という国策のなかで行なわれたものであってみれば、国家体制の大きな変化の影響を受けないわけにはいかない。だから、戦後に引き継がれなかったものも多い。それでは、何が否定され、何が継承されたのであろうか。

教科書本文の話題は(1)日本・日本文化を紹介するもの、(2)日本語の文芸や芸能を紹介するもの、(3)留学生の生活を描くもの、(4)「国際教育」の理念が託されたもの、(5)「大東亜戦争」を反映するもの、の五つに分類できるが、このなかで、戦後の教科書からは、まず(5)が消された。この「大東亜戦争」期の当局による圧力を反映した教材群は、国際学友会の当初の任務や理想を外れたもので、編集作業がこの期間と重なった『巻五』に現われることになった。当然ながら「大東亜戦争」関係の文章は戦後一掃されたが、このことは、国際学友会の初期を知る関係者にとっては、抗えなかった圧迫からの解放を意味したであろう。

次に、(2)も戦後の教科書では影をひそめた。特に『日本語教科書』で扱われていた文語による文章はなくなり、伝統芸能である狂言も消えた。理由としては、戦後の国語改革で文語体の使用が減少したことが大きいが、特に占領下には日本語の存続の危機をも経験し、戦争中に膨張した日本語の精神性や文化的価値を強調する価値観が一転したこともあっただろう。戦後は、国語教科書からも古典文学が大幅に削減された[19]。戦後の『日本語読本』においても、文芸作品が扱われないことはないが[20]、精神性を強調するのではなく内容理解に主眼が移っているようである。戦前・戦中の「国際文化事業」としての日本語教育が負っていた「学習者に日本文化を愛する心を育てる」という理念は完全に否定されるということはないまでも、重要性ははるかに後退した。カリキュラムの効率化が図られた結果、文学作品を鑑賞する余裕がなくなったという側面もあったかもしれない。

戦後の教科書に継承されたのは、（1）日本・日本文化を紹介するもの、（3）留学生の生活を描くもの、（4）「国際教育」の理念が託されたもの、であった。（3）と（4）は国際学友会の設立趣旨を反映するもので、初期からの国際学友会らしい教材群であると言える。敗戦を機に、しばらくの空白期間を経ての再開であったが連続性は明らかである。

敗戦直後の国際学友会では、守ってきた創立以来の寄付行為を変えないままの存続が当事者たちによって支持された[21]。一九三〇年代以来の「国際文化事業」の「理想」が、敗戦によって「取り戻された」かのようであり、この点において国際文化振興会の動きと同期している。

『日本語読本（一―四）』の試用版が一九五五年に完成し、教員組織も整えられると、一九五八年二月に各種学校としての認可を受けて国際学友会日本語学校が再び開校の運びとなった。新しい国際学友会日本語学校では、同年四月に日本とインドネシア共和国との間に締結された賠償協定に基づいて、一九六〇年から一九六五年まで、六次にわたって合計三八三人にのぼる留学生を受け入れ、その宿舎の世話と日本語教育、進学の斡旋を担当した。

こうして振り返ると、戦争中の国際学友会日本語学校と戦後のそれとの共通点が浮かび上がってくる。すなわち、まず留学生の増加に付随して生じるニーズの高まりへの対応として、学習支援のための日本語教育が始まり、次に、その合理化、組織化のために教授法、教材の検討、改善が行なわれ、次第にこれが国策として取り組むべき国際文化交流事業として認知されてくる。そしてしかるべき予算措置がなされて、教科書が作成され、教員組織も整えられ、教育の組織化が実現する。こうして、日本語教育の内容が充実した結果、日本語学校として認可を受け、学校が制度化されると、国家の教育、外交施策としての留学生の受け入れ、日本語教育担当機関としての機能を持ち始め、日本語教育の現場が国益に奉仕する役割を強めてゆくのである。

日本語教育の現場の運営は、周りからの支援を必要とすることが多い。世界各地からの留学生の受け入れやその教育に関しては、政府の援助が不可欠であると言える。それが学習者の利益を損なわず、世界の平和安定に貢献するものであれば、問題のあろうはずはない。しかし、国策が学習者の利益と違う方向へ向かったときどうするか。教育現場がそれに加担してゆく構造から、われわれがそう自由でないことは認識しておく必要がある。

ところで、われわれはここにもう一つ、戦争中の国際学友会が遺したものを見ることができる。戦争中の国際学友会に各地から留学生が集まった期間は短かったが、この時期に学んだ留学生たちの人生はまだまだ長かったのだ。

この時期の日本留学生が戦後、母国での対日文化交流や日本語教育に果たした役割は大きい。例えば、フィリピンからの南方特別留学生は、帰国後一九四七年に交流組織（ＯＶＩ）を立ち上げたし、タイ国元日本留学生協会（ＯＪＳＡＴ）は、終戦前の元日本留学生によって一九五一年に設立され、一九六一年より日本語学校を運営して現在にいたっている。一九六三年にはインドネシアにおいて、インドネシア元日本留学生協会（ＰＥＲＳＡＤＡ）が設立され、インドネシア国内に支部を増やし現在にいたっている。創設当時の指導部は、南方特別留学生ら戦時中に国際学友会で受け入れた留学生で、その後、一九六〇年に開始されやはり国際学友会が受け入れた賠償留学生を中心とする第二世代、そしてその後一九八〇年代に増えた私費留学生を中心とする若い世代に移っている。一九七〇年にはシンガポール留日大学卒業生協会（ＪＵＧＡＳ）が設立され、同じく一九七〇年に元日本留学生によって旗揚げされ、一九七三年に正式に法人として設置されたマレーシア元日本留学生連盟（ＪＡＧＵＭ）、一九七六年七月にはフィリピン元日本留学生連盟（ＰＨＩＬＦＥＪＡ）など、東南アジア地域で元日本留学生協会が次々に設立され、戦後の留学生交流を含む対日文化交流や現地の日本語教育を支える役割をしている。戦後の留学生をも統合するフィリピン元日本留学生連盟（ＰＨＩＬＦＥＪＡ）の設立を提唱・指導したのは、南方特別留学生であった元駐日大使ホセ・Ｓ・ラウレルⅢ世であった。

一九八六年、インドネシアに創設されたダルマ・プルサダ大学は、日本留学経験者の同窓会を経営母体としており、第一期南方特別留学生であったモハマッド・スジマンは、創設と同時に副学長に就任した。この大学では日本語・日本研究が熱心に行なわれている。

日本側からの働きかけとして、一九七四年に故福田元首相（当時の大蔵大臣）の呼びかけで外務省招聘事業「東南アジア元日本留学者の集い」が始まり、ここで交流を深めた各参加者たちが中心となってＡＳＥＡＮ各国の元日本留学生会同士の交流を目的として一九七七年六月にＡＳＥＡＮ元日本留学生評議会（ＡＳＣＯＪＡ）が設立された。こちらも設立当初の主要メンバーは、戦時中の国際学友会で学んだ東南アジア出身の留学生たちであった。現在のＡＳＣＯＪＡの参加国はインドネシア、マレーシア、フィリピン、シンガポール、タイ、ブルネイ、ミャンマー、カンボジア、ベトナムの計九カ国で、二〇〇〇年四月にこれに対する日本側の組織としてアスジャ・インターナショナルが設立され、その事務局は国際学友会内に置かれた。

戦時中に国際学友会の教師であった中村愛子、そして本郷寮の寮母であった上遠野寛子の二人は、実に半世紀以上が過ぎた二〇〇一年七月に、前記フィリピン元日本留学生連盟から招待され、「感謝の盾」を授与されている。

これらにかかわる事例や関係者の証言をみると、少なくとも、留学生側の意識は、戦前・戦中・戦後にそう大きな変化があったとは認めがたい。日本語は、必要がなくなったとき忘れられることがあるが、留学の経験は一人一人にとって人格形成の一部として生涯に深い影響を与え続けるようである。社会の変化によって、教育理念や政策は変わるが、教員やスタッフが、学生の一人一人を大切に理解と愛情をもって交流しようとした当初の素朴な「萬邦協和」の精神は、危ういところで国際学友会の「国際教育」を支え、戦後に貴重な人のつながりを遺したのではなかろうか。

3　日本語教育振興会

敗戦直後の教員養成

戦後間もない一九四五年十月二十二日の『朝日新聞』の求人広告欄に日本語教育振興会からの次のような「謹告」と「募集」が並んで掲載された。

謹告

十月二十三日午後三時より日本語教授者の懇談会を本会館に於て開催します。ご参会下さい。

財団法人　日本語教育振興会

募集

連合国軍将兵に対する日本語教授の講習会を開催す。

一、応募資格　専門学校卒業程度の学力を有し、且英語の素養のある男子

一、募集人数　二十名

一、出願期日　十月二十二日・二十三日の両日午前十時より午後三時まで。

志願者自身履歴書持参の上、出願のこと

財団法人　日本語教育振興会

神田区三崎町（省線都電共　水道橋下車）

これらの呼びかけは、日本語教育振興会が、戦後間もなく新たな活動への動きを始めていたことを示すものである。「謹告」の「日本語教授者の懇談会」については、一九四五年十月十五日付で、日本語教育振興会（理事長・長沼直兄）より「日本語教育に尽力せられた方々にお集まり願いご懇談の機を得たい」として十月二十三日の懇談会の案内が関係者に届けられた。呼びかけ人は長沼直兄だったようである。そして、この日の懇談会での話し合いを受けて日本語教授者懇話会が設立され、同年十一月十日付で入会案内が各方面に配られた。設立委員として名を連ねたのは、戦争中に日本語教育振興会や日語文化学校、国際学友会で活躍していた関係者たち（有賀憲三、岩淵悦太郎、木村新、小林智賀平、篠原利逸、上甲幹一、高橋一夫、中島唯一、長沼直兄、西尾實、林和比古、松宮一也、松村明、守随憲治）一四名であった（高橋一夫「戦中戦後あれこれ」一一頁）[22]。

外務省の「国際文化事業」としての日本語普及・日本語教育に始まった国際文化振興会や国際学友会よりも、興亜院と文部省による中国向けの日本語普及事業を目的に設立された日本語教育振興会の方が戦争との関係が深く、終戦とともにその存在意義に失ったとしても不思議はなかった。しかし、実際には、日本語教育振興会は終戦直後から活発な活動を開始し、「昭和二十年度」の下半期分の「事業補助金五万円」を一九四五年十二月一日に受領し[23]、これに基づいて一九四五年下半期の事業が遂行されたばかりか、一九四六年度も事業が継続された。先の日本語教授講習会の新聞広告に、「連合国軍将兵に対する日本語教授」とあったように、戦後日本の主たる日本語学習者は、戦後日本にやってきた連合国軍将やその関係者、主としてアメリカ人であった。日本語教育振興会では、戦後間もなく連合国軍の委託を受けて、日本語教授も行なっていた。

一九四五年の秋に、連合国軍の方から「日本語教育振興会の総主事」である長沼直兄に日本語講習の委託があり、長沼がこれに応え[24]、また一九四六年三月には日本語教育振興会が、文部省より委託を受けて「連合国軍将兵に対する日本語教授者講習会」を実施したが、これも「連合国軍側ノ要望[25]」によるものであった。連合国軍は、日本進駐の初期から日本語学習とそのための教員養成について、「財団法人日本語教育振興会」の長沼直兄を頼って事業を委託したのである。

日本中の日本語教育機関が解散を命じられたり実質的に運営困難に陥ったりして活気を失っているとき、日本語教育振興会は休む暇もなかった。長沼直兄らの敗戦直後からの仕事量には目を見張るものがある。その主なものを以下に整理する。

（1）連合国軍将校への日本語教授

長沼直兄は、連合国軍からの依頼に対し、日本語教育振興会の職員に仕事を与える責任感からこれを引き受け、自らを含む日本語教育振興会の職員のおよそ十人を、米軍のＡＥＰ（Army Educational Program）での日本語教育に充てた。

（2）日本語教授者懇談会の組織化

先に示した新聞広告にあった一九四五年十月二十三日の集まりをその準備会として、「日本語教授者懇話会」の組織化が、日本語教育振興会の呼びかけで行なわれた。

表16　戦後（1945・1946年）の日本語教育振興会による講習会の講義名とその担当者（河路「長沼直兄による敗戦直後の日本語教師育成講座」より）

第1回日本語教授者養成講習会（1945年10月25日—11月24日）	第2回日本語教授者養成講習会（1946年3月14日—31日）	連合国軍将兵に対する日本語教授者講習会（1946年3月7日—28日）
日本語教授法（長沼直兄） 日本語要説（中島唯一） 英会話（長沼アントネット） 朗読演習（北條　静） 日米の作法（松宮一也） 特別講義（西尾實） 特別講義（釘本久春）	日本語教授法（上甲幹一） 日本語要説（中島唯一） 音韻論（金田一春彦） 文字論（齋藤　正） 基本語彙論（浅野鶴子） 特別講義（西尾實） 特別講義（長沼直兄）	日本語教授法 　教師論（西尾實） 　方法論（長沼直兄） 　教材論（上甲幹一） 　演習（鈴木正蔵） 日本語要説 　概論（中島唯一） 　音韻論（金田一春彦） 　語詞論（林　大） 　文字論（齋藤正） 英会話（長沼アントネット） 英米ノ作法(浅野鶴子)

一九四五年十一月三十日には第一回総会が日本語教育振興会にて開催され、会則の審議決定、委員選出委嘱などが行なわれている。[26]

（3）日本語教授者養成講習会の開催

長沼直兄を中心に、日本語教育振興会では一九四五年十月二十五日—十一月二十四日に「第一回日本語教授者養成講習会」を開催（修了者数三七名）、一九四六年三月十四日—三月三十一日に第二回（修了者数二八名）を実施した。[27] また、それとは別に、連合国軍の要望を受けた文部省の委託で、一九四六年三月七日—三月二十八日まで、一三八時間の「連合国軍将兵に対する日本語教授者講習会」を財団法人日本語教育振興会において実施した（修了者数四二名、うち連合国軍に雇用中の者七名[28]）。それぞれの講義名と担当教師を表16に示す。

この節の冒頭にあげた『朝日新聞』の広告は一九四五年十月二十二日のもので、「出願」はその二十二日・二十三日の二日間の午前十時から午後三時まで、という急なものであった。これを、日本語教授者講習会の記録と照らし合わせると、第一回日本語教授者講習会のためのものと考えるのがいちばん適当かと思われる。翌々日の十月二十五日から講習会が始まった。募集広告に、実施日程が書かれていないのは今日の目では不思議であるが、敗戦直後の状況では、こんな急な募集も珍しくなかったのかもしれない。修了者は第一回が三七名、第二回が二八名と、いずれも新聞広告の募集人数二〇名より多い。

第一回・第二回の日本語教授者講習会は日本語教育振興会が実施したものであるが、三回目は連合国軍からの要請によって別予算で実施された。長沼直兄が既に従事していた連合国軍将兵対象の日本語教育にさらなる人材が必要であると判断されたのだろうか。

敗戦直後の調査研究

日本語教育振興会では戦後も調査研究のための予算がついた。昭和二〇年度（一九四六年一月―三月）と昭和二一年度（一九四六年四月―七月）の成果が残されている。この期間の調査研究は、上甲幹一による「日本語教授の各段階における教材及び教法大要」、同じく「英語国民成人向日本語教材第一期用　数系列教材」、今井三明による「成人向日本語教材第三期用　説話系列教材」、そして、浅野鶴子らによる「英語国民成人向日本語副教材第一期後半用　実用会話教本」などである[29]。

上甲幹一による一連の成果は、入門期からいわゆる上級までを七〇〇時間で終える教授法と教材の提案で、特に最初の二〇〇時間にあたる「第一期」の「数系列教材」を具体的に示した。数字を中心に教材を編み上げる独特のものだが、これは山口喜一郎の創案によるものだという。長沼直兄はこの方法を支持していたわけではないが[30]、上甲に研究の機会を与えた。この成果は一九四八年、旺文社より上甲幹一『日本語教授の具体的研究』として刊行された。この時期の日本語教育関係の調査研究で出版という形で世に出た数少ない成果である。しかし、これがその後の日本語教育に直接的な影響を与えることはなかった。

内容的に注目されるのは、浅野鶴子らによる一連の「英語国民向け会話教材」作成の成果である。一九四五年度には伊丹美和子と共同で和文タイプによる縦書き、日本語による解説付きの十一課構成の会話練習用教材を完成した。Ｂ４判、二九枚袋とじの小冊子である。会話文はいずれも、日本で生活する外国人（アメリカ人）と日本人との会話である。次の年度は、「第二次案」という名称の下に英文タイプによるローマ字表記の英語解説付きのものが作成された。内容は七課に圧縮され、分量のみならず日本語の難度も低くおさえられた。浅野は当時連合国軍将校たちに日本語を教えていた。前期の成果を実用性の観点から見直して再構成したものと見られる。敬語の多用される課や日本の伝統文化の紹介部分が削除され、全体に内容が簡易化される一方で、新たな会話文として六番目に「YOOJI O IITSUKERU（用事を言いつける）」が挿入された。これはアメリカ人の主婦とそこで働く日本人の「女中」との会話で、当時のニーズに応えたものと思われる。結果として、敗戦直後のアメリカ人と日本人の接触場面の状況を伝える資料ともなっている。

4　なぜ、日本語教育振興会だけが新規事業にとりくんだのか

長沼直兄の活躍

さて、このように仕事の絶えなかった日本語教育振興会だが、戦後まもなく解散も審議されていた。財団法人日本語教育振興会の理事長となった長沼直兄を議長として一九四五年十二月二十七日に開催された「第六四回理事会」でのことであった。この理事会において、「言語文化研究所」への事業移譲を前提に、「本年度予定事業」を終えてから日本語教育振興会の解散を申請することが、全員一致で可決された。議事録に記された文言は次のとおりである。

> 本会はその目的たる大東亜圏内に於ける日本語の普及並に日本語教育振興に関する諸事業を行ひ来たりしが終戦後諸般の情勢の変化に伴ひ其の目的たる事業の成功不能となりたる為本年度予定事業の終るを俟ち、本会の解散方を申請すべきこと並に本会の財産は近く設立せらるべき財団法人言語文化研究所に譲与すべきこと

注目すべきは、この時その事業を継承する新組織として既に「言語文化研究所」の名が書かれていることである。長沼直兄はその事業目的に時代の変化を超えて継続すべきものがあると認めたが、

そのためには旧組織の解散、新組織の設立という抜本的な整理が必要であると判断し、新組織の設立準備を始めていたのである。

この決定に従って、日本語教育振興会は「本年度予定事業」たる教員養成や調査研究を進め、それを終えた一九四六年三月末に解散を申請して、一九四六年五月三十一日に外務省・文部省によって「日本語教育振興会」の解散が正式に許可された。そして同じく「財団法人言語文化研究所」が一九四六年七月八日に法人認可され、事業の移行は完了した。その間、GHQからも日本政府からも解散への働きかけや圧力は認められない(31)。

この間も長沼直兄らの仕事は絶えることがなかった。「日本語教育振興会」が戦後も活動を続けたことの背景には戦後早期の日本における日本語教育事業へのニーズの高さがあったものと思われる。戦後日本にやってきた連合国軍関係者にとって日本語学習は必須であった。そのために連合国軍が選んだのは日本語教育振興会であった。

一九三〇年代に始まった「国際文化事業」としての日本語普及事業について述べてきた本書の終わりに考えたいのは、終戦直後の日本語教育への需要に応えたのが、国際文化振興会でも国際学友会でもなく、日本語教育振興会であったという事実についてである。

連合国軍といっても米軍関係者が大半で、戦後の日本における日本語教育のまとまった需要はアメリカ人によるものであった。戦前にアメリカをその事業の対象に含めていた政府関係機関は、外務省文化事業部の「国際文化事業」、国際文化振興会や国際学友会であった。国際文化振興会の『昭和九年度事業報告書』では、その設立直後にあたる一九三四年五月に私用で渡米した会長近衛文麿に米国への国際文化振興会の紹介を依頼、近衛文麿はワシントンはじめニューヨークなどの「公私会合の席上、本会会長として設立の披露」をしたと報告している[32]。国際文化振興会発行の月刊誌『国際文化』第一号（一九三八年十一月）には、ニューヨークに創立された日本文化会館（ジャパン・インスティテウト）の記事（見開き二頁）があるが、そのなかに「対米文化工作は国際文化振興会が創立来、つとに力を注いで来た重要な分野の一つである」（一二頁）とある[33]。国際学友会も初期にはアメリカ人学習者を受け入れており、日米学生会議への助成も行なっていたのだ。元アメリカン・スクールの校舎を使うようになった背景には、関係者同士の交流が作用したということがある。両機関とも、アメリカとの関係は決して薄いものではなかった。それに対して戦争中に中国・南方をその日本語普及の対象としてきた日本語教育振興会には、アメリカとの接点がないばかりか、それに敵対する位置にあったと言える。それにもかかわらず、連合国軍側が日本語教育振興会を選んだのは、なぜであろうか。

これについては、連合国軍が頼ったのが長沼直兄という個人であったとしか考えようがないのである。その長沼が、当時たまたま日本語教育振興会の責任ある立場にあり、彼らの依頼・相談に、組織として応じたのである。この間の事情について、長沼は浅野鶴子との対談で次のように語っている[34]。

当時のスベンソン大佐から、戦前大使館の日本語学校を復活させたいという話があった時、私は今さらアメリカの飯を食うのもと思って一度は断ったわけです。ところが振興会（日本語

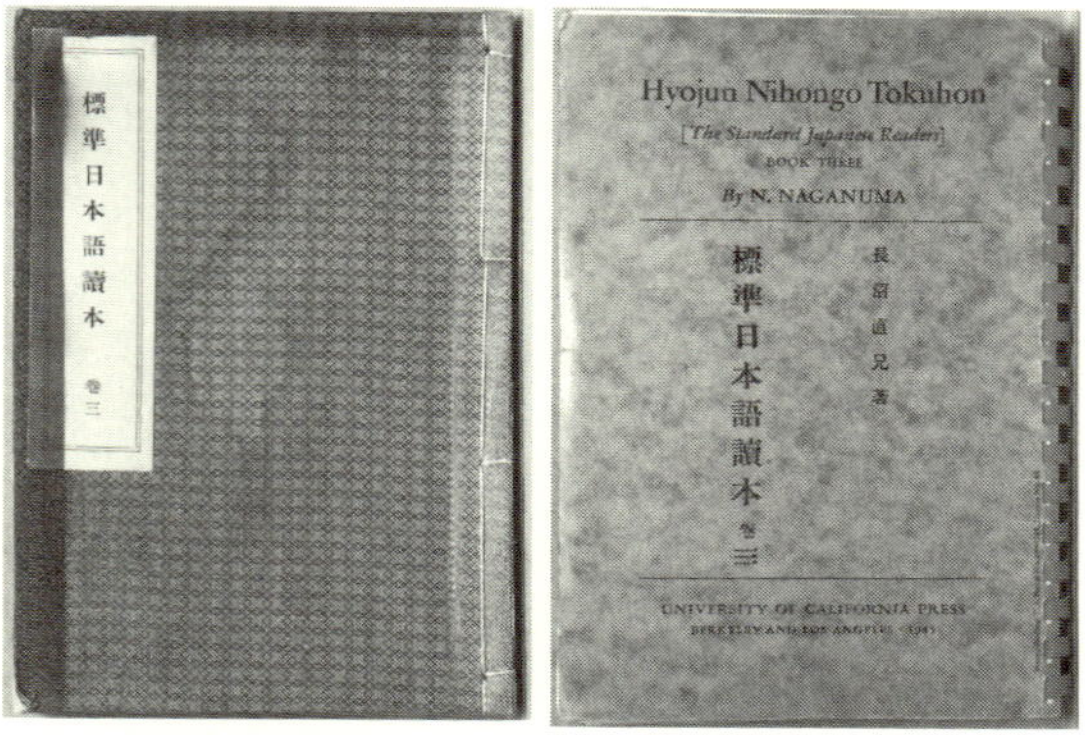

図 14　長沼直兄『標準日本語讀本　巻三』 和綴じの原本（左）と，そのアメリカでの私家複製本の表紙（東京外国語大学・長沼直兄文庫）　長沼直兄による米国大使館での日本語教授のための教科書だが、戦争中はアメリカの陸海軍の日本語教材としてさまざまな体裁の多くの私家複製本が作成され使われた。この複製本はカリフォルニア大学出版局から出版されたもの。

教育振興会〕の十人近くの人々を養っていかねばならん、仕事は全然なしですからね。それと、もう一つはもとの大使館の学校の人たちをなんとかしてあげたいという二つの理由で、私も節を屈したというほどではないにしても、スベンソンさんの希望を入れたわけです。そのかわり私のほうもわれわれだけでアメリカ人を入れないでやりたいといって――。〔中略〕

スベンソンさんのほうは、アメリカで日本占領要員を養成するために、使っていた私の本――日本で習っていた連中が持ち帰って、みんなのを集めて一セットにしたのをアメリカの学術会議に提出して採用された――それをですね、スベンソンさんが占領軍用に印刷させたわけです。それでスベンソンさんが言うには、アメリカであなたの読本を使うことになった時、もし、本に対しては印税というものを払うのだと知っていたら、あなたのために印税をとっておくべきだった。ところが知らなかったものだから、あなたの本を無断で使ってしまって申し訳がない。〔中略〕

スペンソンさんは、そういうやや贖罪的な意味も含めて、なんでもあなたの希望通りにやれと言ってくれましてね。お金はアメリカが出すんだから、戦前あなたがやりたいと思っていた教材を作ってみなさいと説得されたわけです。

長沼直兄は開戦以前、一九二三年十月から一九四一年八月まで約十八年間にわたって米国大使館の日本語教官を務め、戦時中も長沼の教科書は、（長沼に無断で）米国の海軍日本語学校、陸軍日本語学校で使われたのであるから、連合国軍関係者が長沼に親しい印象をもったとしても不思議ではない。私生活においてもアメリカ人の妻をもつ長沼は、戦時中には日本の警察の尾行がついたほど、アメリカに親しい人物であった。連合国軍関係者にはかつて米国大使館で長沼に教えを受けた者、米国内で長沼直兄による教科書で学んだ者が少なからずいて、長沼を「先生」と慕い、日本に着くなり連絡をとってくる者もあったという。

こうして長沼直兄は一九四五年十月から米軍将校に日本語を教え始め、一九四六年二月には、前年二月に刊行した『First Lessons in Nippongo』を一字一句違《たが》えず再版した。特に印象的な「前書き」（Foreword）の書き出しを、拙訳を付して引用する。

Along with the progress of the situation, a great need for the knowledge of the Japanese language is being felt by all who come in contact with the Japanese people as well as things Japanese, and there is a keen demand among educated adults for a simple manual of the

Japanese language especially prepared for them. This small volume is an attempt to meet such a demand.

（状況の進展とともに、日本語についての知識の必要性が、日本の事物や日本人と接触するすべての人々に意識されつつある。そして、教養ある成人の間に、彼らのために準備された日本語の手引書への差し迫った需要がある。この小さな本は、そうした需要に応える試みである。）

「日本語を必要とする教養ある成人」が、初版のときは「大東亜共栄圏の英語話者」であったのが、再版では主として連合国軍関係者となり、教科書をとりまく状況は激変したが、長沼直兄の教科書はその変化に耐えたのである。

一九四六年四月に米第八軍「アーミーカレッジ」（ＡＥＰ）の教官に就任、自著『標準日本語讀本』（一九三一―一九三四）の全面改訂に着手、一九四八年には『改訂標準日本語読本（巻一―巻八）』を完成した。これらは一九五〇年に同『Word Book』全八巻、同『Kanji Book』全八巻など関連教材と同時に一般向けに刊行された。入門期用ローマ字テキスト『Basic Japanese Course』とその解説書『Grammar and Glossary』、また各巻用の語彙カード、漢字カード（全六集）、カナカードなどもあり、ここで長沼直兄は「修正直接法」による教科書体系を確立している。これらの出版は連合国軍の資金援助で実現したもので、後に長沼直兄は「あれは占領軍でお金のことを考えないでやったからできたのです[35]」と語っている。これらの教材は、先に述べた鈴木忍・阪田雪子による戦後の国際学友会の教科書『Nihongo no hanasikata』『日本語読本（一―四）』と並んで、一九七〇年代まで国内外の日本語学習者に広く使われ、戦後の日本語教育の振興に貢献した。

日本語教育の成否を決定づけるのは何よりも教師であると長沼直兄は言った。戦時中にあれだけの規模をもって展開された国策としての日本語教育推進機関が敗戦とともに行方を失ったかに見えたとき、求められたのは長沼直兄という一人の教師であった。

財団法人日本語教育振興会とその事業をひきついだ財団法人言語文化研究所は、その場所も構成員も同一だが、長沼直兄らが旧組織の解散、新組織の設立、そして新組織への事業や財産の移譲についての複雑な手続きを煩を厭わずやりぬいたのは、戦争目的を一新する必要を強く感じたからであった。終戦直後から連合国軍関係者たちは統治上の必要もあって日本語学習を欲したし、彼らは全国各地に存在した。国家的な対応は十分ではなかったが、長沼直兄とその周辺の人々のみならず、各地の民間の人々が彼らの日本語学習を支援したものと思われる。

長沼直兄は一九四八年四月に、在日宣教師団・在日外国人有志の要請により財団法人言語文化研究所付属東京日本語学校を開校して校長に就任し、生涯を日本語教育に従事した。多くの学習者のみならず日本語教員をも育て、夥しい数の日本語教材、英語教材を世に送り、一九七三年二月九日、七十八歳で永眠した。[36]

日語文化協会の終焉

さて、古く在日宣教師たちの支持を集め、一九三〇年代より国策としての日本語普及事業のさまざまな場面で活躍した松宮弥平、一也父子の日語文化協会のその後についても、語っておかなければならない。

日語文化協会内の日本語教授研究所長・松宮弥平は日米開戦後の一九四二年二月、旧著『日本語教授法』の再版を大日本教化図書株式会社から出版するに際して、「今日のやうに日本語進出の大勢を来たらせたことは実に未曾有の盛事である。〔中略〕日本語は世界の果にまでも普及するであらう。また必ずさうあらしめなければならない。この期に際して、この書が教授法の完璧、国語進出工作のために多少なりとも役立つを得ば、誠に本懐の至りである」(「再版に際して」一―二頁)と書いた。息子松宮一也は同年十月、その著書『日本語の世界的進出』のなかで「私が現在、親父の仕事を継いで日本語普及の仕事に携つてゐるのも、前世の因縁か。又私の長男も、後を継ぐのだと言つてゐるから、もし、さうなれば昔の通り父祖代々の家業を継ぐと言つたやうな恰好である」(二九八頁)と書いた。『コトバ』一九四四年四月号の「消息」によると、松宮一也は一九四四年三月には大東亜省の委嘱で日本語学校の経営のために上海に赴いている(四八頁)。

しかし、一九四五年三月の東京大空襲で芝公園内にあった日語文化協会は全焼した。敗戦を見届けて松宮弥平は一九四六年七月四日、七十五歳で半世紀余りを日本語教育に尽くした生涯を終えた。長男一也は戦後、日本語教育の仕事から離れた。リーダーズ・ダイジェスト日本支社企画、調査、総務各局長、電通開発局編集主幹(一九五三―六四年)などを歴任し[37]、一九七二年九月十七日、六十九歳でこの世を去った。

終章　新しい理念の構築に向けて

戦前戦中戦後の「国際文化事業」としての日本語教育をたどってくると、そもそも言語教育において、「文化侵略」と「文化交流」が対立するものではあり得ないことに気づかされる。両者は紙一重どころか、表裏一体なのかもしれないのである。「文化侵略」性の強い現場にも「文化交流」は生まれるし、「文化交流」を目的とする善意の現場にも「文化侵略」性は潜んでいる。

理想主義に発し、今日も是とされる「国際文化交流」の理念のもとに行なわれたはずの日本語教育が、なぜ、一九四〇年代に戦争にからめとられてゆくことを避けられなかったのか。このことについては、敗戦前の数年間の総力戦体制が、留学生教育や日本語教育のみならず、日本の政治・文化・経済のすべてを「大東亜共栄圏」建設を目標として、抗いがたい力で再編成していったという事情が第一にあったことは疑いがない。しかし、「国際文化（交流）事業」としての日本語普及の理念そのものにも、問題があったことを認めないわけにはいかない。

国際文化振興会の教科書の内容から検討したように、この時代の日本語普及観は、言語帝国主義的か、言語民族主義的かのいずれかに属するものであったと考えることができる。前者は、国力をもってその言語が使用される領域を広げようとするもので、「大東亜共栄圏の共通語」をめざした日本語普及活動はこれに属する。一方、それとは異質のものとして出発した主として対欧米独立国に対する日本語普及は、国際文化振興会の初期の目的に沿って編纂された『日本のことば』に象徴されるように、言語民族主義的日本語普及観の上にあった。すなわち、日本語は日本人の精神性の象徴であって、他国の人々はこれに敬意を払いつつこれを受容すること、すなわち、これによって発信された情報を受け取ることは望ましいが、みだりにこれを使うことは牽制したいという考え方である。

ただし、国際文化事業としての日本語普及の議論にも、日本語の通ずる領域の拡大という「野望」は見え隠れしていたし、「大東亜共栄圏の共通語」事業への移行が、それに葛藤を感ずる人がいてもさほど無理なく実施されていったのは、欧米独立国で日本語が使われることは願ってもかなわないことだがアジア地域であれば可能かというように、帝国主義的言語普及観を受け入れる素地があったからではないだろうか。

ヨーロッパの日本語学習者について、第四期国定教科書の『小学国語読本』（通称「サクラ読本」一九三三年）には、巻十一の十八課「欧州めぐり」の本文のなかで次のように紹介されている。イタリアで日本語学習者に出会った日本人旅行者の一人称による文章である。

　フローレンスにイタリヤの古美術をたづねてから、ベニスへ向かはうとする汽車中のことであつた。もう余程目的地へ近くなつた頃、或駅で停車すると、どやどやと此の国の青年が四五人はいつて来て、私のそばに腰をかけた。しきりに「ジャポネーゼ、ジャポネーゼ。」とささやくのが聞える。イタリヤ語を知らぬ私にも、それが「日本人」といふ意味だと見当はつく。すると、一人の青年が私の前に立つて、

「あなたは日本の方ですか。」

と、はつきり日本語で言つた。今、各国で日本語の研究が盛であることは聞いてゐたが、ヨーロッパに来て、外国人に日本語で話しかけられたのはこれが始《(ママ)》めてである。

「さうです。」

「私は、日本語を二年程勉強してゐます。」

かなり正しい発音である。他の青年たちは、にこにこしながら、半ば不思議さうに、私とかの青年の顔を見くらべてゐた。

　彼はなほ、「私が日本語を勉強してゐるものだから、友人たちが、此の日本人と話をして見よと言つたのです。」といふやうな意味のことを述べた。かう込入つたことになると、言葉はしどろもどろである。しかし、私は何とも言へぬ嬉しさを感じて、彼の手を握つた。

「あなたは、日本語が上手です。もつと勉強なさい。さうして、あなたの友人にも、日本語を教へておあげなさい。」

青年も、嬉しさうににこにこ笑つてゐた。

イタリアの日本語講座の始まりはイタリア王国建国直後の一八六三年のフィレンツェ王立高等学

校に設けられたのに遡るが、その日本語学習の需要は、一八六〇年代にフランスやイタリアを中心に蚕の伝染病が広がり、日本からの蚕の輸入が必要となったことによって生まれたという(小川誉子美『欧州における戦前の日本語講座』三九頁)。外国で日本語が学ばれるのは、交易上、あるいは国防上の必要がきっかけであることが多く、もとより日本人を喜ばせるためのものではないはずだが、この文章の「私」は、イタリアで日本語が学ばれていること、その学習者に会ったことが嬉しくて仕方がないようである。「私」がどのような人物か説明はないが、「もっと勉強なさい」と励ますばかりか、友人にも教えよと言うあたり、あたかも教師が生徒に接するような姿勢である。年齢差による要素もあろうが、日本語について日本人たる自分は外国人を指導する立場にあると思い込んでいるようだ。イタリアは国際文化振興会の支援対象国のひとつだが、当時の日本語普及、日本語学習支援は、ナショナリズムの論理の支配を強く受けるものであったことがうかがえる。

ロバート・フィリプソンの『言語帝国主義』(*Linguistic Imperialism*)は主として英語の問題をとりあげつつ言語帝国主義について論じたものだが、同書において、「ネイティブ・スピーカーこそ最も優れた教師で、外国での現地人教師の上に立つ」という考え方は、言語帝国主義的な誤った考え方(fallacy)のひとつとされている(1)。

言語帝国主義的な言語普及観は、しかしながら、戦後も強い影響力を持ち続けた。例えば、文化庁『国際化と日本語』に収められた水谷修の「日本語の国際化」には次のような記述がある。

日本語の国際的地位はどうなのだろう。現実は決して高くはない。高くしようという方針についての合意さえ成り立っていないと言うべきかもしれない。

それでも、全世界で日本語を学習している外国人の数は年々増加していて、三〇〇万人を超す（平成六年、国際交流基金調べ）と言われる。これだけ増えているから、地位は高まりつつあるという主張は手堅い主張ではあるが、消極的である。この数では、あるいはこの増え方では、国際社会の中の日本語の在り方としては不十分であると言えるような、積極的な政策目標が用意されるべきではないだろうか。〔中略〕

（日本語は）世界の共通語としての地位は無理だが、アジアの、あるいはアジアの一部の地域での共通語としての資格は持ち始めているのではないかという意見がある。確かに、日本語学習者の九〇％がアジアに集中していること、アジアの各国での日本語学習熱が極めて高いということからも、日本語が多く使われるようになるであろうという推定は否定できない。しかし、アジア地域で今、もっとも強く潜在的共通言語としての性格を備えているのは中国語である。（三九―四〇頁）

主張が明晰であるとは言い難い文章であるが、国力に応じて他の言語と競争して日本語の学習者数が量的に増大することが望まれ、それが他を圧して「共通語」となることが望ましいとの考え方は、一九三〇年代の議論の延長線上にあるものと読める。

一方、言語民族主義的な日本語教育観について想起されるのは、外国人の話す日本語を「おぞましい日本語」と呼んだ梅棹忠夫『実戦・世界言語紀行』の主張である。「日本人は日本語を自分たちの所有物であり、私有財産だとおもってきた。日本語をじょうずにあやつる外国人に対しては、なにか自分たちの聖域をおかされたような気もちをいだくひとがおおいのではないか」と述べ、今後日本語の国際化が進むと、「日本人には聞きなれない奇妙な表現が外国人の日本語の中にあらわれてきてもふしぎではない。ときにはかなり聞き苦しいこともでてくるであろう。わたしはそれを「おぞましい日本語」といっている。日本人はそのような「おぞましい日本語」をきくことにたえなければならないのである」と述べている。この文章の少し前に、外国人の日本語学習に関して次のように書かれているのとあわせて読むと、いっそう興味深い。

外国人に対して自国語の普及を推進するということは、一歩まちがうと自国文化のおしつけになりかねないし、文化侵略という非難をうけかねない。戦前の外国における日本語の普及には、そのようなきらいがあった。現在の状況はとてもそんなことではない。積極的な普及どころか、世界の要望のまえに受け身でたたされて、その需要に応じきれないというのが実情である（梅棹同書、二一六―二一七頁）。

侵略的な日本語普及に反対する立場として、外国人には日本語を使ってもらいたくない、「聖域をおかされ」たくない、という考え方は、言語民族主義的で、国際文化振興会の『日本のことば』が日本語を美しい文化語として鑑賞してもらおうとするが、使ってもらおうとはしなかった姿勢に重なる。

こちらから押し付けようとするのではない、学習者が勝手に増加して日本に学習支援を求めるからそれに応えるのである、という説明は、一九三〇年代の国際文化振興会でもそうだったし、国際学友会も目の前の留学生たちの必要に応えるのがそのきっかけであった。嶋津拓『海外の「日本語学習熱」と日本』は海外の「日本語学習熱」ということばが戦前から現代にいたるまで繰り返し日本普及の理由づけに使われてきたことを論じているが、相手が求めるからそれに応えるのである、という説明を繰り返すのは、主体的な日本語普及観を持たないままに日本語普及事業を進めてきたことの表われとも言えるのではないだろうか。

　国際交流基金による二〇〇九年の調査結果では、海外の日本語学習者数は、前回調査（二〇〇六年）の約二九八万人から三六五万人に増加したということである。約五五パーセントが中等教育段階の学習者である。学習者の多い順から韓国、中国は例年どおりとして、三位にインドネシアが浮上した。高校の授業科目としての教育制度の影響で、学習者の九〇パーセントを高校生が占めている。全体として、今回も学習者数は増加したという結果ではあるが、細かく見ると、学習者数の減少傾向の情報もある。二〇〇一年の米国同時多発テロ以降、外国語教育が国家安全保障の面で重視されるようになり、国家安全保障言語構想により、外国語を効率的に上達させることは国家安全保障にとって重要であるという認識が高まりつつある米国でも、近年の教育予算削減のあおりを受けた選択科目の削減によって日本語の授業が削られたり、中国語の普及推進の影響で日本語プログラムを中国語プログラムに差し替えたりする動きも見られると報告されている[2]。学習者数は、初等教育機関や中等教育機関などにおける授業科目としての「日本語」の採用状況に大きく依存するから、相手国の教育政策の動向如何では、今後日本語学習者数が減少する地域が現われることはあり得る。海外の学習者数の増大に応じて推進されてきた日本の日本語普及は、海外の学習者数が減少したら縮小されるのだろうか。日本の日本語普及にとって、海外の学習者数の増減は、どれほどの意味を持つのだろうか。これについて嶋津拓『言語政策としての「日本語の普及」はどうあったか』は次のように疑問を投げかけている。

従来、日本政府や国際交流基金の関係者は、その日本語普及事業の「規模」に関し、他国の「自国語普及活動に比較して極めて不十分である」として、常に焦燥感や危機感を抱いてきた。その比較の対象は一九九〇年代までは主として西欧諸国（英国、フランス、ドイツなど）だったのが、二一世紀に入ってからは中国の「孔子学院」に移ってきたようだが、焦燥感や危機感を抱き続けてきたことに変わりはない。

しかし、「規模」の面で焦燥感や危機感を抱き続けることにどれだけの意味があるのだろうか。むしろそれよりも、「文化其の他の分野において世界に貢献」するという観点から、他国に先んじて日本の対外言語普及事業を多言語主義の方向に転ずることの方が、すなわち「国際文化交流における多文化・多言語主義」を実現することの方が、よほど意味を持つのではないだろうか。（二七六頁）

関心の中心を量から質へ移す必要があること、それは「単一言語主義」から「多言語主義」の方向へ向かうものであるべきだということは、そのとおりであると思う。国民国家が近代の装置であることが明らかにされてきた今日、一国家一文化一言語といった国民国家の「想像」による「創造物」は、疑われなければならない(3)。嶋津は「日本における言語」の普及という立場から、「日本の実質的な「国家語」であるところの「日本語」(The Japanese Language)だけ」でなく、「沖縄語」や「アイヌ語」も普及することを提唱するが、この点については、「日本語教育」の立場からは、別の議論を用意する必要があるだろう。

「アイヌ語」は、二〇〇九年二月にユネスコによって「消滅の危険のある言語」のうちでも、現在の話し手は一五名で「極めて深刻な状態にある言語」に指定された言語である。ほかに、「重大な危機にある言語」として沖縄県の八重山語・与那国語が、「危険な状態にある言語」として沖縄語・国頭《くにがみ》語・宮古語・鹿児島県奄美諸島の奄美語・東京都八丈島などの八丈語が指定され、これらは言語的には「日本語」とは別の言語であると考えるのが正しいとの見解が示された。これらの言語を消滅の危機から守るという問題は嶋津が指摘するように日本の「多言語主義」を考える上では重要な問題であるに違いない。現にこれらの言語の研究に従事している外国人研究者がいるように、今後も外国人研究者が自由に参入できる環境を用意しておく必要がある。しかし、これは、「日本語」を学ぼうとする学習者に応える議論とは別の話である。

「日本語」教育の現場ではまず、日本語の内部の多様性に目を向けることの重要性への再認識が求められるのではないだろうか。既に指摘されて久しいものの日本語教育の現場で「正しい日本語」とされるのは、本書でとりあげた戦前戦中戦後のものからそう変わっておらず、多様な「日本語」の現実が十分に反映されているとは言い難い。（日本語学習者を含む）われわれが日常的に接する日本語は多様性に満ちている。近年、日本各地の「方言」がテレビや映画を通して全国に流れるばかりか、その土地を離れても、出身地域の話し言葉を使う人が増えていることが報告されている。またマンガやアニメ、Ｊポップの日本語も、電子メールなど使われる書き言葉も、「共通語」の規範から相当自由である。こうした日本語の多様性を教育現場に反映し、学習者の選択的で自由な日本語使用を可能にすることは、今後の日本語教育の課題のひとつである。

また、「多言語」というキーワードからは、「日本語」ではない言語、先に挙げた日本における地域の言語のみならず、いわゆる「外国語」との関係を視野に入れた日本語教育観の確立も求められるのではないだろうか。特に学習者の母語は考慮に入れられなければならず、外国から日本へ来た子どもの日本語学習支援などの現場では、子どもの母語保持、母語の学習支援への配慮も求められるだろう。外国における日本語教育においては、学習者が既に習得した（複数の）言語の能力をより積極的に生かす方法も考えられてよいだろう。かつてヨーロッパにおいては、まず中国語を学習した人が、同じ文字を使用する言語として日本語を学ぶケースが少なくなかった。非漢字文化圏の学習者にとっての漢字学習の困難を思うと、既に中国語を学んだ学習者には、それを生かした日本語教育の方法なども考えられてよいかもしれない。

ここで、本書の「序章」で示した姿勢に立ち戻ってみる。

（1）戦後も長く支配的であったナショナリズムの論理から解放され、国境や国籍を超えた「人間としての権利」に依拠すること。
（2）過去の責任問題を曖昧にしないこと。
（3）過去から何を学び、それを未来に向かってどう生かすか、という問題提起に重点をおくこと。

「戦後も長く支配的であったナショナリズム」に基づく日本語普及観から解放され、「人間の権利」に依拠した日本語普及観の樹立、そしてそれに基づく日本語教育は果たして可能であろうか。過去から何を学び、それを未来にどう生かすか、という考察を一歩進めてみたい。言語に関する人間の権利、すなわち「言語権」は、言語権研究会編『ことばへの権利』（一九九九）では、「言語的不正、言語差別による人権侵害を可視化し、個人や集団が言語的抑圧を受けることのないような態度を、地域的、国家的、超国家的レベルにおいて促進し、そのような制度をつくり、維持することをめざす」ものであると説明されている。戦後間もない一九四八年十二月に、第三回国連総会で採択された「世界人権宣言」では、第二条が次のように「言語権」に触れている。

第二条
1　すべて人は、人種、皮膚の色、性、言語、宗教、政治上その他の意見、国民的若しくは社会的出身、財産、門地その他の地位又はこれに類するいかなる事由による差別をも受けることなく、この宣言に掲げるすべての権利と自由とを享有することができる。（日本政府仮訳、

傍点河路）

一九九六年六月、その名も「世界言語権会議」という会議が、国際ペンクラブの翻訳・言語権委員会およびカタルーニャの非政府組織ＣＩＥＭＥＮを中心に、合計九〇カ国から二二〇人がバルセロナに集まって開催され、そこで「世界言語権宣言(4)」が採択された。冒頭の「予備的考察」には、次のようにある。

〔…〕侵略、植民地化、占領、またその他の政治的、経済的、社会的従属状態が、多くの場合において異なる言語の直接的強制を生じさせ、それ以外の場合でも、少なくとも言語の価値評価を歪め、話し手が自らの言語に対して持つ忠誠心を弱体化させる階層化された言語態度を生じさせていることを考慮し、また、主権を獲得した民族の言語のなかには、かつての宗主国の言語を優遇する政策の結果、言語取替えの過程に直面しているものがあることを考慮し、普遍主義は、均質化への傾向と排他的孤立への傾向の双方を克服する、言語的及び文化的多様性の概念に基づかなければならないことを考慮し、〔中略〕世界言語権宣言が、言語に関わる不均衡を是正し、すべての言語に対してその尊重と十全な発展の保証を与え、全世界規模での正当かつ公平な言語的平和の原則を社会的な共存を維持する主要因の一つとして確立するために必要とされていると確信して、ここに次のとおり宣言する。

そして、言語教育については、次のように書かれている（「第2編　言語に関する一般的制度」の「第2節　教育」）。

第23条

1　教育は、その提供される地域の言語共同体の言語的および文化的自己表現能力の促進に寄与しなければならない。

2　教育は、その提供される地域の言語共同体によって話されている言語の維持、発展に寄与しなければならない。

3　教育は常に、言語的および文化的多様性ならびに全世界の異なる言語共同体間の調和的関係を図るものでなければならない。

4　前三項の諸原則を念頭において、あらゆる人はいかなる言語をも学習する権利を有する。

第26条

すべての言語共同体は、その成員が自らの言語を通常の使用場面ごとに能力度も異なることを含めて、十分に身につけるとともに、可能な限り自らが知りたいと望む他のいかなる言語も習得できる教育に対する権利を有する。

第28条

すべての言語共同体は、その成員が自らの文化的遺産（歴史、地理、文学その他自らの文化の表出）の完全な知識を獲得できる教育を受け、また自らが知りたいと望む他のいかなる文化についても可能な限り広範な知識を獲得できる教育に対する権利を有する。

ＥＵの言語政策は、このような言語権を尊重して定められた。ＥＵの公用語は、参加国二六カ国の公用語すべて（二三言語）で、複言語主義に基づき、多くの国で英語に加えてそれ以外のＥＵ内の言語を外国語として一つ以上、初等教育段階から取り入れている。

ここから日本語教育の問題を考えるなら、まず日本国内の日本語の問題から考える必要がある。(5) 国際共通語としての英語の学習が、国際社会への対応として奨励されている現在、これまで自明とされてきた日本における日本語文化の維持・発展への危機感が囁かれ始めているが、日本語の言語共同体では、日本語の文化的遺産を含む日本語（「国語」）教育の水準を下げることのない環境を整備することが必要である。しかし、新規参入する日本語を母語としない住民を含めて、その日本語の到達度は多様であってよい。一方、日本語を母語としない住民独自の言語文化の保持への配慮が重要である。多数派である日本語母語話者の多言語学習の推進と同時に、少数派である日本語非母語話者への日本語学習の保障によって、日本社会を日本語中心の多言語社会へとデザインしてゆくことが考えられる。さまざまな言語の使い手が育つことは、日本の人的資源を豊かにし、安全保障の上でも、通商や国際外交の上でも望ましいと言える。それは、豊かな文化遺産を持つ日本語の文化の維持・発展を阻害するものではない。

そして、海外においても、その多言語性の維持のために、日本語普及は奨励される。誰もが求めれば学べる環境を用意するために、日本語学習支援は行なわれることが望ましいし、学びやすい教材、メディアの開発は進められるべきである。それは必ずしも量的拡大を目標とするのではなく、発信する日本語の多様性も含めて質的な豊かさを保証するものであることが望ましい。

戦前戦後を貫いた「国際文化（交流）事業」の理念の限界は、「日本文化」を固有で唯一のものとして固定的に設定したことにある。こうした文化本質主義は、今日も一定の影響力をもっていて、外国人に日本文化を紹介するといった場面では着物を着た指導者による茶道や華道が披露されたり、歌舞伎や能・狂言の鑑賞が行なわれたりすることも多く、学習者側もそれを期待することがある。それは日本語によって伝えられてきた日本の文化に違いないが、現代の日本語による文化ははるかに多様である。日本語という言語を主体の必要に応じて使いこなす上で、固定的な「日本文化」を共有しなければならない理由は必ずしもなく、その共有者でなくとも、日本語による自己表現やコミュニケーションを実現し、日本語によって情報を得ることは可能である。日本語教育における日本語は、「日本人らしさ」「日本的」であることからむしろ、「日本語」を解放することの可能性にこそ、意義が求められるべきではないだろうか。非母語話者が日本語を使用することによって、日本語そのものが文化触変を経験し、新しい日本語の文化を創造してゆくことを、積極的に肯定してゆくという思想の転換が求められる。

二〇〇〇年十二月の国語審議会による答申「国際社会に対応する日本語の在り方」は、「自己の考えを十分に言語化すること、平明・的確かつ論理的に伝達すること、相手の文化的背景を考えて表現や理解を柔軟に行うこと」「すべてを相手に合わせようとするのではなく、相互に相手を理解しようと努め、相手の考えや気持ちを理解するための質問や自分自身を分かってもらうための説明の言葉などを適切に織り込みつつ、誤解が生じないよう、やりとりを進めていく態度を持つこと」を、「これからの時代に求められる日本人の言語能力」であるとしている。これは外国人との対話場面が想定されての提案であるが、日本語母語話者同士であっても十分に有用である。日本語母語話者同士なら察しあって分かりあえるという「想像の共同体」への過信からは覚醒することが望ましいことは言うまでもないであろう。日本人と日本語母語話者、日本文化の保有者を一体のものとして、他と境界をもつかたまりとみなす文化本質主義からの解放は、さまざまな個性をもつ個人によって構成されている社会の現実を見つめることにつながる。人間同士が理解し合えるかどうかは、相手と母語を共有するかしないかとは別の問題である。われわれは、翻訳を通して時代も地域も離れた人物に深い共感を寄せることもあれば、母語も時代も地域も共有しながら、理解の困難な相手に遭遇することも経験しているはずである。その当然を受け入れるだけで、文化本質主義から解放され得るのではないだろうか。

近代以降、発展の一途をたどる人やもの、情報の国境を越えた移動は、今後も止まったり後退したりすることはないだろう。日本社会もますます多様化し、多様性の受容とそれへの対応の充実が図られなければならないだろう。多様性を積極的に受け入れつつ無秩序による混乱を避けるためには、強靭で柔軟な理念をもった政策による指針が必要である。差別や戦争のない自由で平和な社会の実現のために、今後あるべき言語や文化、教育に関する理念全体の見直しのなかで、日本語教育も、その新たな理念を確立していかなければならない。

それと同時に、そうした教育主体の理念と、学習者の動機や目的、また習得した言語の使用が必ずしも一致しないことがある、という言語教育の本質の一つを確認しておきたい。これは言語普及の限界ではなく、むしろ可能性であることも、本書では見てきた。言語を習得した者は、それを学んだ時点での言語教育の理念に大きな変化があったとしても、習得した言語を新たな文脈で生かす自由を持つ。

田中克彦は『国家語をこえて』と題された著書のなかで、外国語学習について次のように述べている。

> 外国語は、それが存在し、話され、書かれているかぎり、人は聞きたいと欲し、読みたいと欲し、他の人々とは異なる言いかたを、母語とは別のことば表現を試みたいと思う。この欲求は自由にもとづくものであり、誰も禁じることはできない。そこでは、ことばじたいが、すでに一つの思想である。外国語を知りたいという欲求は、それゆえに潜在的に、自国の文化や制度のそのままの受容と容認ではなく、それへの不満や批判を含んでいる。無意識に行動を身につける子どもとはちがって、もうおとなになってしまった人間は、意志がなければほとんど何も身につかないからである。外国語の学習は、強固な意志によってはじめて獲得されるのであって、その意味において、マースがJ・グリムのことばに託して言うように、「ことばは教えることができず、ただ学ぶことができるだけ」なのである。（一三三頁）

「自由にもとづく」欲求を支援する日本語教育もまた、「自国の文化や制度のそのままの受容と容認」ではなく、それへの不満や批判を含むものであり得るだろう。いや、そうならざるを得ない要素を本質的に有している。国策に忠実であることに重心を傾け、学習者の志に心を開いて向かうことを怠ってしまったとき、教育現場はいとも容易に文化侵略の戦場と化し、教師はその尖兵となり果てる可能性があるが、それで学習者の学習意欲が損なわれたなら言語学習は成立せず、成果を上げることは望めない。教育の成果を上げたいと思うならば、学習者の自由にもとづく学習への意欲を受け止め、それをさらに伸ばしてゆくことが肝要である。そのためには学習者と心を通わせる必要があり、そうして彼らの日本語学習がはかどったとしたら、教師は結果として、国益中心の国策において軽視されがちな学習者側の利益（目的）を尊重することで、国策を実質的に補正する役割を果たすことができるのではないだろうか。

ニーズに応えることは言語教育にとって大切であり、宿命のひとつと言えるが、目前のニーズのみを求めるのではなく、ニーズを生みだす文脈がたとえ変わったとしても、新たな目的のために自由にその言語を使いこなせるような言語運用力を十分に育てることが大切である。特定の社会的ニーズにとらわれすぎていては、何らかの事情でそのニーズが消失したとき、学習者の言語学習の努力の意味が失われるといった事態が起きかねない。学習者がその後も、その努力に応じて自由に応用できる言語能力を養えるように、ニーズに振り回されない言語教育の基盤をしっかり整備することも重要である。

注

はじめに

（1）本書では、「日本語教育」という言葉を、現在の日本の行政機関をはじめとする一般の通例（公教育における母国語としての教育は「国語教育」と呼び分ける）に従い、日本語を母語としない人の日本語学習の促進に関わる営みの総称として用いる。

（2）この定義は、教育学一般について論じている広田照幸『教育学』九頁に従った。

（3）日本の版図に含まれ「国語教育」としてとりくまれた日本統治時代の台湾、朝鮮におけるものや、また国連の委任統治領となった南洋群島における「国語」教育は、ここでは除いた。これらについて述べるなら、明治初期のアイヌへの「国語教育」や沖縄の問題にも立ち入らないわけにはいかず、また、在外日本人移民による日本語教育の問題などもかかわり、論点が「国際文化事業」から拡散するからである。これらが本書で扱う日本語教育と無縁であるはずはなく、日本国内に外国人住民が増加した現代、改めて考えるべき問題は多いが、その議論は別の機会に譲りたい。

（4）外務省文化事業部では、従来からとりくまれていた中国に関する「文化事業」は、第一課、第二課の「対支文化事業」として位置づけられており、新設された第三課による「国際文化事業」の対象は、中国を除く全世界とされた。

（5）同じく、これらの年表類では一九四五年の項目に「日本語教育振興会、GHQの指令により解散」と同じ文言があるが、これが事実と相違することについては河路「長沼直兄による敗戦直後の日本語教師養成講座」「創立者長沼直兄年譜」「一九四五・一九四六年「日本語教育振興会」から「言語文化研究所」へ」に詳しく述べた。本書でも第四章でこの時期をとりあげる。

序章

（1）本書では「国際文化事業」という言葉を、基本的に国家レベルでの文化外交として、特に一九三〇年代半ば以降、外務省文化事業部によって取り組まれた「国際文化事業」を指して用いる。すなわち、国策としての「国際文化事業」である。

（2）戦時体制下に「日本語普及事業」を展開した国際文化振興会の後身である国際交流基金では、今日、その事業を「日本語教育支援」と呼んでいる。海外における日本語学習、日本語教育の主体はあくまでも、それぞれの国に属するものであり、国際交流基金の事業は、それへの支援であるという認識によるものと思われる。

（3）山口定「二つの現代史——歴史の新たな転換点に立って」『戦争責任・戦後責任』二二九頁。

（4）松宮弥平の宣教師への日本語教育、およびここで語られるマクドナルド（Macdonald Carfoline）については、竹本英代「戦前日本における宣教師に対する日本語教育」に詳しくその事実関係が明らかにされている。実際にはマクドナルドが松宮弥平に日本語を習ったのは一九一一年の二度目の来日の折で、彼女はその時すでに一定の日本語力を有していた。一九〇四年末に初来日した際、松田一橋《いさお》の経営する日本語学校で集中的に学習していたのである。

（5）長沼直兄の談話によると、東京外国語学校ではこれより前の「明治三十何年か、その頃」に「附属日本語学校が開かれて、松田さんという方が教科書を書いて教えていた」（長沼直兄・浅野鶴子「対談　長沼先生と日本語教育2」六〇—六一頁）といい、これが日語学校の前身であると言う。

（6）このことは、戦後、長沼直兄による言語文化研究所附属東京日本語学校が一九五〇年より毎年、夏に軽井沢で日本語教員養成講座を開催し、その修了生を中心に、日本語教師連盟を組織した事実を思い出させる。松宮弥平はそれを、戦前に実現していたのである。

(7) この「勉強」の内容について、山下秀雄による年表の記述などでは「経済学」とされており、河路編「戦時中の鈴木忍・高橋一夫と日本語教育」においてもこの記述を踏襲したが、二〇〇〇年五月十八日に実施された実弟・長沼守人へのインタビューでは「英語学」だったのではないか、と語られている。このインタビューは編集され『日本語教育研究』第四三号(二一一—四六頁)に掲載されたが、この部分は割愛されている。

(8) この時、松本亀次郎は東亜高等予備学校の教頭であった。一九一四年の設立に際しては、松本亀次郎が私財と寄付をもとに設立した私立学校として東京府知事より認可を受けている。一九一九年には大蔵組・門野重九郎の保証で隣地を買収、三階建五三〇坪の校舎を増築し、翌年、文部大臣より財団法人認可を受けた。しかし一九二三年の関東大震災で校舎は焼失し、翌二四年には外務大臣・伊集院彦吉より三万円下附され木造三三〇坪の校舎が落成したものの、経営の保持は難しく、一九二五年には日華学会に合併譲渡し、このとき、自身は教頭に就任することとなった。それまで苦心して経営してきた学校の教頭になるというのは格下げであったが、松本はこれに不平をいうこともなく、中国人留学生への日本語教育をつづけたという(さねとう『中国留学生史談』三五六—一五七頁)。

(9) 松本亀次郎「中華留学生教育小史」(東亜書房、一九三一)「緒言」一—二頁。

(10) 汪向栄は「中国留日教育問題——松本亀次郎氏的功績」(『華文大阪毎日』第七巻第二期第七五号、一九四二年)、「中国人留学生のよき教師」(『中国画報』一九八〇年五月号)などで戦中戦後一貫して松本を顕彰した。著書『清国お雇い日本人』(朝日新聞社 一九九一)には松本亀次郎に一章が充てられている。松本の伝記としてはほかにも、平野日出雄『日中教育のかけ橋松本亀次郎伝』、武田勝彦『松本亀次郎の生涯』などがある。

(11) 最近では、オイル・ショックをきっかけに国際交流基金を通じてエジプトのカイロ大学に日本語講座が寄付されたことなどが想起される。

第一章

(1) 松村正義『国際交流史』二六一二七頁。

(2) パリ万国博覧会に参加したのは徳川幕府の存続期間最後のことで、薩摩藩と佐賀藩がそれぞれ独自の出品を行なった。

(3) 阿部洋『中国の近代教育と明治日本』五八一六〇頁。

(4) 慶應義塾大学のHPの「慶應義塾豆百科№41 留学生受け入れのはじめ」(二〇一〇年一月四日確認)によると、一八八一年の二人をはじめとして朝鮮政府の委託留学生の受け入れは続き、一八八三年には六十余名、一八九五年には一三〇名の朝鮮政府の委託留学生を受け入れ、朝鮮語学校を開設してこれを迎えたとある。

(5) Roger Daniels, *The Politics of Prejudice*, 1962, p. 1. 松村正義『国際交流史』一八〇頁より引用。

(6) 同じ会議で、赤道以北の旧ドイツ領が、グアム島を除いて日本の委任統治地域と認められた。これをきっかけにこの地域への日本語普及が始まった。

(7) 国際連盟の学芸協力委員会と協力するために一九二六年に設立されていた学芸協力国内委員会がその母体となった。

(8) 現在も日本人の留学先は欧米諸国が多く、日本に来る留学生はアジア地域が大半を占めている。

(9) 三枝茂智『極東外交論策』(一九三三)の表紙に「法学博士」とある。著書には他に、『岩波講座日本歴史 英国の極東政策』(一九三四)、『世界維新論』(一九四二)ほか。戦後は『新憲法・その虚構と真実』(一九六五)、『真説・新憲法制定の由来』(一九七八)など。

(10) 同様の世界文化融合への理想は、国際文化振興会の設立にあたって総裁高松宮宣仁親王の寄せた同年五月三十一日付の「令旨」に、「異種の文化の相接触するに当りては、其の融合同化を致すまでの過程に於て意外の衝突を来す事あるも固より怪しむに足らざるなり」(国際文化振興会『昭和九年度事業報告書』冒頭)という部分にも認められる。

(11) 日本における「文化立国」論は、現在も盛んである。文化庁はこれを活動目標に掲げており、その報告書の書名は、『新しい文化立国を目指して――文化庁三〇年史』(一九九九)、『文化芸術立国の実現を目指して――文化庁四〇年史』(二〇〇九)である。二〇〇六年二月九日に閣議決定された文化庁「文化芸術の振興に関する基本的な方針」では、以下のような決議がなされている。

「文化芸術は、①人間が人間らしく生きるための糧となるものであり、②人間相互の連帯感を生み出し，共に生きる社会の基盤を形成するものである。また、③より質の高い経済活動を実現するとともに、④科学技術や情報化の進展が人類の真の発展に貢献するよう支えるものである。さらに，⑤文化の多様性を維持し、世界平和の礎となるものである。このような文化芸術は、すべての国民が真にゆとりと潤いの実感できる心豊かな生活を実現していく上で不可欠なものであり、国民全体の社会的財産である。今日では、文化芸術の持つ、人々を引き付ける魅力や社会に与える影響力、すなわち、「文化力」が国の力であるということが世界的にも認識され、また、文化芸術が経済活動において新たな需要や高い付加価値を生み出す源泉ともなっており、文化芸術と経済は密接に関連しあうと考えられるようになった。

我が国は、今後一層文化芸術を振興することにより、心豊かな国民生活を実現するとともに、活力ある社会を構築して国の魅力を高め、経済力のみならず文化力により世界から評価される国へと発展していくこと、換言すれば、文化芸術で国づくりを進める「文化芸術立国」を目指すことが必要である。」

(12) 柳澤健「国際文化事業とは何ぞや」は、そうした理想論に続けて、しかし欧米各諸国が現実に行なっている「国際文化事業」は、「その重きを自国文化の対外発揚の点に置き、他国文化の吸収咀嚼といふが如きは第二次的の、若しくはカモフラージとしての用途に供せらるるに過ぎない場合が多い」と指摘し、「この意味で、国際文化事業なる語彙は、一国の文化外交なるものとをなすものだと見做しても間違ひではない」(七一頁)とも述べている。

(13) 柳澤は『泰国と日本文化』(一九四三)のなかで、「かつて支那人はわが文化の対支工作を目して「文化侵略」なりとなした。われ等の対タイ文化活動が再びこの汚名を蒙るようなことを予は避けたい。無理強いは特に文化事業においては禁物だ」（六二頁）とある。タイは、アジアのなかで、日本の外務省が管轄できる唯一の独立国家であり、バンコクは「国際文化事業」のアジアの拠点であった。「大東亜戦争」のなか、柳澤は、日本の「国際文化事業」が彼の恐れた「侵略的」な状況へ突き進んでいくのをその渦中で見つめることとなったのである。

（14）日本語学習者の増加という現象はアジア諸地域でも見られ、その需要を日本の国益にかなうように誘導しようとした点においては、「東亜の共通語」としての日本語普及にも共通した側面が指摘できる。日本留学希望者はアジアに集中していた。

（15）十九世紀の在日宣教師、外交官などによる成果は、いずれも話し言葉の学習に重点が置かれているのが特色として指摘できる。

（16）松下大三郎は一九〇五年宏文学院の教授となって以来、二十年を中国人留学生の日本語教育に携わった。

（17）竹本英代「初代校長フランク・ミュラーと日語学校の教育」に、その教育課程のシラバスが示されている。

（18）長沼直兄・浅野鶴子「対談　長沼先生と日本語教育1」五六—五七頁で語っている。その第二版には長沼直兄の名はないが、たまたま私の手元にあるその後の版、ローズ＝イネス『漢英辞典』（一九七七）には、巻頭の解説・凡例の最後に全面的な改訂に協力し、多くの熟語を訂正したり新たに選んだりした「友人の長沼氏」への謝意が述べられている。

（19）『財団法人国際文化振興会設立経過及昭和九年度事業報告書』（一九三五）一三—一六頁より。

（20）同じく（二）の「講座の設置」に関する一番目の小項目は「外国に於ける主要大学に日本文化に関する講座の設置を図ること」だが、使用言語は言及されていない。

（21）柳澤健「我国国際文化事業の展望」は、日本の「国際文化事業」の予算が、柳澤が参考にした国々のものよりはるかに小さく、柳澤が必要として提案した事業を実現するには程遠い状況であることを指摘している。

（22）一九三七年から三八年にかけて、国際文化振興会は三回にわたって「日本語海外普及に関する協議会」を開催した。これについては第二章でとりあげる。

(23) 国際文化振興会「日本語海外普及に関する第一回協議会要録」(一九三七年十一月、六頁)。この資料は天理大学の前田均氏の蔵書を閲覧させていただいた。

(24) 伊奈信男は、外務省文化事業部パンフレット『世界に伸び行く日本語』(一九三九)の調査・執筆を行なった人物である。これについては第二章で述べる。

(25) この時期、非漢字文化圏出身の学習者に対する日本語教育機関として外務省が認識していたのは日語文化学校であった。国際学友会設立前の一九三四年三月十三日付でシャム国(後のタイ)文部省より日本での日本語教育機関についての問い合わせがあった際にも、五月三日付で「個人教授を受くるか又は日語文化学校に通学すること可然」と答えている(外務省外交史料館文書「在本邦各国留学生関係雑件 タイ国の部」より)。

(26) 長沼直兄『標準日本語讀本(巻一―巻七)』は、財団法人言語文化研究所より一九九七年に復刻版が刊行された。

(27) 「日本語・日本文化教授機関の助成」は海外機関に限らず、昭和十年度は日語文化学校の設備拡張・事業充実のための助成(一万円)や、東京基督教女子青年会が在京日系米人女性のために実施している日本語講座への助成(一六〇〇円)も含まれている。

(28) 同じく昭和十一(一九三一)年度は、国内日本語教育機関として日語文化学校の新規事業への助成のほか恵泉女学園特設科(留学生科)への助成が行なわれた。

(29) 昭和十二(一九三七)年度の国内日本語教育機関への助成は、日語文化学校に加えて、早稲田国際学院の増築に対して行なわれた。

(30) 表紙に「昭和十三年十一月一日 日暹文化事業実施並調査報告書 準備員 松宮一也」と書かれている。

(31) バンコク日本語学校の経緯、実態については北村武士とウォラウット・チラソンバットが調査研究にとりくんでおり、北村武士、ウォラウット・チラソンバット「昭和一三年の日本ータイ文化研究所日本語学校の設立について」、北村武士「一九三九年バンコック日本語学校発行の『日本語のしをり』」などに詳しい。なお、結果的にバンコク日本語学校の教育を軌道に乗せたのは国際学友会から一九四一年夏に赴任した鈴木忍であった。一九四一年七月、鈴木忍は外務省文化事業部からこのバンコク日本語学校に派遣され、一九四三年七月には二十九歳にして校長に就任、日本の敗戦で学校が閉鎖されるまで務め上げた（河路「鈴木忍とタイ」）。

(32) 一九三八年十二月の外務省分課規定の改正により文化事業部は二課編成となり、第一課が「対支文化事業」、第二課が「(中国を除く) 国際文化事業」を担当することとなった。

(33) 芝崎厚士「戦前期の日米国際会議」一三六頁。

(34) 外務省外交史料館文書「各国留学生関係雑件タイ国の部」。矢田部保吉は一九四〇年六月から一九四四年三月まで国際学友会の専務理事を務めた。

(35) 海外教育協会の宿舎は、在外日本人が日本に残した子女を対象とする施設であった。

(36) 守島伍郎「国際学友会創立経過」(国際学友会「月報」一九八五年五月、一―二頁)。引用文中の西暦の付記は河路による。

(37) 一九三四年と一九三九年のタイ人の海外留学生数を示す。

	イギリス	アメリカ	フランス	ドイツ	日本
一九三四	五三	二三	六	八	一六
一九三九	五三	一六	五	三	一一四

(一九三四年の数字は村田翼夫「戦前における日・タイ間の人的交流」一九二頁、一九三九年の数字は『タイ国概観』〔一九四〇年、一四三―一四五頁〕による)

(38) 国際学友会とタイ国との特別な関係については、河路「国際学友会の設立と在日タイ人留学生」にまとめた。

(39) 国際学友会会長のほか、国際文化振興会の会長、東亜同文書院院長、南洋協会会長、日暹《にっせん》協会会長、日本放送協会総裁、伝教大師奉讃会会長など。

(40) 財団法人国際学友会の「第一回理事会議事録」に「近衛会長挨拶」の全文が記録されている。そのなかで近衛は、国際学友会の設立は「満洲事変を契機として外国人留学生激増の傾向を生ずるに至つた」ことと、「往年日本に留学しておりました支那青年学徒の帰国後の態度に甚だ遺憾の点があった」ことから、「留学生指導問題が具体化」したものと説明している。そして六年を経て事業も拡大したので、「組織をいっそう整備強化し以て事業を拡充」するために財団法人国際学友会の設立を見たが、それは「大東亜共栄圏確立」の「基礎工事中重要なもののひとつ」と説明されている。また、一九三六年一月の「設立趣意書」では、フランスやアメリカの例に倣う旨書かれていたのに対し、「本会の事業たる何等外国に於ける施設の模倣でなく本邦現下の国際的地位に順応する我国独自の緊急なる施設」と述べられている。

(41) 杉森久英『近衛文麿』三三四頁。

(42) 一九三九年度の「外務省文化事業部執務報告」に「国内のみならず広く諸外国にも頒布する目的で印刷中」(一〇五頁)と書かれている。

(43)『国際学友会会報』第一号所収「国際学友会行事記録」(六八―七三頁)より。

(44)『国際学友会会報』第一号、六八―六九頁。

(45)「日本語の海外発展」、岡本『日本語教育と日本語問題』一五一―三四頁。

(46) アフガニスタンからの招致学生、アブドラ・ジャンはその筆頭であった。

(47)「ラジオ放送」(『国際学友会会報』第一号、八〇―八九頁)にスピーチの全原稿が掲載されている。

(48)『国際学友会会報』第一号、四九頁。

(49) 日米学生会議は、現在も行なわれているが、この時期に国際学友会が支援を行なっていたことについてはあまり知られていない。芝崎厚士「戦前期の日米国際会議――「リンカーン神話」の実像と効用」によると、日米学生会議の担い手たちの間で、これは「学生の学生による学生のための会議」であって運営のすべてが学生によって行なわれていたとする「リンカーン神話」が形成されているということである。同論文で芝崎はその実態を明らかにしつつ、「神話」の形成について論じている。

(50)『国際学友会会報』第二号(一九三八年度)一〇一頁。

(51)『昭和十三年度夏日本文化講座講演集』のこの講演の部分が、国際学友会『日本語教科書　巻五』第一課に採用された。

(52)『昭和十三年度夏日本文化講座講演集』では、「最近の国際情勢」と題名が変わっている。また「前書き」に、この講演についてのみ「ある事情から同氏〔伊藤述史〕に校訂していただけなかった」と書かれている。

(53) 一九三八年度「外務省文化事業部執務報告」一八八頁。

(54) 一九三九年度「外務省文化事業部執務報告」より。

(55) なお、翌一九三九年度も、夏季日本文化講座は開催されたが、内容は、清水幾太郎による「日本文化史（明治以後）」全三回と、土屋喬雄による「日本経済史（明治以後）」全四回で、前年度に比べてテーマを絞った集中講義の形式になっている。講演録は前年度と同じ体裁の『昭和十四年　夏季日本文化講座講演集』が一九四〇年三月に刊行され、英文訳も刊行されたようである（「昭和十四年度　外務省文化事業部執務報告」に、英文訳の出版準備も順調に進んでいると書かれている）。講演は日本語でなされたようだが、通訳の有無など、言語の問題に関する記述はない。

第二章

(1) 国際文化振興会は、日本の歴史や文化に関する文献目録やスライド・写真などを精力的に編集・発行したが、使用言語は英語が最も多く、スペイン語、フランス語、ドイツ語、ポルトガル語がそれに次ぎ、イタリア語、デンマーク語、オランダ語、スウェーデン語、ノルウェー語のものもあった。

(2)『国際文化』第一号（一九三八年十一月）によると、一九三八年六月に第四回が開かれたとある。しかし、会議録の存在するのは第三回までで、『国際文化』第八号（一九四〇年三月）は第三回までの内容を詳細に紹介したあと、「右の三回のほか、尚数回の協議を重ね、殊に字典に関しては特に調査員を嘱託して方針及び方法の研究を求め数ページの『試作日本語字典』を編んで、関係者の意見を徴しても見た」と書かれている。第三回までの議論を受けて、実際的な話し合いがその後も続けてもたれたものと推察される。

（3）『国際文化』第八号（一九四〇年三月）「日本語海外普及に関する編纂事業」一五頁。

（4）フランク・ホーレー（一九〇六―六一）は英国ダラム州に生まれた。リバプール大学卒業後東洋学を各地で学び、一九三一年（昭和六）東京外国語学校などの語学教師として来日した。日本語に堪能で、書誌学にも通じ古書を収集した。一九四一年、第二次世界大戦の開戦により英国に送還されたが、戦後再び来日し、英国の新聞『ザ・タイムズ』紙の特派員ともなり、五十五歳で没するまで京都山科に住んだ（横山学『書物に魅せられた英国人』）。

（5）この文章は成澤玲川『音と影』（一九四〇年、六五―七〇頁）に「日本文化宣揚と国語」と題名を変えて収められている。同書にはほかにも日本語教育に関するエッセイがある。

（6）国際文化振興会『国際文化』第四号（一九三九年五月、六頁）。

（7）日本文学者ドナルド・キーン、サイデンステッカー、英国の日本社会学者ロナルド・ドーアら戦後活躍した米英の日本学者の多くが戦時中、軍事目的の日本語教育を受けていた。

（8）国際文化振興会『国際文化』第九号（一九四〇年六月）から「日本学者紹介」という記事が連載されるが、そこに登場したのは、第九号　ローレンス・ビニヨン（英国）、第十号　アーサー・ウエーレー（英国）、第十一号　オットー・ハウスホーファー、ウィルヘルム・グンデルト（ドイツ）、第十二号　銭稲孫（中国）、第十三号　周作人（中国）、第十四号　ジアチント・アウリッティ（イタリア）、第十五号　ポール・クローデル（フランス）、第十六号　アーサー・リンゼー・サドラ（オーストラリア）、第十七号　ルヰ・V・レデュー（米国）である。第十八号（一九四二年二月）以降はこの連載記事はなくなっている。太平洋戦争勃発後は、対戦国の学者を多く含む企画の続行はできなくなったものと推察される。

（9）この期間、国際文化振興会は、幅広い人々を招いて情報や意見の収集のため座談会を多く開催している。一九四〇年二月一日に「最近の帰朝者を囲んで」開催された「日本文化の海外紹介」をテーマとする座談会においては、参加者である野上豊一郎、野上弥生子、加納久朗、石田英一郎らが、欧米を主とする地域においては日本語学習の需要はないと述べている。当地での日本語の力をほとんど認めておらず、演劇・映画なども現地の言語に翻訳することを支持するなど、日本語普及に否定的な意見も聞かれた(『国際文化』第八号、一九四〇年三月、二五―三四頁)。
(10)計画の内容は国際文化振興会「日本語海外普及に関する編纂事業」(『国際文化』第八号、一九四〇年三月、一五―一六頁)、国際文化振興会『国際文化事業の七ヵ年』(一九四〇年十二月、三七―三八頁)に書かれている。
(11)『大辞林』の編者松村明は、戦時中、国際学友会で日本語教授、教科書編纂に携わった。『大辞林』の構想は、その時の影響を受けたものだと後に本人が語っている(河路『非漢字圏留学生のための日本語学校の誕生』三二〇頁)。
(12)古川隆久『皇紀・万博・オリンピック』(一九九八)によると、「政府が五輪、万博を返上、延期とした理由」は「従来言われていた資材不足や外国の反対だけでなく、長期戦態勢確立を国民にアピールする、つまり国民統合の強化に役立てる意図も」(一四七頁)あったという。
(13)審査委員による「感想」のなかで、審査委員の一人長谷川萬次郎が「私達の見たのは、予選を経た論文なので」(国際文化振興会『紀元二千六百年記念国際懸賞論文　事業経過報告書』六六頁)と書いている。
(14)原文では「支那語」。
(15)それぞれ「Matsuzaka」「Hayashi」と、日本でよく見られる姓と名を持っている。
(16)財団法人言語文化研究所(現・学校法人長沼スクール)所蔵。縦書きタイプ印刷。「(草案)」とあるものが確認されるのみであるが、以下の記述では「(草案)」を略して示す。
(17)「草案」であるからか、項目立てに読みにくい部分があるので、整理し直して示すこととした。ここに示した番号や記号のつけかたは、原文とは異なる。
(18)『コトバ』一九四〇年五月号の「彙報」(八八頁)によると、日語文化協会では一九四〇年三月から興亜院より助成金を交付されて、日本語教授と日本語教員養成に関して、興亜院から小関昭夫、大志萬準治、文部省から各務虎雄、倉野憲司、長沼直兄、井之口有一、日語文化協会から松宮弥平、松宮一也、魚返善雄、山本彰が参加して協議を始めた、とある。

(19) 倉野憲司「松宮氏の提言に対して」三〇―三一頁。

(20) この協議会の記録は、二四九頁にわたる『国語対策協議会議事録』として文部省図書局より一九三九年十二月に発行された。（財）言語文化研究所による復刻もあり、言語文化研究所の「日本語教育資料叢書復刻シリーズ」第一回（一九九七年）に含まれている。

(21) 国語教科書の執筆者として知られる井上赳、石森延男ほか、保科孝一、西尾實、倉野憲司、各務虎雄らが含まれている。

(22) 興亜院「日本語普及方策要領」の作成者、大志萬準治も参加している。

(23) 永年の日本語教育への功労者である松宮弥平に声がかからなかったことについて、石黒修は「義憤を感じた」と書いている（石黒修「日本語教育とわたし」四四頁）。

(24) たとえば興亜院華北連絡部を代表してきた山口喜一郎は、「台湾や朝鮮が今日まで挙げて来た所の成績を北支や或は南支に於ける所の日本語教育に只今の状態に於て望むと云ふことは私は不可能だと思ひます、〔中略〕大体学生はまだまだ日本に対して十分な信頼尊敬を持つて居りませぬ。やはり彼等の外国語として望むものは英語であり独逸語で〔…〕」と述べている（「国語対策協議会議事録」四九頁）。

(25) 日本語教育振興会『日本語』創刊号、一九四一年四月、三〇―三一頁

(26) 『コトバ』一九四〇年五月号「外地版」八八頁。松宮弥平の中国視察の情報の次に、長沼直兄（文部省図書局嘱託）も「近く満洲北支へ視察旅行」と書かれている。

(27) 『コトバ』一九四〇年八月号「外地版」五九頁。

(28) 『コトバ』一九四〇年十一月号「外地版」四九頁。

(29) フランス領インドシナ。一八八七年から一九四五年まで、インドシナ半島東部、現在のベトナム、ラオス、カンボジアの地にあったフランスの植民地。

(30) 国際文化振興会「懸賞論文締切報告」『国際文化』第二二号、一九四二年十二月、七六―七八頁。

(31) 『国際文化』は、第三二号の「終刊の辞」で予告された『中国文化』の刊行が実現されないまま戦後を迎えた。そして一九四九年十月に、続きの第三三号から月刊誌として復刊、国際文化振興会が国際交流基金として発展的に解散となる一九七二年の第二一九号（一九七二年九月）まで発行された。

(32) 一例をあげると、雑誌『中央公論』一九四二年六月号には座談会「日本語の海外進出について」（一四一―一五四頁）が掲載されている。『基礎日本語』（一九三三）の著者で、ロンドン大学での教授経験を持つ土居光知を囲んでの座談会で、土居が欧米人を対象とした日本語教育の経験やそこから得た知見を語っているのに対し、聞く方は、それを「東亜共通語」としての日本語普及に応用しようとしており、この時期の議論の典型を示している。

(33) 十九世紀末からいわゆる清国留学生を対象とした日本語教育機関は数多く存在した。嘉納治五郎の亦楽書院、高楠順次郎による日華学堂、亦楽書院が発展拡大して生まれた宏文学院（のちに「弘文学院」）など留学生教育そのものを目的として作られた機関のみならず、早稲田大学清国留学生部など、大学内に設置されたものもあった。留学生数が増加の一途をたどるなか（一九〇五年には八〇〇〇人を超えたと言われる）、速成教育を売り物にして、留学生相手の商売目的の機関も乱立し、留学生から非難を浴びたりもした。

(34) 平井昌夫『国語国字問題の歴史』三六七頁。

(35) 閣議決定の内容は、平井昌夫同上書、三六四頁より引用した。

(36) 一九四〇年に『日本語の問題』（修文館）、『国語の世界的進出――海外外地日本語読本の紹介』（厚生閣）、一九四一年には『日本語の世界化――国語の発展と国語政策』（修文館）。

(37) 関正昭『日本語教育史』によると、関は一九七四年以後、石黒修と個人的に交流があったが、関が戦時中の日本語教育について質問しても、石黒はその話題を避けようとした。ただ一度、「私はいいように使われた」と漏らした、という（一一〇頁）。

(38) 「はしがき」に「国語の進出は、すなわち国運の伸張に外ならないことを思つて欣快に耐えない」と書かれた本書は、日語文化協会日本語教授研究所による、シリーズ刊行物「日語文化」の第一冊目として刊行された。シリーズの刊行目的は「日本語普及の先駆となり、以てその世界進出の一助となることを期する」ことで、毎回、違った著者による書き下ろしの五〇頁ほどの本を出そうというものであった。

(39) 松宮一也のこの主張は、第二部以下の、例えば、教室でのドイツ人学習者とのなごやかな学習風景（一四四―一七六頁）などとの温度差を感じさせる。最後に「親父の五〇年の経験によって叩かれてきた」日本語教育の仕事が「今日の時勢に遭遇して漸く芽を出し」たことを喜び、「これまでの努力が日本語の世界化のために、一つの捨石にでもなれば光栄この上もない」（三五七頁）と述べられていて、この時期の国策が、地道な日本語教師二世の一也にいかに受けとめられたのかがわかる。

(40) 「釘本久春略年譜」（『日本語教育』第一二号、一九六八年、六〇頁）によると、釘本久春は東京帝国大学文学部国文学科で学んだあと、私立浅野綜合中学校教諭嘱託、中央大学予科講師嘱託、中央大学予科教授を経て、一九三九年五月陸軍予科士官学校教授嘱託、同年九月文部省図書監修官、一九四二年十二月大東亜省事務嘱託・日本語教育振興会常任理事、一九四三年十一月文部省教科書局勤務とある。戦後は一九四六年四月より国語審議会幹事、学術用語調査会幹事に就任、一九四九年二月には文部省教科書局国語課長。一九六〇年に東京外国語大学教授。

(41) 釘本久春は東京帝国大学の学生時代より文学好きで、作家の中島敦の親友として、後にその作品紹介に貢献した。学生時代は中世の歌人藤原俊成の研究に着手し、卒業後も中世歌論の研究を継続していた。釘本久春『中世歌論の性格』（一九六九）の釘本による「はしがき」の日付は「昭和十八年十一月二十二日」で、文部官僚として活動していた時期に重なる。

(42) 同書所収の「正しい日本語」（二七七―二九六頁）、「言葉のたしなみ」（二七九―三一一頁）は、東京から「東亜の各地のみなさん」に向けて語られるラジオ放送の原稿の体裁の文章である。「上品」で「美しい」「まこと」の日本語を広めようと訴えられている。

(43) ただし釘本が戦時中文部官僚であった関係もあってか、植民地、占領地への普及政策事業に焦点があてられ、外務省の「国際文化事業」にはほとんど触れられていない。

(44) 日本語教育学会の設立については、一九六一年に文部省からの呼びかけで始まった日本語教育懇談会が開かれ、その帰りに釘本久春と、鈴木忍、高橋一夫、林大の四名で話したことがきっかけになった、と高橋一夫・鈴木忍は一九七四年に回想している(河路「戦後(一九四五―一九七七)の高橋一夫・鈴木忍と日本語教育」四二一頁)。

(45) 国際文化振興会「語彙調査について」『国際文化』第二一号、一九四〇年十二月、二九―三二頁。

(46) 同種の成果として青年文化協会『日本語練習用　日本語基本文型』(一九四二)がある。

(47) 石森延男は、『満洲補充読本』(一九二六)の編者で、第四期国定教科書『サクラ読本』には、そのなかから「大連だより」「「あじあ」に乗りて」などが採用されている。一九三九年には文部省図書館監修官に就任し、第五期国定国語教科書の編纂に直接関わった。そして、戦後一九四七年に発行された、最後の国定教科書『いい子読本』では、石森は編集責任者となっている。この間の石森の仕事については磯田一雄『「皇国《みくに》の姿」を追って』に詳しい。

(48) 石黒修「日本語教育とわたし」四六頁。

(49) 確認できたものはいずれも奥付を欠いており、刊行年は推定による。国際文化振興会『国際文化』第二五号(一九四三年五月)に、近く刊行されるとの予告が載せられており、同誌第三〇号(一九四四年三月)では、既刊とされている。

(50) 国際文化振興会『日本のことば　上(教師用書)』(一九四三)の「本書作成の目的」より。

(51) こうした傾向は、日本語教科書というより、むしろ、日本国民の子どもたちを対象に言語への愛情を育ててゆこうとする第四期国定教科書『サクラ読本』に顕著に見られるものであった。著者二人が国語教育に造詣深い人物であったことの反映と見られる。

(52) 日本語教育振興会『ハナシコトバ(上・中・下)』(一九四一)に即した、『ハナシコトバ学習指導書』上と中が一九四一年に、下が一九四二年に刊行された。

（53）国際文化振興会『国際文化』誌上では、これら対訳つきポケット版のシリーズを「会話本」と称している（第一九号、第二〇号、第二一号、第二三号）。

（54）国際文化振興会『国際文化』第一九号、一九四二年五月、八四頁。

（55）石黒修「日本語教育とわたし」は、これを情報局編集のものだと述べている。本の表紙や前書きのあとの編者名として「国際文化振興会」とあるし、機関誌『国際文化』誌上で会の仕事として報告されているが、国際文化振興会『ＫＢＳ30年のあゆみ』（一九六四）によると、一九四三年に情報局の委託で南方各地の現地人一二名が翻訳団として国際文化振興会に配置されたという（二八頁）。この時期の国際文化振興会の業務は情報局の影響を強く受けていた。

（56）日本語教育振興会に関する研究としては、長谷川恒雄を研究代表者とする『第二次大戦期日本語教育振興会の活動に関する再評価についての基礎的研究』（平成十八年度―二十年度科学研究費補助金基盤研究（Ｂ）課題番号一八三二〇〇八五）の報告書が三分冊で完成している。河路も分担研究者として加わって第二分冊の編集を担当し、ここに日本語教育振興会の理事会議事録等会議録（一九四一年八月二十五日―一九四六年三月二十八日）を収めた。

（57）（財）言語文化研究所の日本語教育資料叢書復刻シリーズ第二回に『成人用速成日本語教本』上・下巻、『成人用速成日本語教本　学習指導書』上巻が含まれるが、山下秀雄の解説によると、当初の予定では一九四三年度の刊行であったはずが遅れていたところ、「相次ぐ空襲などで三カ月前後発行が遅れ、『成人用速成日本語教本　学習指導書』下巻は、ついに刊行を見なかった」。「当時すでに制空権も制海権も奪われていて、ようやく発行された本も大部分は現地に向かう輸送船とともに波間に沈んだものと思われる」ということである（山下秀雄「第二回復刻の原本一一冊と復刻版」一九―二〇頁）。

（58）前田均「（資料）長沼直兄他『大東亜の基本用語集』と情報局『ニッポンゴ』の収録語彙の比較」所収の語の一覧を含む解説がある。

（59）刊行の確認されたものは次の四点である。『1　日本語教科書論』（各務虎雄）、『2　中華民国教育事情』（關野房夫）、『3　中国人に対する日本語教授』（鈴木正蔵）、『4　文化工作としての日本語教授』（釘本久春）。ほかに『5　国語の構造』（金田一京助）、『6　国語の歴史』（湯沢幸吉郎）の出版準備が進められたが、刊行については未確認である。

（60）長沼直兄・浅野鶴子「対談　長沼先生と日本語教育3」四一頁。

（61）二〇〇三年に日本語教育学会よりカセットテープで復刻された『戦前戦中の日本語教育教材レコード復刻版』に収められている。

第三章

（1）金子幸子「岡本千万太郎と日本語教育」によると、『国語と国文学』一九二九年八月号に掲載された「サンソム氏の日本歴史文典について」、および同誌一九三二年二月号に掲載された「新聞・雑誌及び各種学校における仮名遣の調査」は、著者名に旧姓を用いて山内千万太郎とある（三頁）。

（2）金子幸子『岡本千万太郎と日本語教育』によると、岡本千万太郎は国際学友会の主任教授をしている期間にも、一九四〇年四月一日から翌年三月までは法政大学文学部の、一九四二年九月四日からは実践女子専門学校（現在の実践女子大学）の嘱託教員を兼任していた。これらの情報を金子は、国立公文書館所蔵資料『支那派遣教職員』のなかの「国立北京師範大学教授銓衡の件　岡本千万太郎（大東亜省依頼）」に収められた岡本の履歴書から得たという（三頁）。同論文で金子は岡本の戦後の足跡についても調べ、戦後の岡本が、長野師範学校、信州大学教育学部、法政大学文学部、立正女子大学教育学部（現在の文教大学）などの教授を歴任、日本文法論、日本言語史、日本言語学史、日本言語学概論などを担当していたことを明らかにしている。

（3）第三章「国語観の歴史的概観と本質」（六五―八五頁）は、「国語観――その歴史的概観と本質」と題して一九三六年に藤村博士功績記念会編『国文学と日本精神』に収められたものであり、第七章「新聞・雑誌及び各種学校における仮名遣の調査」（一六九―二五〇頁）は、『国語と国文学』編集部の委嘱による調査で、同誌一九三二年二月（第九四号）に掲載されたものである。

（4）やがて「大東亜戦争」が始まり、日本語を東亜の共通語にし、やがては国際語にしよう、といった論調が世論の主流となってゆくと、岡本千万太郎も「わたくしは日本語・日本文の世界進出を望み、すくなくともそれが大東亜の国際語・国際文となることを切望する」（岡本『日本語教育と日本語問題』五九頁）と書くようになる。生前の岡本を知る松村明らの談話によると（河路『非漢字圏留学生のための日本語学校の誕生』第一部第三章）、岡本は戦時の論調になじむ人物ではなかったということで、こうした時代の風潮に乗じるような文章が岡本の本心から書かれたかどうかはわからない。

（5）国際学友会の関係者への聞き取り調査資料については、河路由佳『非漢字圏留学生のための日本語学校の誕生』第三部にまとめて示した。日本語教員であった中村愛子、後藤優美、松村明、水野清、語彙調査嘱託であった金田一春彦、元タイ人留学生であったサワン・チャレンポンへの調査に加え、初期の国際学友会の日本語教室で日本語を教えた村田重次の孫にあたる野坂千壽子氏、荒木加壽子氏への聞き取り調査を加えた。その後、さらにタイでの十名あまりの元留学生、そして元ベトナム人留学生から当時の国際学友会について聞くことができた。

（6）この頃の『コトバ』の裏表紙には「同人」の住所が書かれているが、岡本千万太郎は「横浜市保土ヶ谷区神戸上町」と書かれていて、この証言を裏づけている。

（7）この談話は、筆者が二〇〇五年十月三日タイ・バンコクで行なった聞き取り調査による。東京外国語大学のCOE史資料ハブのプロジェクトとして行なわれたもので、資料はそのオーラルアーカイブに収められている。

（8）国際学友会が受け入れたアフガニスタンからの留学生は、この六名の招致学生だけであった。この初期の国際学友会によるアフガニスタンからの招致学生事業については、竹本陽乃「昭和初期国際学友会のアフガニスタン学生招致事業」に詳しい。

（9）文末に、「アブドラ君の日本語勉学の跡を偲ぶ為に自作自筆の原稿をそのまま載せました」という編集者による注記がある。

(10) 一九三六年度にはアフガニスタンからの招致学生を六名、一九三七年度にはドイツからの交換学生三名、日系米人、メキシコ、ブラジルから招致学生をそれぞれ一名ずつ受け入れた。それ以外は私費留学生で、なかでもタイからの留学生が一九三六年度は全三五名中の一四名、一九三七年度は全四七名中の一七名、一九三八年度は全四五名中一五名を占めていた。同じ国から来た留学生は一人か二人である場合がほとんどであるなかで、タイ人留学生の割合の高さは目立っていた(河路「国際学友会の設立と在日タイ人留学生」)。

(11) 「財団法人国際学友会事業概要(昭和十六年一月現在)」によると、その時点における日本語授業の学生数は四〇名(うち通学生二一名)で「過去授業者総数」一八五名と書かれている。

(12) たとえば学籍簿は「日本語教育部時代」と「昭和十八年度・十九年度」という分類で綴られているが、前者は国際学友会日本語学校開校前のもの、後者は開校後のものである。ただし「日本語教育部」というのが正式名称であったわけではないようで、『国際学友会　月次報告』などには「日本語部」「教育部日本語科」といった表記も見られる。

(13) 一九四一年一月十五日に開かれた、財団法人となって最初の国際学友会理事会には会長近衛文麿が挨拶をしている。国際学友会は設立から六年、事業を拡大してきたが、今回「組織を一層整備強化し以て事業を拡充するの必要を痛感し」財団法人の設立を見たと説明され、その目的は「大東亜共栄圏確立」の「基礎工事中重要なものの一つ」とされている。

(14) 情報局第三部長・石井康より一九四一年六月一日付の文書(宛名は手書きで「外務省条約局長　松本俊一」)より。同文書は、国際学友会が「(外務省文化事業部の)指導下に対外文化事業の重要な一部門を担任して創設以来逐年相応の成績を挙げ来り候こと」に敬意をはらい、外務省と学友会、それに情報局の三者連絡会議を設けたいという呼びかけである(外交史料館文書「国際学友会関係」)。

(15) 学籍簿の通し番号は一九三九年度から始まり、国際学友会日本語学校の開校後もほぼ同様の書式で番号も継続してひきつがれた。開校前後の、日本語教育事業の内部の意識における連続性を示すものである。

（16）一九五七年十二月二十三日付「国際学友会日本語学校設置認可申請書」（国際学友会理事長・守島伍郎より東京都知事・安井誠一郎宛）。このときの理事長・守島伍郎は、戦前の国際学友会設立以前より外務省にあって、国際学友会の戦時体制下の事業の一部始終を近くで見てきた理解者で、戦後一九五七年に国際学友会日本語学校の復活にも尽力した。

（17）正確には、その事業が「大東亜地域」のみに限られず、二国間関係の問題にもかかわる事業の継続性を重んじるため、情報局と大東亜省との共管とされた。

（18）一九三〇年代に民族主義運動を背景にインドネシアから日本へ留学にくる青年が増えた。彼らは日本でサレカット・インドネシアという留学生会を組織しており、自らの出身地をインドネシアと称していた（後藤乾一『昭和期日本とインドネシア』四八〇―四八一頁）。公文書では「蘭領印度」また「蘭印」などと書かれる時代に、学籍簿が「インドネシア」と書かれたのは、学生たち本人の意向を尊重したものと思われる。

（19）国際学友会とタイとの関係については河路「国際学友会の設立と在日タイ人留学生」を参照されたい。

（20）日本国籍の学生は、一名は母がビルマ人、二名は母が英国人、一名は母がタイ人、二名は父が白系ロシア人、一名はいわゆる帰国子女で、それぞれ事情が異なっている。表は学籍簿の国籍欄の記載をそのまま用いて作成したが、これが正式に国籍を意味するのかどうか疑問の部分もある。たとえば国籍欄にイギリスと書かれた女性の一人は備考欄に、「日本人男性の妻で日本国籍を取得している」と書かれている。なお、国籍欄にアメリカと書かれた学生のうち二名は日本人の名前をもつ日系人である。

（21）タイの学生五人による劇「浦島太郎」は、『小学国語読本　巻三』（『日本語教科書　巻一』にも採用された）の本文をもとにしたものだが、台本の作成は松村明が手伝ったそうである（聞き取り調査より）。

（22）『コトバ』には、これだけでなく、国際学友会関係のニュースが折々載せられる。『コトバ』の同人であった岡本千万太郎が寄せたものだろう。

（23）国際学友会理事長・宮川米次よりの第二回学芸会招待状（一九四一年五月二十四日付、宛先は空欄）より（外交史料館文書「国際学友会関係」)。

(24) 河路『非漢字圏留学生のための日本語学校の誕生』三〇四―三二三頁。

(25) 国際学友会『国際学友会五〇周年記念　思い出』三三頁。原文は英語。

(26) サワン・チャレンポン氏の談話内容は、河路由佳『非漢字圏留学生のための日本語学校の誕生』の巻末に資料として収めた。『少国民新聞』は現在の『毎日小学生新聞』の当時の呼称。

(27) 『現代日本語の研究』には、岡本が巻頭論文「日本語の理想と日本語学の体系」を書き、その他、亀井孝、金田一春彦、真下三郎ら一一名が岡本の呼びかけに応じており、岡本のもとで働いていた国際学友会の日本語教師からは、松村明が「主客表現における助詞「が」と「は」の問題」を、林和比古が「形容動詞の語幹用法について」を書いている。

(28) 「国際学友会の教科書出版」、国語文化研究所『コトバ』第三巻第二号、一九四一年二月、九〇頁。

(29) 岡本千万太郎「留学生の国語教育」一九四二年、一七九―一八五頁。

(30) 一九四一年十一月一日開催の財団法人国際学友会「第四回理事会」の議事録に添付された「財団法人国際学友会館新築小委員会経過要録」より。

(31) 契約に関しては、双方が大蔵省と連絡をとりながら進めた(国際学友会文書「アメリカン・スクール土地建物に関する覚書(一九四五年十月三十一日付)」より)。

(32) こうして交渉が成立したものの、やがて戦局が悪化すると、この敷地、建物は敵産として大蔵省外資局によって資産評価の上、換金されることとなった。そこで国際学友会では一九四四年三月二十日にこれを金八一万円で買い取った。この資金は募金によった。募金は会長近衛文麿が一九四三年十一月十七日に財界人を帝国ホテルに招いて呼びかけて一一五万円余り集まったという。余ったお金は按分比例で払い戻した(金澤謹『思い出すことなど』五四―五五頁)。

(33) 財団法人国際学友会の「第八回理事会理事録(一九四三年四月十三日)」の「報告事項」より。

(34) 国際学友会『財団法人 国際学友会会報』第五号、一九―二四頁。
(35) それを裏づけるように、日本語学校の教員によって書かれたみられる国際学友会「日本語教授三ヶ月」には、「昭和十八年一月二十九日から国際学友会日本語学校となる」と書かれており、各種学校として認可を受けた日から名称を変更したという認識が示されている。
(36) 一九九五年十二月十九日および同年十二月三十日に埼玉県東松山市の松村明氏の自宅へ河路がうかがった際の談話より。談話資料は河路由佳『非漢字圏留学生のための日本語学校の誕生』に収めた。
(37) 二〇〇五年五月三日に東京・多摩センターの中村愛子氏の自宅へ河路がうかがった際の談話より。なお、河路同前書所収の中村愛子氏の談話資料は一九九四年八月三日のお話をまとめたものである。
(38) 二〇〇五年一月十五日・十六日にタイ・バンコク市内のサワン氏の自宅に河路がうかがった折の談話資料より。談話資料は河路同前書に収めた。
(39) この部分はサワンの記憶違いと思われる。引っ越しは一九四二年初夏が正しい。
(40) 二〇〇五年十月三日、タイ・バンコクのチャオプラヤ・パーク・ホテルでの聞き取り調査の資料より。スダーさんとチュムシンさんに同時に話をうかがった。チュムシンさんは多くを日本語で、スダーさんはタイ語で話した。タイ語の部分はチュラロンコン大学の学生、パウィトラーさんが通訳をし、それをもとに日本語で談話原稿を作成した。
(41) 女子留学生のなかには、保育や年少の子どもへの教育を専門に学ぶ学生もいた。あるいはその勉強のためにピアノの練習は必要だったのかもしれない。
(42) 国際学友会「第八回理事会議事録（一九四三年四月十三日）」より。
(43) この事業の全体については江上芳郎『南方特別留学生招聘事業の研究』に詳しい。
(44) 南洋協会（ジャワ）、ビルマ協会、フィリピン協会、新興亜会（ボルネオ・セレベスなど）それぞれの地域の文化団体に宿舎等を寄託した。少し遅れて日泰《タイ》協会も加わった。

(45)『朝日新聞』一九四三年七月一日夕刊。なお南方特別留学生の当事者の証言としてマレーシア（当時の名称で「マラヤ」）からのラジャー・ノンチック（土生良樹『日本人よありがとう』）、フィリピンからのレオカディオ・デ・アシス『南方特別留学生トウキョウ日記』の体験を読むことができる。

(46) 金澤謹は一九四八年から一九六九年まで国際学友会の常務理事・専務理事を務めた。

(47) 金澤謹「国際学友会の事業」、日本語教育振興会『日本語』第四巻二号、一九四四年二月、六二―六四頁。

(48) 外務省外交史料館文書「留日学生の指導に関する件（案）」（一九四三年六月二十六日付、大東亜省総務局長より外務省条約局長宛）より引用する。基本的にこれが九月十一日に閣議決定されたが、最終的な文案は未確認である。

(49) 外務省外交史料館文書「留日学生指導方針（案）」（一九四一年十一月二十八日付、文部省専門学務局長より外務省欧亜局長宛）より。

(50) 一九四二年八月十八日に閣議決定された「南方諸地域日本語教育ならびに普及に関する件」による。

(51) 日本語教育振興会『日本語』第四巻一号、一九四四年一月、八五頁。

(52) 日本語教育振興会『日本語』第四巻三号、一九四四年三月、六二頁。

(53) 金澤謹『思い出すことなど』六一―六二頁。

(54) 高橋一夫は、このほか「（一九六八年現在）信州大学の英語の教授である両角」もいた、と記す（高橋「戦中戦後あれこれ」八頁）。また、大東亜省の調査官であった寺川喜四男が週に一回、数カ月教えたこともあった（同）。

(55) 日本語教育振興会『日本語』第三巻二号、一九四三年二月、八七頁。

(56) 上遠野の受講の動機は、一九三八年から一九三九年ごろ、宣教師として来日していたアメリカ人夫妻が日本人学生と親しく話し合える場として自宅を開放していたところに、当時聖心女子学院の外国人学科（授業のすべてが英語で行なわれた）の学生であった上遠野が学生の一人として出入りしていたが、そのなかに留学生がいて「国際学友会の学生だ」というので、初めて国際学友会の名を知り、外国人に対する日本語教育に関心を覚えた、というものである（上遠野寛子「私と国際学友会」）。本人の動機は、むしろ外務省時代の国際学友会になじむものであった点が興味深い。

(57) 石川道雄は元府立高等学校のドイツ語の教師で、詩人としても活躍していた。高等学校で十分な教育ができない時代になったことを憂えて国際学友会に来た人物で、「自ら道遊山人と号し、酒を飲めば詩を吟じ、歌を歌い、飄々として、大海の如く悠揚として逼せざる風格の持ち主であったので、彼の徳を慕い、馳せ参じてきた人も大分多かった。それだけに日本語学校の雰囲気には、いつも春風駘蕩たるものがあった」（金澤謹『思い出すことなど』六二頁）という。

(58) 財団法人国際学友会の寄付行為は、その後、「現代の一般表記に整理する」ことなどを目的に二〇〇一年五月二十四日付で改正され、第四条の文言は「本会は、学生による国際間の文化の交流並びに我が国に留学する外国人学生に対する大学等への進学準備教育及び必要な指導、援助を行い、もって国際親善の増進に寄与することを目的とする」と改められた（国際学友会『ＩＳＩ会報二〇〇一Ⅱ』二〇〇一年六月、四一頁）。

(59) 現存する学籍簿を整理した表と照らし合わせると、ほぼ学生が特定できる。「安南人」の一二人のうち七人は日仏印間の協定による交換・招致学生で、「フランス人」三人のうちの二人も同じく仏印招致学生、一人は仏印交換学生として「安南人」とともに来日した学生である。タイ一二人のうち六人は第一回招致学生である。

(60) 寺川喜四男『東亜日本語論』（一九四五）には、一九四四年三月来日のタイ国からの南方特別留学生一二名を対象に、タイ語を母語とする日本語学習者の日本語の発音の特徴を観察した結果が書かれている。彼らが来日してまだ日の浅いころに観察したということだが、彼らは「全員バンコックに於て、約三ヶ月に亙る日本語教育を受けて来て居るので、日常の会話には一応差支へがない程度に日本語を話し得るものばかりである。皆二十歳前後の青年であつて、将来タイ国の実業界を背負つて立たうといふ抱負に燃えてゐる。体格も皆立派であるし、日本語の勉強にも熱心である」（四六四頁）と説明されている。

(61) 一九四二年度に、日本からタイへ派遣された三名は、富田竹次郎、河部利夫、森良雄、一九四三年度に日本からベトナム（仏印）に派遣された三名は、陳荊和、赤木仁兵衛、中田五一であった。
(62) 一九七四年に録音されたインタビュー資料による。資料は河路「戦時中の高橋一夫・鈴木忍と日本語教育」に発表した。
(63) 第二回タイ国招致学生の一人、プラシット・チャチップの手記「東京発の最後の船」（一九九四）によると、彼のクラスにはフィリピン、インドネシアからの学生、そしてやや年長のドイツ人が加わり、さらに途中から若いビルマ人の学生も入ってきたとある。しかし、学籍簿では他国の学生と一緒に学んだようには読みとれない。
(64) 国際学友会の教科書の内容分析は河路『非漢字圏留学生のための日本語学校の誕生』で行なった。この『基礎編』が使いにくかったことは、同書におさめた松村明ら元教員の証言にもあり、河路「戦時中の高橋一夫・鈴木忍と日本語教育」で紹介した戦後の鈴木忍による談話でも語られている。なお、一九四〇―四三年に刊行された国際学友会による『日本語教科書　基礎編』、『巻一』―『巻五』、ならびに『五百漢字とその熟字』は初版の全文を河路編『国際学友会「日本語教科書」全七冊合本』に収めた。
(65) 河路「戦時中の高橋一夫・鈴木忍と日本語教育」に収めた鈴木忍の談話より。
(66) 二〇〇五年一月十七日、バンコクを訪ねた折、このときの招致学生の女子学生、チュムシン・ナ・ナコーンさんにお話をうかがうことができた。チュムシンさんは、当時の写真を示しながら、この時期は、人生のなかで最も楽しかったと話した。日本語が自分でも驚くほど早く上達したということである。
(67) 日本語教育振興会による大陸向けの教科書『ハナシコトバ』について、一九四三年七月十六日の「第五十一回常任理事会協議要録」に「大東亜省側より『ハナシコトバ』に対する改訂要望ありたる為、増刷は見合す」と記され、結局改訂なされないまま絶版に至ったことなどからの推測である。
(68) この部分の中村愛子、水野清の談話については河路『非漢字圏留学生のための日本語学校の誕生』の聞き取り調査資料を参照されたい。
(69) 中村愛子が熱心にベトナム語を学習していたことについて、二〇〇五年四月二十日にインタビューをした当時のベトナム人留学生トラン・ドク・タイン・フォンさんは、「先生はあるベトナム人留学生の青年が好きだったからだとベトナム人留学生はみんな知っていた」と微笑みながら語った。学生たちがそう思っていたという事実は、学生と教員の親しい交流の行なわれていた雰囲気を彷彿とさせる。

(70) 二〇〇五年五月三日に実施した中村愛子氏への二回目のインタビューより。

(71) プラシット・チャチップ「東京発の最後の船」(季刊『タイ国元日本留学生会会誌』一九九四年四―六月号、七―九月号、十―十二月号に連載)。タイ語による原文を、プラーディット・センランシー・スチャートによる翻訳を通じて河路が日本語訳を整えた。引用はその日本語訳からである。

(72) 一九四四年四月二日付、東京の武宮りえより、函館高等水産学校の寮のサワン・チャレンポン宛の葉書より(二〇〇五年一月十五・十六日にバンコクのサワン氏宅に河路が訪問したおりに閲覧した)。

(73) 河路「立体的理解を可能にするオーラル資料と文字史料の併用」で、プラシットによる脚色部分などについて考察した。

第四章

(1) 国際文化振興会『ＫＢＳ30年のあゆみ』一九六四年、三七頁。

(2) どのくらい現地に届き使用されたか不明であるが、二〇〇七年十一月十日の第三回国学院大学日本語教育研究会において当時タイの国立タマサート大学の伊藤孝行が「タイ人向け日本語教科書　国際文化振興会 NIPPONGO(日・泰・会話本)の語彙管見」と題して行なった発表によると、この原本はタイで発見されたということである。

(3) 河路「戦後(一九四五―一九七四)の高橋一夫・鈴木忍と日本語教育」より。

(4) 国際学友会による戦後の教科書については河路編『国際学友会「日本語教科書」全七冊合本』の「解説」に詳しく述べた。『Nihongo no hanasikata』のローマ字綴りは、一般市販用では訓令式であるが、試用版ではヘボン式で書名も『Nihongo no hanashikata』であった。

（5）鈴木忍のタイでの仕事については、河路「鈴木忍とタイ」「戦後（一九四五―一九七四）の高橋一夫・鈴木忍と日本語教育」を参照されたい。

（6）「大東亜共栄圏の共通語」としての日本語普及の典型的な教材として南洋協会『ニッポンゴノ　ハナシカタ』（一九四二）がある。表紙をめくると「アジヤジンワ　ミンナニッポンゴデ　オハナシシマショー」と書かれ、コミュニケーション活動本位の実用的な教材である。その教師用指導書には、「直ぐその日から役立てるこの出来る材料」を取り上げ、「大体三ヶ月で」「一通りの日本語の習得が出来るように」編集されたと書かれている。

（7）その事業目的は「国際交流基金は、わが国に対する諸外国の理解を深め、国際相互理解を増進するとともに、国際友好親善を促進するため、国際文化交流事業を効率的に行い、もって世界の文化の向上及び人類の福祉に貢献することを目的とする」（国際交流基金法第一条）というもので、柳澤健「国際文化事業とは何ぞや」（一九三四）の理想と本質的に変わるところがない。

（8）国際交流基金日本語国際センター公式ホームページ（二〇一一年一月八日確認）から、二〇一〇年七月二十九日付の「『二〇〇九年海外日本語教育機関調査』結果（速報値）」が閲覧できるが、それによると海外における日本語教育は一二五カ国と八地域、学習者数は三六一万一七六一人で、一九七九年に一二万七一六七人だったのに比べると二八・七倍に増えている。韓国、中国、インドネシアの上位三カ国のみで学習者全体の三分の二を占める。

（9）河路『非漢字圏留学生のための日本語学校の誕生』四三〇頁。

（10）中村愛子氏への最初の聞き取り調査は一九九四年八月三日に行ない、その資料は河路同前書、二七九―二九五頁に収めた。二〇〇五年五月三日の再訪時には、特に終戦間際や戦後早期の時期についての話を重点的にうかがった。

（11）このとき中村愛子は、留学生に日本語だけでなく、基礎科目としての英語も教えるよう求められ、主として英語を教えたという。

（12）二〇〇五年四月十六日、東京外国語大学にて行なわれた「ベトナム東遊運動百周年記念シンポジウム」で、「クォン・デ（彊柢）侯と東遊運動」という演題で講演したフォンに改めて連絡をとり、二〇〇五年四月二十日夜、新宿で話をうかがった。フォンは質問にすべて日本語で答えた。

(13) 日本はベトナム独立の応援のためにクォン・デ侯を保護するとしながら、その一方で仏印政府と結んで、クォン・デ侯らを失望させていたのだという。

(14) 河路「戦後(一九四五—一九七四)の高橋一夫・鈴木忍と日本語教育」に資料を収めた一九七四年の録音テープより。

(15) やがて一九五一年十月に、内閣総理大臣・吉田茂から国際学友会宛に、「連合国財産の返還等に関する政令に従って、アメリカン・スクールの敷地・建物を、アメリカン・スクール・イン・ジャパン財団法人に譲渡せよ」との「命令書」が届いた。

(16) 一九九五年ごろ、当時国際学友会の校務課に勤務していた小寺晶子氏よりうかがった。戦後は、戦争中のものは残しておいたら危険だという空気があり、やみくもに処分したということもあったらしい。当時の国際学友会にも戦争中の教科書は残されておらず、関係者の自宅に保管されていたものをもとに初版の全文を復刻したのが河路編『国際学友会「日本語教科書」全七冊』である。

(17) 一九九六年三月十三日、新宿で、阪田雪子氏にお会いした折にうかがった。

(18) 長沼直兄『First Lessons in Nippongo』も、戦争中の一九四五年二月に出版されたものがそのまま戦後一九四六年二月に再版され、以降も長く版を重ねた。これは当時の日本人による著作としては極めて異例であった(河路「長沼直兄(一九四五)『First Lessons in Nippongo』の成立と展開」)。これらの日本語表記はローマ字であったため、戦後の仮名遣いの改定の影響も受けずにすんだ。

(19) 有働裕『「源氏物語」と戦争——戦時下の教育と古典文学』二〇〇二年。

(20) 戦後の『日本語読本』に新たに加えられた文芸作品は、詩 宮沢賢治「雨ニモ負ケズ」、百田宗治「にれの町」、小説 小川未明「野ばら」、志賀直哉「小僧の神様」、堀辰雄「美しい村」、夏目漱石「坊ちゃん」、戯曲 武者小路実篤「だるま」、随想 荻原井泉水「山と旅」である。

(21) 金澤謹『思い出すことなど』は、敗戦後の混乱時の関係者の気持を以下のように綴っている。「守島〔伍郎〕さんや私たちは解散はいつでも出来る最後の手段である。それよりも、創立以来十何年間、国の補助金で購った外国人留学生と日本とのつながりを、一時的な時流のために、放棄して了うということは、国としても会としても、取り返しのつかない損失を招くものだという考え方をしていたのであった。従って、解散せずに、守島家でもいい、金沢家でも構わない、キャビネットひとつの中に会の資料をつめ込んでも、国際学友会の旗だけは掲げて置こうではないかというのが、私たちの偽らない気持であった」(一一五頁)。

(22) ただし、この会はその後、実質的な活動はせずに途切れたようである。主要メンバーがこれを実現したのが一九六二年の日本語教育学会の設立であったと言える。

(23) 一九四五年十二月七日開催の財団法人日本語教育振興会「第六十一回理事会」の「報告及議題」より。

(24) 一九四五年十二月一日に実施された財団法人日本語教育振興会「第六十回理事会」の「報告及議題」に「連合国軍総司令部ノ委嘱ニヨリ長沼総主事ハ同部内ノ日本語講習ヲ担当アリシガ十一月二十七日終講ス」とある。

(25) 一九四六年二月二十七日付の文部省社会教育局長より「財団法人日本語教育振興会　理事長」宛の「連合国軍将兵ニ対スル日本語教授者講習会」の委託の内容は、同上文書に次のように書かれている。

「連合国軍側ノ要望ニ依リ連合国軍ニ於テ実施シツツアル連合国軍将兵ニ対スル日本語教授ノ担当者ノ再教育竝ニ将来日本語教授ニ任ズベキ者ノ養成ノ為ノ講習会ヲ別紙要領ニ依リ貴会ニ委託実施致度ニ付テハ何分ノ御配意相煩度実施計画至急御提出相成度」。

(26) 河路「一九四五・一九四六年「日本語教育振興会」から「言語文化研究所」へ」で、複数の公文書を取り上げて論じた。

(27) 河路同前論文では、ここに示した日程とわずかに異なる報告のあることを示し、断定を避けたが、その後検討を加え、事会の議事録とも合致するこの日程が実態であったと認められると判断した。

(28) 河路同前論文にそのシラバスなども報告書より引用して示した。

（29）それぞれの調査研究の詳しい内容については河路「長沼直兄らによる戦後早期の日本語教育のための調査研究」に示した。
（30）後に長沼直兄は「あの人（山口喜一郎）は数字を基にして教材を発展させる方法を考えておられて、これを継承したのが上甲さんです。上甲さんのなどは、それが徹底的になりすぎて、たしかに系統立ってはいるのだけれど、教材としてあまり面白くないものができてしまって……。そういう意味で私は賛成できなかったのですが」（「対談　長沼先生と日本語教育2」六七頁）と語っている。
（31）日本語教育振興会の戦後の解散をめぐっては「一九四五年にGHQによって解散を命じられた」とする「通説」が、日本語教育学会編『新編日本語教育事典』（二〇〇五）の巻末年表をはじめ、日本語教育史年表の類に多く見られるが、これは事実ではない。
（32）この時期、近衛文麿の長男・文隆が米国留学中で、その関係もあっての「私用」の渡米であったものと思われる。
（33）同記事には、ニューヨークの日本文化会館の目的について「特に事変来良きにつけ悪しきにつけ急ピッチに高まった米国の対日関心に、この際正しく応え「文化日本」を通して明朗な認識を与へようと云ふ現在我国の直面する現実に即しての重大な意義があるのである」（一二頁）と書かれている。
（34）長沼直兄・浅野鶴子「対談　長沼先生と日本語教育4」四一―四四頁。
（35）長沼直兄・浅野鶴子同前、四四頁。
（36）長沼直兄は一九六一年十一月三日、勲三等瑞宝章を受けた。また、亡くなって間もなく、一九七三年二月二十三日に正五位を贈られた。日本語教育の実績による叙勲の最初の例だということである。
（37）松宮一也は一九五〇年より一九六八年まで、早稲田大学で英語とマーケティングの講師も務め、一九六四年には「財団法人　吉田国際教育基金」の専務理事に就任した。

終章

（1）Robert Phillipson, *Linguistic Imperialism*, Oxford University, 1992は、英語教育を例に、「言語帝国主義」的な、誤った考え方（fallacy）として、以下の五つを挙げている（pp. 185-216）。
単一言語主義（英語のみが教えらることが望ましい）、母語話者主義（理想的な英語教師は英語の母語話者である）、早期教育主義（英語教育を始める時期は早ければ早いほどよい）、英語環境主義（英語を多く聞ければ聞けるほどよい）、引き算主義（他の言語が使われたなら、英語の力は減退する）。

（2）国際交流基金ＨＰの「日本語教育国別情報」の二〇〇九年度更新版、「米国」の項より。

（3）ベネディクト・アンダーソン『増補版　想像の共同体』、イ・ヨンスク『「国語」という思想』、小熊英二『単一民族神話の起源』『〈日本人〉の境界』ほか。

（4）言語権研究会編『ことばへの権利——言語権とはなにか』より、言語権研究会による翻訳を引用した。同書によると、今後、国連によって認知、採択されることをめざしているということである。

（5）津田幸男『日本語防衛論』は日本における英語の影響が大きくなっていることに対する危機感から、日本人の「愛国心」「防衛意識」を呼び起こし「日本語を護る」ことの重要性を主張している。ただし、この書のなかで「外国語」として意識されているのは英語のみであり、日本語をマイノリティ言語として位置づけるが、日本国内におけるマイノリティ言語すなわち外国にルーツをもつ住民の母語についての言及はない。

あとがき

「国際文化事業」としての日本語教育とは何だろう、これに関わるということはどういうことだろうと考えてきた。特に戦争との関係を知りたいと思った。

きっかけとなったのは、今から十五年ほど前、国際交流基金海外派遣教員の事前研修で講師の一人を務めた折の、終了パーティーで聞いたひとことであった。当時、日本語教育学会会長であったH先生が挨拶のなかで「お国のために」ということばを使われたのである。これから日本語教員として海外に発つ修了生に向けられたことばであったかもしれないが、私にも向けられたものとして、私は聞いた。研修を終えたことへの労いと今後への励ましのことばであった。私たち講師も研修生も、昼間の仕事や勉強を終えてから集まる夜間の教室で大変ではあったから、労いのことばは身にしみた。それでも、前後の文脈から浮き上がるように「お国のために」ということばだけが今も私の心に刻まれているのは、このことばの響きが、私に戦争の時代を思い起こさせたからである。

三十代半ばの日本語教師であった私が研修の講師を務めたのは、日本での教師経験に加えて海外での経験があるということで推挙する方があったからだった。思いがけないことだったが、それまでの仕事が評価されたようで嬉しかったし、やり甲斐のある仕事と思われたから、私は意欲をもって取り組んだ。

しかし、私の海外経験は、直接的に「お国（＝日本）のため」のものではなかった。中国人の友人を通して、中国の国家教育委員会からの招請に応じたもので、日本の職場を休職しての赴任であったから、職場をはじめ日本の政府や団体からの援助は受けていない。そもそもが、なぜ中国で教えたいと思ったかというと、勤務していた日本語学校に中国人留学生が多く、彼らをもっと知りたいと思ったからにほかならなかった。さらに遡って、なぜ私が日本語教育を志したかというと、日本語への尽きない興味からであった。加えて人間好きだった私は、子どものころから意識して日本語と人間にかかわる仕事をしたいと願っていた。それですぐに日本語教師にゆきついたかというとそうでもなく、文芸や演劇に夢中になり、特に後者は仕事らしいことも経験し、これを一生の仕事にしようと思った時期もあったりした。十代から二十代にかけての時間は十分に長く、いろいろ考え多くを学び、あれこれやってみた末、二十代の終わりに日本語教師に落ちついたのだった。その間、自分が「お国のため」に何かをしていると思ったことは一度もなかった。

自分の仕事が、予期せぬところで誰かや何かのためになったとしたら、それは「望外の幸せ」に違いない。「お国のため」ということばを聞いた瞬間、私は戦争中に「お国のため」に働いた日本語教師たちとふとつながったように感じた。

私が日本語教育を学んだ一九八〇年代半ばの慶応義塾大学国際センターの日本語教授法講座には、熊沢精一先生、齊藤修一先生、長谷川恒雄先生、そして関正昭先生といった日本語教育の歴史に造詣の深い先生方が揃っていて、折々に歴史上のエピソードや古い教科書を紹介してくださったりした。それで私は、戦争の時期に国を挙げて日本語教育が推進され、多くの人々がそれに従事したことを、いくらか知っていたのである。

この頃から私は戦争の時代に焦点を当てた調査研究を進め、二〇〇四年に博士学位論文『戦時体制下の「国際文化事業」としての日本語教育の展開』を仕上げた。その一部は、二〇〇六年に『非漢字圏留学生のための日本語学校の誕生――戦時体制下の国際学友会における日本語教育の展開』（港の人）という一冊にして刊行した。

本書の一部は、学位論文やこの本と内容が重なっている。が、多くはその後の研究によるものである。特に、二〇〇四年より財団法人言語文化研究所（現・学校法人長沼スクール）の所外研究員となり、旧日本語教育振興会の蔵書を整理・研究する機会を得たことは大きかった。声をかけてくださった豊田豊子先生、そして附属東京日本語学校六〇周年記念誌の編集の仕事を私に与えてくださった長沼美奈子先生、鈴木潤吉先生はじめ関係者のみなさまのおかげで、私は日本語教育振興会の刊行物や理事会議事録などの一次資料および同時代の諸地域の日本語教科書や関連文献を手にとって読むことができた。二〇〇五年に東京外国語大学で開催された「ベトナム東遊運動百周年記念シンポジウム」のために戦時のベトナム人留学生が来日されるといった偶然に助けられ、聞き取り調査を重ねることもできた。折々に何と多くの方々のお力をいただいたことかと、感慨を新たにする。お一人お一人に直接、謹んでお礼を申し上げようと思っている。

さて、本書の最後に、本文で触れることのできなかったことがらに二、三、触れておきたい。本書で私は当時の日本語がたったひとつの日本語、標準語への統一を志向していたことに触れ、今後は多様性をもっと視野にいれるべきだろうと述べた。が、実は、当時の優れた教科書（例えば長沼直兄の『標準日本語讀本』など）の日本語は、変化に富んでいて豊かである。文語文が生きていたことが大きいと思う。書簡文には書簡文の、公文書には公文書の独特の文体があり、戯曲も小説も韻文も、さまざまな文体で書かれたものが採用されている。表記も片仮名漢字交じりと平仮名漢字交じりの両様があるし、漢字や語彙も多い。広範囲から文章を集めてまとめる編者の教養の深さに嘆息しつつ読み耽ることもしばしばであった。

私たちは、日本語をより使いやすいものにすることを選び、現在では、俳句や短歌の一部を除き、文語が使われることはまずないし、日本語ははるかに学びやすくなった。このことの効用は、認めないわけにはいかない。しかしその分、日本語教科書が痩せて見えるのも否めない。一方、生きた日本語の表現は必ずしも痩せたわけではない。かつての規範から自由になった今日的な日本語の多様性や豊かさを、いかに日本語教育にとりいれることができるのか。困難も多いのが実際ではあり、これからの課題だと思う。

また、本書ではその性格上、日本の国策の中枢にかかわった人物のみをとりあげたが、そうでない日本語教師たちの果たした役割も大きい。阿部正直（一九〇三―一九六七）については、ご遺族のご協力をいただき調査研究を進めている。教育学者の阿部重孝の実弟である正直はキリスト者で、宣教師たちを対象に日本語を教えていたが、戦争中には「満洲」の大学で教え現地で応召、戦後はシベリアに抑留されてようやく帰国したと思ったら米軍の呼び出しを受け、その日本語教育に携わるようになった。その後、東京で私塾、阿部日本語学校を開き、病気で亡くなる直前まで、外国人に日本語を教え続けた。また、戦前や敗戦直後など、日本語を教える仕事が職業として成立しない状況下でも、外国人に日本語を教えた多くの女性教師がいたことを、調査の過程で知った。こうした日本語教師たちへの調査研究も今後とりくみたいことのひとつである。

最初の原稿を書き上げてから本書ができあがるのに、予定より時間がかかり、新曜社の渦岡謙一さんには、長くお世話になった。この間、財団法人言語文化研究所が学校法人長沼スクールになり、保存されてきた旧日本語教育振興会の蔵書の整理に携わることになった。史料整理をするなかで新たな発見があると書き直した。今年三月の東日本大震災のあと、在日留学生の大幅な減少を目の当たりにして考えなおした部分もあった。

本書で取り上げた時期の日本語教育の歴史については、本文でも触れたように、事実と異なる「通説」が再生産されている現状がある。一次資料が確認しにくいことが、これを助長してきたと思う。歴史研究を前に進めてゆくには、史料の共有は欠かせない。出会った史料については、戦争中の国際学友会の日本語教科書一式を一冊にまとめて刊行したり、日本語教育振興会の会議録を電子入力して報告書を作成したりして、公開に努めてきた。

この春、旧日本語教育振興会から現・学校法人長沼スクールに引き継がれてきた日本語教科書を中心とした文献の一部が東京外国語大学付属図書館に寄贈された。「戦前・戦中・占領期日本語教育資料」（通称・長沼直兄文庫）として電子化して公開する計画を進めている。

同じく書籍ではない会議録や調査報告など一次資料の一部については、東京外国語大学国際日本研究センターにおいて電子化作業を進めている。

当時の日本語教師や日本語学習者に直接会えない時代がやがてやってくる。H先生ももういない。でも、教科書や本、一次資料は残って多くを物語る。確かな方法で、きちんと残したいものである。

二〇一一年十月

河路由佳

参考文献一覧

朝日新聞社『国語文化講座第六巻　国語進出編』一九四二年

アブドラ・ジャン「遊学三年」、国際学友会『国際学友会誌1』一九三九年、七―九頁

阿部洋『日中関係と文化摩擦』厳南堂書店、一九八二年

――『日中教育文化交流と摩擦――戦前日本の在華教育事業』第一書房、一九八三年

――『中国の近代教育と明治日本』福村出版、一九九〇年

――「「対支文化事業」と満州国留学生」、大里・孫編『中国人日本留学史研究の現段階』御茶ノ水書房、二〇〇二年、二二七―二五九頁

粟屋憲太郎・田中宏・三島憲一・広渡清吾・望田幸男・山口定『戦争責任・戦後責任――日本とドイツはどう違うか』朝日選書、一九九四年

アンダーソン、ベネディクト『増補版　想像の共同体』ＮＴＴ出版、一九九七年

イ・ヨンスク『「国語」という思想――近代日本の言語認識』岩波書店、一九九六年

石黒修『国語の世界的進出――海外外地日本語読本の紹介』厚生閣、一九四〇年

――『日本語の世界化――国語の発展と国語政策』修文館、一九四一年

――「日本語教育とわたし」『日本語教育』第一号、一九六二年十二月、四三―四八頁

磯田一雄『「皇国《みくに》の姿」を追って――教科書に見る植民地教育文化史』皓星社、一九九九年

有働裕『「源氏物語」と戦争――戦時下の教育と古典文学』インパクト出版会、二〇〇二年

梅棹忠夫『実戦・世界言語紀行』岩波新書、一九九二年

江上芳郎『南方特別留学生招聘事業の研究』南方軍政関係史料24、龍渓書舎、一九九七年
汪向栄著・竹内実監訳『清国お雇い日本人』朝日新聞社、一九九一年
岡本千万太郎『国語観——新日本語の建設』白水社、一九三九年
——『日本語教育と日本語問題』白水社、一九四二年
——『日本語教育と日本文化』『日本語』一九四二年
——「留学生の国語教育」、朝日新聞社国語文化講座『国語進出論』一九四二年
小川誉子美『欧州における戦前の日本語講座——実態と背景』風間書房、二〇一〇年
奥野金三郎著・国際学友会監修『タイ日大辞典』刀江書院、一九五八年
小熊英二『単一民族神話の起源』新曜社、一九九五年
——『〈日本人〉の境界——沖縄・アイヌ・台湾・朝鮮　植民地支配から復帰運動まで』新曜社、一九九八年
海後宗臣編『日本教科書体系近代編　第四−九巻』「国語（一）−（七）」講談社、一九六四年
外務省文化事業部『外人学生の見た日本——日本語によるラヂオ放送』一九三八年
——（伊奈信男）『世界に伸び行く日本語』一九三九年
——『日本を世界に知らせよ——対外文化宣伝の方法論』一九三九年
上遠野寛子『東南アジアの弟たち』三交社、一九八五年
——「私と国際学友会」『財団法人国際学友会創立五〇周年記念　思い出』国際学友会、一九八六年、一二一−一三頁
金澤謹「国際学友会の事業」、日本語教育振興会『日本語』一九四四年二月、一九四四年、六二−六三頁
——『思い出すことなど』国際学友会、一九七三年
金子幸子「岡本千万太郎と日本語教育——学友会戦前・戦中における表記指導の一考察」目白大学大学院国際交流研究科言語文化交流専攻 平成二〇年度修士論文、二〇〇九年

河路由佳「国際学友会の設立と在日タイ人留学生――一九三二―一九四五の日タイ関係とその日本における留学生教育への反映」『一橋論叢』第一二九巻三号、二〇〇三年三月、一二七―一三九頁
――「盧溝橋事件以後（一九三七―一九四五）の在日中国人留学生」、河路由佳・淵野雄二郎・野本京子『戦時体制下の農業教育と中国人留学生』農林統計協会、二〇〇四年、四一―五七頁
――『非漢字圏留学生のための日本語学校の誕生――戦時体制下の国際学友会における日本語教育の展開』港の人、二〇〇六年
――編『国際学友会「日本語教科書」全七冊合本』港の人、二〇〇六年
――「長沼直兄による敗戦直後の日本語教師養成講座――一九四五年度後半・「日本語教育振興会」から「言語文化研究所」へ」『日本語教育研究』第五二号、二〇〇七年、一―三三頁
――「立体的理解を可能にするオーラル資料と文字史料の併用――一九四二年度・一九四三年度のタイ国招致学生事業における在日タイ国留学生に関する調査研究の事例から」『日本オーラル・ヒストリー研究』第三号、二〇〇七年、七五―九七頁
――「長沼直兄らによる戦後早期の日本語教育のための調査研究　一九四五―一九四六――「日本語教育振興会」から「言語文化研究所」へ（その2）」『日本語教育研究』第五三号、二〇〇八年、一―四三頁
――「鈴木忍とタイ――戦時下のバンコク日本語学校での仕事を中心に」『アジアにおける日本語教育――「外国語としての日本語」修士課程設立一周年セミナー論文集』タイ国チュラーロンコーン大学文学部東洋言語学会日本語講座、二〇〇九年、三―二八頁
――編「創立者長沼直兄（一八九四―一九七三）年譜」『東京日本語学校開校六〇周年記念誌』財団法人言語文化研究所附属東京日本語学校、二〇〇九年、九七―一一〇頁
――「戦時中の鈴木忍・高橋一夫と日本語教育――一九七四年の座談会録音テープより（1）」『東京外国語大学論集』第七八号、二〇〇九年、三〇三―三一六頁

――「戦後（一九四五―一九七四）の高橋一夫・鈴木忍と日本語教育――一九七四年の座談会録音テープより（2）」『東京外国語大学論集』第七九号、二〇〇九年、四一五―四三四頁
――編「日本語教育振興会会議録（一九四一年八月二五日―一九四六年三月二八日）」『第二次大戦期日本語教育振興会の活動に関する再評価についての基礎的研究』平成一八年度―二〇年度科学研究費補助金基盤研究(B)報告2（研究代表者　長谷川恒雄）二〇一〇年、一〇一―二四〇頁
――「一九四五・一九四六年「日本語教育振興会」から「言語文化研究所」へ――終戦前後の日本語教育史の「通説」再考」『第二次大戦期日本語教育振興会の活動に関する再評価についての基礎的研究』報告3、二〇一〇年、二二九―二五五頁
――「長沼直兄（一九四五）『First Lessons in Nippongo』の成立と展開――長沼直兄の戦中・戦後」『東京外国語大学論集』第八一号、二〇一〇年十二月、一〇三―一三二頁
菊池靖『留学生とともに』東海大学留学生教育センター、一九九四年
北村武士、ウォラウット・チラソンバット「昭和一三年の日本―タイ文化研究所日本語学校の設立について――星田晋五の仕事を中心に」『バンコック日本語センター紀要』第四号、二〇〇一年、国際交流基金バンコック日本語センター、一三七―一四五頁
北村武士「一九三九年バンコック日本語学校発行の『日本語のしをり』――タイ国日本語教育史の資料として」『国際交流基金バンコク日本文化センター紀要』第三号、一七一―一八〇頁
北村武士、ウォラウット・チラソンバット「一九四〇年のバンコク日本語学校について――資料紹介（日本語学校規則書）」『国際交流基金バンコク日本文化センター紀要』第四号、九九―一〇八頁
釘本久春『戦争と日本語』龍文書局、一九四四年
――「外国人に対する日本語教育小史覚え書」『日本語教育』創刊準備号、一九六二年六月、二―九頁
――「機関誌『日本語教育』発刊の意義」『日本語教育』第一号、一九六二年十二月、二頁

――「日本語教師と外国人生徒――日本語の先生としての中島敦の場合」『日本語教育』第二号、一九六三年三月、六二―六六頁
――『中世歌論の性格』国語を愛する会、一九六九頁
倉野憲司「松宮氏の提言に対して」『コトバ』一九四〇年七月、八九―九一頁
黒野政市「日本語教師は言語学を学べ」『コトバ』一九四〇年七月、八四―八八頁
厳安生『日本留学精神史』岩波書店、一九九一年
言語権研究会編『ことばへの権利――言語権とはなにか』三元社、一九九九年
（財）言語文化研究所『長沼直兄と日本語教育』開拓社、一九八一年
（財）言語文化研究所附属東京日本語学校編『東京日本語学校開校六〇周年記念誌』二〇〇九年
国語学振興会『現代日本語の研究』白水社、一九四二年
国際学友会「日本語教授三ケ月――泰国招致学生の学習状況」『日本語』第三巻四号、一九四三年四月
――「国際学友会日本語学校参観記」『日本語』第三巻七号、一九四三年七月
――『国際学友会五〇年史』一九八五年
――『財団法人国際学友会創立五〇周年記念　思い出』一九八六年
――『国際学友会の歩み』国際学友会、一九九二年
国際文化振興会『国際文化事業の七ヵ年』一九四〇年
――『紀元二千六百年記念国際懸賞論文　事業経過報告書』一九四一年
――編『日本文化の特質――紀元二六〇〇年記念国際懸賞論文集』日本評論社、一九四二年
後藤乾一『昭和期日本とインドネシア』勁草書房、一九八六年
三枝茂智『対外文化政策に就て』外務省文化事業部、一九三一年
――「藤沢博士の思い出」『創造的日本学――藤沢親雄遺稿追悼・随想録』日本文化連合会、一九六四年、二六

一—二六四頁
斎藤真・杉山恭・馬場伸也・平野健一郎編『国際関係と文化交流』日本国際問題研究所、一九八四年
真田信治『日本語教師・分野別マスターシリーズ　よくわかる日本語史』アルク、一九九九年
さねとうけいしゅう『中国留学生史談』第一書房、一九八一年
芝崎厚士『近代日本と国際交流——国際文化振興会の創設と展開』有信堂、一九九九年
——「戦前期の日米国際会議——「リンカーン神話」の実像と効用」『国際政治』第一二二号、一九九九年、一一六—一三三頁
嶋津拓『オーストラリアの日本語教育と日本の対オーストラリア日本語普及——その「政策」の戦間期における動向』ひつじ書房、二〇〇四年
——『海外の「日本語学習熱」と日本』三元社、二〇〇八年
——『言語政策として「日本語の普及」はどうあったか——国際文化交流の周縁』ひつじ書房、二〇一〇年
上甲幹一『日本語教授の具体的研究』旺文社、一九四八年
白石大二「純情の人・矛盾統御の天才——釘本さんを思う」『日本語教育』第一二号、日本語教育学会、一九六八年、一四—一五頁
杉森久英『近衛文麿』河出書房新社、一九八六年
鈴木一郎「KBSの出版事業」『国際文化』第二一九号、一九七二年、一九—二二頁
鈴木忍「高橋一夫先生と日本語教育」『日本語学校論集』第二号、東京外国語大学外国語学部附属日本語学校、一九七五年
青年文化協会『日本語練習用　日本語基本文型』一九四二年
関正昭『日本語教育史』愛知教育大学日本語コース（私家版）、一九九〇年
——『日本語教育史研究　序説』スリーエーネットワーク、一九九七年

――・平高史也編『日本語教育史』アルク、一九九七年
高橋一夫「戦中戦後あれこれ」『日本語教育』第一一号、日本語教育学会、一九六八年
高見澤孟「日本語教育史1　外国人と日本語」『学苑』第七六七号、一一七頁
竹本英代「初代校長フランク・ミュラーと日語学校の教育」『福岡教育大学紀要』第五六号第四分冊「教職科編」二〇〇七年、二五一三七頁
――「関東大震災後の日語学校の再建――大正期における宣教師に対する日本語教育をめぐって」『キリスト教社会問題研究』第五六号、二〇〇八年、二四三一二六五頁
――「戦前日本における宣教師に対する日本語教育――松宮弥平を中心に」『キリスト教社会問題研究』第五九号、二〇一〇年、四九一七一頁
竹本陽乃「昭和初期国際学友会のアフガニスタン学生招致事業」『国学院雑誌』一九九五年十月、四〇一五一頁
武田勝彦『松本亀次郎の生涯』早稲田大学出版部、一九九五年
田中克彦『国家語をこえて』ちくま学芸文庫、一九九三年
津田幸男『日本語防衛論』小学館、二〇一一年
デ・アシス、レオカディオ『南方特別留学生トウキョウ日記』高橋彰編訳、秀英書房、一九八二年
寺川喜四男『東亜日本語論――発音の研究』第一出版株式会社、一九四五年
長沼直兄『標準日本語読本』巻一―巻七、一九三一―三四年
――『First Lessons in Nippongo』日本文化出版社、一九四五年
――「パーマさんのことども」『日本人と外国語』開拓社、一九六六年、一五五―一六三頁
――・浅野鶴子「対談　長沼先生と日本語教育1　標準日本語読本の成立」『たより』第三四号、一九六九年、日本語教師連盟、四八―六〇頁
――・浅野鶴子「対談　長沼先生と日本語教育2　日本語教育者の横顔」『日本語教育研究』第一号、一九七〇

年、日本語教師連盟、六〇―七〇頁
――・浅野鶴子「対談　長沼先生と日本語教育3　「大東亜共栄圏」の日本語教育」『日本語教育研究』第二号、一九七〇年、日本語教師連盟、三九―四七頁
――・浅野鶴子「対談　長沼先生と日本語教育4　東京日本語学校」『日本語教育研究』第三号、言語文化研究所、一九七一年、四〇―四九頁
――・浅野鶴子「対談　長沼先生と日本語教育5　教材と教授法」『日本語教育研究』第四号、一九七一年、言語文化研究所、五〇―六〇頁
成澤玲川「日本文化宣揚の具としての日本語と外国語」『国際文化』第四号、一九三九年五月、六―八頁
――『音と影――ラヂオとカメラの随筆集』三省堂、一九四〇年
南洋協会『ニッポンゴノ　ハナシカタ』南洋協会、一九四二年
――『ニッポンゴノ　ハナシカタ　教師用』南洋協会、一九四二年
日本語教育学会編「釘本久春略年譜」(『日本語教育』第一二号、日本語教育学会、一九六八年六〇頁
――編『新版　日本語教育事典』大修館、二〇〇五年
日語文化協会編『日本語教授指針　入門期』日語文化協会、一九四二年
日本タイ協会『タイ国概観』日本タイ協会、一九四〇年
長谷川恒雄「バンコク日本文化研究所(一九三八)の日本語教育計画」『日本語と日本語教育』第二九号、二〇〇〇年、一―二〇頁
――「『日暹文化事業実施調査報告書』にみられる日本語教育施策の方向性」『日本語と日本語教育』第三一号、二〇〇三年、慶應義塾大学日本語日本文化教育センター、六五―七四頁
土生良樹『日本人よありがとう――マレーシアはこうして独立した　南方特別留学生ラジャー・ダト・ノンチックの半生記』日本教育新聞社、一九八九年

平井昌夫『国語国字問題の歴史』昭森社、一九四八年
平野健一郎『国際文化論』東京大学出版会、二〇〇〇年
平野日出雄『日中教育のかけ橋松本亀次郎伝』静岡教育出版社、一九八二年
広田照幸『教育学』岩波書店、二〇〇九年
Phllipson, R. *Linguistic Imperialism*. Oxford University Press, 1992
古川隆久『皇紀・万博・オリンピック』中公新書、一九九八年
文化庁『新「ことば」シリーズ1　国際化と日本語』大蔵省印刷局、一九九五年
――『新しい文化立国を目指して――文化庁三〇年史』一九九九年
――『文化芸術立国の実現を目指して――文化庁四〇年史』二〇〇九年
前田均「（資料）長沼直兄他『大東亜の基本用語集』と情報局『ニッポンゴ』の収録語彙の比較」『第二次大戦期日本語教育振興会の活動に関する再評価についての基礎的研究』（研究代表者：長谷川恒雄）報告3、二〇一〇年、九四―一一五頁
松宮一也「日本語の対支進出と教授者養成問題」『コトバ』一九四〇年七月、六四―七九頁
――「官か私か――対支日本語教授者養成問題について」『コトバ』一九四〇年八月、六〇―六四頁
――『日本語進出の現段階』日語文化協会、一九四二年
――『日本語の世界的進出』婦女界社、一九四二年
松宮弥平『日本語教授法』日語文化学校、一九三六年
――「日本語教授と日本語教師」『コトバ』一九四三年、一三六―一四三頁
松村正義『国際交流史――近現代の日本』地人館、一九九六年
松本亀次郎「中華留学生教育小史」『中華五十日游記・中華教育視察紀要・中華留学生教育小史』東亜書房、一九三一年

水谷修「日本語の国際化」『国際化と日本語』文化庁、一九九五年、三四―四七頁
村田翼夫「戦前における日・タイ間の人的交流――タイ人の日本留学を中心として」『アジアにおける教育交流――アジア人日本留学の歴史と現状』国立国語研究所紀要第九四集、一九七八年
柳澤健「国際文化事業とは何ぞや」『外交時報』第七〇四号、一九三四年四月、外交時報社、七一―九二頁
――「国際文化事業とは何ぞや（続）」『外交時報』第七〇六号、一九三四年六月、外交時報社、二九―五二頁
（「昭和九年四月一一日・国際文化振興会設立当日草之」と最後に書かれている）
――「我国国際文化事業の展望」『中央公論』一九四一年五月、一六三―一八三頁
――『泰国と日本文化』不二書房、一九四三年
山口正「釘本久春氏の業績」『日本語教育』一九八六年十一月、日本語教育学会
――「二つの現代史――歴史の新たな転換点に立って」、粟屋憲太郎・田中宏・三島憲一・広渡清吾・望田幸男・山口定『戦争責任・戦後責任――日本とドイツはどう違うか』朝日選書、一九九四年、二二一―二六五頁
山下暁美『解説　日本語教育史年表』国書刊行会、一九九八年
山下秀雄「第二回復刻の原本一一冊と復刻版」『日本語教育資料叢書復刻シリーズ』第二回解説、（財）言語文化研究所、一九九八年、七―二一頁
横山学『書物に魅せられた英国人――フランク・ホーレーと日本文化』吉川弘文館、二〇〇三年
吉岡英幸「松宮弥平の『日本語会話』と日本語教授法観」『紀要』第一四号、二〇〇一年、早稲田大学日本語研究教育センター
Rose-Innes, Arthur, *Begginers' Dictionary of Chinese-Japanese Characters*, Dover Publications, 1977
渡邊知雄「在本邦外国留学生に関する一考察」外交史料館文書、一九三六年

その他

以下のタイ語による文献を、プラーディット・スチャートによる翻訳を通して用いた。

チュムシン・ナ・ナコーン「愛情と絆——一枚の古い写真から」『タイ国元日本留学生会四〇周年記念誌』一九九一年

チャチップ、プラシット「東京発の最後の船」、季刊『タイ国元日本留学生会会誌』一九九四年四月—六月、七月—九月、十月—十二月の連載分

	独立。	司令部顧問に就任，参謀第二課日本地区語学科主任に就任。 松宮一也，新聞出版用紙割当事務局次長。GHQ顧問。	六三三制実施。
1948 年	大韓民国，朝鮮民主主義人民共和国成立。 翌 1949 年，中華人民共和国成立。	4 月，財団法人言語文化研究所「付属東京日本語学校」開校。長沼直兄，校長に就任(−1964)。『標準日本語読本』の全面改訂を進め，全 8 巻を完成(非売品)。	国立国語研究所設立。
1950 年	朝鮮戦争始まる。	言語文化研究所，第 1 回「日本語教師養成講習会」，その後毎年夏に実施。 長沼直兄，『改訂標準日本語読本』シリーズを一般に刊行。 松宮一也，リーダーズダイジェスト日本支社企画，調査，総務各局長。	
1951 年	「サンフランシスコ講和条約」調印。	鈴木忍，国際学友会に日本語教師として復帰。	国際学友会に日本語クラス復活。
1952 年	7 月　講和条約発効。占領体制が終わり，日本は主権を回復。 （翌 1953 年，NHK テレビ放送開始。）	6 月，言語文化研究所，渋谷区南平台に移転。長沼直兄，米国大使館日本地区語学校語学主任となる（1961 年 6 月辞任）。	
1954 年	日本，「コロンボ計画」に加盟（技術研修生の受け入れ，日本語教育の専門家の派遣などが始まる）。	長沼直兄による「日本語教師養成講習会」の修了生を中心に日本語教師連盟発足，会誌『たより』第 1 号発行。	国際学友会『Nihongo no hanashikata』『日本語読本（1−4）』試用版の刊行が始まる（一般市販用は 1957 年から）。

	砕。	亜省支那事務局事務を委嘱される。	ことば　上』ほか刊行。 日本語教育振興会，中国向け『日本語読本　学習指導書　巻1』ほか刊行。 11月，文部省国語課が教学局へ移管される。
1944年	サイパン陥落。 連合艦隊，レイテ沖海戦で敗れる。	3月，松宮一也，大東亜省の委嘱で，上海へ日本語学校経営のため赴任。 日本語教育振興会，財団法人に。三崎会館を買収し，日本語会館と命名。	3月，大東亜省・文部省共管の「財団法人日本語教育振興会」設立認可。 国際文化振興会『日本語表現文典』『日本語基本語彙』刊行。 日本語教育振興会『成人用速成日本語教本　下』ほか刊行。
1945年	3月，硫黄島陥落。 8月，原子爆弾，広島・長崎に投下される。 8月15日，日本，ポツダム宣言を受諾し，「大東亜戦争」終結。 GHQの占領下におかれる。 インドネシア，ベトナム独立	3月，日語文化学校の校舎，東京大空襲により全焼。 7月，長沼直兄，大東亜省嘱託を解かれる。 8月15日敗戦。 松宮一也，外務省終戦連絡事務局嘱託。 9月，松本亀次郎没。 10月，長沼直兄，進駐米軍の依頼で米軍将兵の日本語教育にあたる。『標準日本語読本』の改訂に着手。また『英和会話辞彙』ほか英語学習書を刊行。	8月，日本の敗戦にともない，占領地・植民地における日本語教育は消滅，留学生に関する協定や条約も無効になる。 12月，国際学友会日本語学校閉校。 同月，長沼直兄，日本語教育振興会の理事長となり，「事業遂行後の同会の解散」を決定。日本語教員養成講座を実施。
1946年	ユネスコ設立（日本は1951年に加盟）。 アメリカ教育使節団来日。 当用漢字，現代かなづかい告示。 日本国憲法公布，翌年発効。	長沼直兄，3月に日本語教育振興会の事業と財産をひきつぎ，「言語文化研究所」を創設。理事長に就任。4月，米第八軍「アーミー・カレッジ」教官に就任。 7月，松宮弥平没。鈴木忍，バンコクより帰国。	日華学会，善隣協会，満洲国留日学生補導協会解散。関係留学生および関連事業の残務処理は，国際学友会にひきつがれる。
1947年	パキスタン，インド	1月，長沼直兄，米軍総	教育基本法制定。

		12月，興亜院，文部省の働きかけで日語文化協会内に「日本語教育振興会」設立。	12月，内閣情報局が設置される（外務省の文化事業部は廃止）。「国際文化事業」はここに移管される。国際交友会，財団法人となる。
1941年	国民学校の義務教育制度発足。「皇国民の錬成」をねらいとする。 12月8日，「大東亜戦争」勃発。 文部大臣，国語の統制一元化強化提案。 米国陸軍学校，海軍学校で日本語教育開始。	2月，日語文化協会内の「日本語教育振興会」が日本語教授法講座を実施。4月－6月，日語文化学校で日本語教授講習会。 7月，国際学友会の鈴木忍，タイのバンコク日本語学校に赴任。 8月25日，新たに文部省内に「日本語教育振興会」が設置される。長沼直兄，米国大使館主席教官を辞任し，「日本語教育振興会」の理事に。	5月，国際文化振興会に「南方文化事業委員会」設置。 国際学友会『日本語教科書　巻1・巻2』（1943年にかけて全5巻）刊行。 中国向け『日本語読本巻1』（日本語教育振興会）（1943年にかけて巻5まで刊行）。 日本語教育振興会『ハナシコトバ（上・中・下）』，同『ハナシコトバ　学習指導書（上・中）』刊行（下は1942年）。
1942年		松宮弥平『日本語教授の出発点』，松宮一也『日本語の世界的進出』刊行。 長沼直兄，「日本語教育振興会」理事兼研究部主事に就任。南方派遣教員養成所で教授法を担当，外地向け教材作成に携わる。12月，日本語教育振興会常務理事兼総主事に就任。	8月，閣議において「南方諸地域日本語教育並普及に関する件」が決定。 国際文化振興会『Nippongo o hanasimasyo!』発行。 11月，文部省，「南方派遣日本語教員養成所」を設置。 日本軍政のもとにフィリピン，インドネシア，マレーシア，ビルマで日本語教育開始。 11月，大東亜省設置。国際学友会の所管が，大蔵省と情報局との共管となる。
1943年	日本軍，ガダルカナル島から撤退。 南方特別留学生育成事業開始。 アッツ島で日本軍玉	5月，長沼直兄『大東亜の基本用語集』刊行。 7月，鈴木忍，バンコク日本語学校校長に就任。 12月，長沼直兄，大東	4月，国際学友会日本語学校開校。7月より南方特別留学生104名入学。 国際文化振興会，『NIPPONGO』『日本の

		リフォルニア州立大に講師として赴任。9月，鈴木忍，国際学友会に就職。	
1937年	7月，盧溝橋事件。日中戦争全面化。 訓令式ローマ字制定。	7月，松宮一也は帰国し，外務省嘱託となる。	9月，国際文化振興会「第1回日本語海外普及に関する協議会」開催（第2回は，同年12月，第3回は翌1938年3月）。
1938年	近衛文麿首相，東亜新秩序の確立を表明。 4月，国家総動員法公布。	松宮一也，タイ国で日本語普及のための調査。その成果を踏まえ，外務省がバンコク日本語学校を創立。 長沼直兄，中国の日本語教育を視察。	12月，内閣に「対支中央機関」として興亜院が設置される。「対支文化事業」は，外務省から興亜院に移管。 タイ・バンコクに日本文化研究所を開設。
1939年	9月，ヨーロッパで第二次世界大戦勃発。	1月，興亜院より日語文化協会に対支日本語普及に関する研究事業が委嘱される。松宮一也らが要綱を8月中にまとめる。 2月，財団法人日語文化協会設立。 7月，長沼直兄，文部省の嘱託に任命される。 12月，松宮弥平，「日本語教科用図書調査会」の委員に。橋本進吉，神保格，塩谷温，山本雄三らと『ハナシコトバ』の編纂にとりかかる。年末には原案完成。	6月，文部省，〈外地〉の日本語教育関係者を一堂に集め，国語対策協議会を開催。 同月，興亜院「日本語教育要綱」。外務省文化事業部『世界に伸び行く日本語』刊行。 10月，興亜院，中国への教員派遣を開始（翌年から「支那派遣教員錬成」を始める）。
1940年	9月，日独伊三国同盟調印。 10月，大政翼賛会成立。国家総動員体制が組織化される。	1月，日語文化協会で，松宮一也を中心に，興亜院，文部省の関係者と中国向け日本語普及に関する研究委員会。 6月，長沼直兄，興亜院の命で，中国蒙彊方面へ日本語教育事情を視察。 12月，石黒修『日本語の世界化』刊行。	1月，国際文化振興会，「日本語普及編纂事業」の7ヵ年計画を発表。 11月，文部省図書局に国語課設置。 国際文化振興会「紀元二千六百年記念国際懸賞論文」事業。 国際学友会『**日本語教科書　基礎編**』刊行。

	る。		
1930年		松本亀次郎，外務省，文部省の補助で中国教育事情視察旅行。 9月，日語学校，日語文化学校と校名を変更。	
1931年	9月，満洲事変。	松本亀次郎，『中華五十日游記・中華教育視察紀要』において，日本の対中政策を批判，東亜高等予備学校教頭を辞す。 松宮弥平，廃娼運動の国民純潔同盟常務理事に。 松宮一也，太平洋問題調査会調査員となる（–1933）。 長沼直兄，『標準日本語讀本』（全7巻）を刊行（–1934）。	
1932年	「満洲国」建国。	日語文化学校と松宮日本語学校が合併。松宮弥平は国語部長に復帰。幹事に松宮一也が就任。	
1933年	2月，国際連盟で「満洲国」に反対する勧告案が可決。3月，日本は，国際連盟を脱退。	この頃から増加した日系二世の留学生のために，日語文化学校に日系二世部を開設（–1935）。	1月から3月にかけて開かれた第64回帝国議会で，「国際文化事業局開設に関する決議案」が可決。
1934年	国語審議会設置。	松本亀次郎，『訳解・日語肯綮大全』刊行。	4月，外務・文部両省が認可した国際文化振興会（KBS）設立。
1935年			8月，外務省文化事業部に国際文化事業を担当する第三課が設置され，KSBはこの管轄に入る。 12月，国際学友会設立。
1936年	2.26事件。	日語文化学校校舎新築完成。松宮弥平『日本語教授法』刊行。 7月，松宮一也，米国カ	2月，東京・西大久保に国際学友会館が開館。日本語教室が始まる。 パーマー，英国に帰国。

			布され，サイパン，ヤップ，パラオ，トラック，ポナペ，ヤルートで日本語教育開始。
1919 年	パリ講和会議。日本の広報文化外交の必要性が強く意識される。		
1920 年	国際連盟設立，日本は常任理事国になる。		
1921 年		松宮弥平，松宮日本語学校を設立。 長沼直兄，日語学校の臨時教員となる。	日本の広報文化外交の必要性から，外務省に情報部が創設される。
1922 年		この頃，パーマー，松宮日本語学校の生徒に。	4 月，パーマー，ロンドンより来日，文部省英語教育顧問に。
1923 年	9 月，関東大震災。	9 月，大震災で，日語学校罹災。長沼直兄，同校の教師を辞任。松本亀次郎の東亜高等予備学校の校舎焼失。 10 月，長沼直兄，パーマーの斡旋で米国大使館日本語教官に就任。	5 月，外務省に対支文化事務局（翌年に「文化事業部」と改称）が設置される。 5 月，文部省内に英語教授研究所が設立され，パーマーが所長に。長沼直兄，幹事に就任。
1924 年		松宮一也，東京外国語学校を卒業。基督教青年会に就職。	10 月，英語教授研究所による，第 1 回英語教授研究大会。長沼直兄は同研究所の委嘱研究員に。
1925 年	東京放送局，ラジオ放送開始（翌年，ラジオ初等英語講座開始，NHK 設立）。 治安維持法公布。	松本亀次郎，東亜高等予備学校を財団法人日華学会に合併譲渡。自身は教頭に就任。	
1929 年	世界恐慌。日本のみならず欧米諸国でも「国際文化事業」の重要性が注目され	松宮一也，米国留学（心理学）より帰国。東京基督教青年会へ復職。	

関連年表

	一般事項	民間（松宮弥平・一也，長沼直兄関係を中心に）	外務省・文部省・興亜院（大東亜省）関係
1893年		松宮弥平，群馬県前橋で宣教師のための日本語教育を開始。	
1894年	日清戦争（7月−）。	長沼直兄，生まれる。	
1895年			台湾で「国語」としての日本語教育開始。
1903年		松本亀次郎，上京。秋から宏文学院の日本語教授。 10月，松宮一也，生まれる。	
1910年	「日韓併合」。	1908−1912，松本亀次郎，北京に滞在。京師法政大学堂教習。	
1911年	中国で辛亥革命。		朝鮮で「国語」としての日本語教育開始。
1912年	中華民国成立。	秋，松宮弥平一家，前橋より上京，日本語塾を開く。 松本亀次郎，帰国，東京府立第一中学校教諭に。	
1913年		8月，松本亀次郎，府立一中を辞し，神田で中国人留学生教育を再開。 9月，日語学校開校。松宮弥平，同校教師に。	
1914年	第一次世界大戦（−1918）。南洋群島，日本の委任統治領に。	1月，松宮弥平，第1回，日本語教授法講習会。以後，毎年開催。 松本亀次郎，神田に「日華同人共立・東亜高等予備学校」創立。 鈴木忍，生まれる。	
1915年			南洋群島小学校規則が公

は　行

ま・や　行

ら　行

な　行

さ　行

た　行

事項索引

欧 文

あ 行

か 行

や　行

ら　行

わ　行

な　行

は　行

ま　行

人名索引

あ 行

か 行

さ　行

た　行

著者紹介

河路　由佳（かわじ　ゆか）

1959年生まれ。慶応義塾大学経済学部卒業，慶応義塾大学大学院文学研究科（国文学専攻）修了，一橋大学大学院言語社会研究科博士後期課程単位取得退学。博士（学術，一橋大学）。

（財）国際学友会日本語学校，中国・西安交通大学外語系日本語科，東京農工大学留学生センターを経て現在，東京外国語大学大学院総合国際学研究院教授。

主な著書：『三十一文字の日本語――現代短歌から古代歌謡へ』（共著，おうふう，2000年），『戦時体制下の農業教育と中国人留学生』（共著，農林統計協会，2003年），『非漢字圏留学生のための日本語学校の誕生――戦時体制下の国際学友会における日本語教育の展開』（港の人，2006年），『国際学友会「日本語教科書」全7冊合本』（編著，港の人，2006年）。

新曜社

日本語教育と戦争
「国際文化事業」の理想と変容

初版第1刷発行　2011年11月25日©

著　者　河路　由佳
発行者　塩浦　暲
発行所　株式会社　新曜社
101-0051　東京都千代田区神田神保町2-10
電話（03）3264-4973（代）・FAX（03）3239-2958
E-mail：info@shin-yo-sha.co.jp
URL：http://www.shin-yo-sha.co.jp/

印　刷　長野印刷商工　Printed in Japan
製　本　渋谷文泉閣

ISBN978-4-7885-1262-7　C1037